KB254199

바르게 풀어쓴 주역 점법

周易占法

바르게 풀어 쓴

주역 점법

김상섭 지음

지호

인생에서 길하고 흉한 것은 자신의 행위로 말미암은 것이다.

吉凶由人

—『좌전左傳』 희공僖公 16년의 기사에서—

중국의 역사시대는 은殷왕조에서 비롯된다. 은이라는 지역(지금의 하남성河南省 안양현安陽縣)에 최초의 문화가 발생하였으니 그 중요한 형태는 '점'과 '문자'였다. 1928년 은허殷墟에서 출토된 10만여 조각의 갑골甲骨이 이를 증명한다. 은의 후기 군주들이 길흉에 대해 '점'을 치고 그 내용을 '문자'로 기록한 것이 곧 갑골문甲骨文이다. 당시에는 거북 껍질(甲)과 짐승 뼈(骨)를 불에 태워 갈라지는 모양을 보고 점을 쳤다. 이것을 '복卜'이라고 한다. '복卜'이라는 글자는 거북 껍질이 갈라지는 모양을 글자로 모사한 상형象形문자이다. 주나라에 이르러 은나라의 거북점(卜)을 바탕으로 하여 문자화된 점법이 출현하였는데, 이것이 곧 『주역周易』이다. 『주역』은 50개의 시초蓍草를 셈하여 괘卦를 그리고 효爻을 얻어, 그 괘상卦象과 괘효사卦爻辭를 보고 점을 판단하였다. 이것을 '서筮'라고 한다. '서筮'라는 글자는 '죽竹'과 '무巫'가 결합된 회의會意문자이다. 무당(巫)이 대나무(竹)와 같은 가느다란 산算

가지를 사용하여 점을 치는 것을 나타낸 것이다.

『주역』은 주나라 초기의 점치는 관리들이 자신들의 역사적 경험, 생활상의 경험 등을 64편의 이야기로 엮어 점 글(筮辭)로 편집한 점책이다. 점책이므로 이 책의 용도는 당연히 미래를 예측하는 점에 있었다. 『주역』의 괘효사 450구절은 사람이 살아가면서 만날 수 있는 450개의 상황이며, 『주역』의 저자들은 각 상황마다 운명을 판단해놓았다. 주역점(筮)은 춘추전국시대에 이르러 크게 유행하였다. 춘추시대의 점친 사례는 『좌전左傳』(『춘추좌씨전春秋左氏傳』의 약칭)과 『국어國語』에 모두 22조가 기록되어 있다. 전국시대에는 점친 사례의 기록은 없지만 여러 문헌을 통해 『주역』으로 점치는 일이 민간에게까지 보편화되어 있었음을 알 수 있다. 예를 들어 『순자荀子』「대략大略」에 "역에 능통한 사람은 점치지 않는다(善爲易者不占)"라고 하였는데, 순자(BC 313?~BC 238)는 전국 후기의 사람이며, 이 한 구절에서 당시 주역점이 얼마나 성행하였는가를 짐작할 수 있다. 그러나 이 시대의 지식인들은 『주역』의 괘효사를 인용하여 인간사를 논증하거나 철학적 원리를 가지고 『주역』을 논하는 사례가 많았다. 『주역』이 점차 철학화되었던 것이다. 그리하여 전국시대 후기에서 진秦, 한漢 대를 거치면서 드디어 『역전易傳』이 출현하였다. 『역전』은 이 시기에 여러 사람들에 의해 씌어진 『주역』에 대한 최초의 철학적 해설서이다. 『역전』이 출현함으로써 『주역』은 점책에서 철학의 영역으로 그 면모를 일신하여 더욱 깊고 넓게 발전하였다.

주나라는 무왕의 건국 후 340년을 갔다(BC 1110~BC 771). 이 시대를 흔히 '서주西周시대'라고 부르며, 그 뒤에 이어지는 춘추전국시대를 '동주東周시대'라고 한다. 서주시대 당시 『주역』이 출현한 이후의 주역점은 어떠했는가에 대해 알 수 있는 자료는 없다. 춘추시대에 이르러 점친 사례는, 『좌전』에는 『주역』으로 점친 사례가 13조, 『주역』의 괘효사를 인용한 것이 6조가 있고, 『국어』에는 『주역』으로 점친 사례가 3조 기록되어 있다. 이것은 실제로 춘추시대의 점친 사례들이다. 이러한 점친 사례들은 점법에 대해서는 전혀 언급하고 있지 않으나 당시 주역점 전반에 대해 알 수 있는 귀중한 재료들을 제공해주고 있다. 『주역』 점법에 대해서는 전국 후기 이후 출현한 『역전』 「계사전繫辭傳」에 기록되어 있다. 그러나 「계사전」의 『주역』 점법은 기록이 자세하지 않아 그 문장만을 가지고는 올바른 『주역』 점법을 바로 이해하기가 어렵다. 따라서 주역점은 「계사전」을 바탕으로 하여 『좌전』과 『국어』의 점친 사례를 참고하지 않으면 그 전체의 면모를 정확히 밝혀낼 수 없다.

중국의 고형高亨(1900~1986)은 『주역』 점법에 대해 「계사전」의 점법과 『좌전』과 『국어』의 점친 사례를 연구하여 종래의 잘못된 『주역』 점법을 바로잡아놓았다. 종래의 『주역』 점법이란 남송의 주희朱熹(1130~1200)가 『주역본의周易本義』와 『역학계몽易學啓蒙』과 『주문공문집朱文公文集』의 「시괘고오蓍卦考誤」 등에서 밝혀놓은 점법으로서 오늘날까지 일반적으로 통용되고 있는 점법을 말한다. 오늘날 서양에서도 주역점이 유행하고 있는데 이들 역시 주희의 『주역』 점법을 바탕으로 점을 치고 있다. 영국의 제임스 레게James Legge(1815~1897)가 1882년 옥스퍼드에서 출판한 『주역』 영어 번역본은 주희의 『주역본의』와 『역학계몽』을 근거로 한 것이고, 프랑스의 필라스트르P. L. F. Philastre가 1885년과 1893년 두 차례에 걸쳐 파리에서 발표한 『주역』 프랑스어 번역본은 송대의 정이程頤(1033~1107)와 주희의 역학을 바탕으로 한 것이며, 독일의 리하르트 빌헬름Richard Wilhelm(1873~1930)이 1924년 예나에서 출판한 『주역』 독일어 번역본은 청의 이광지李光地(1642~1718) 등이

정이의 『역전易傳』과 주희의 『주역본의』를 위주로 하여 편찬한 『주역절중周易折中』을 바탕으로 한 것이다. 독일어로 씌어진 이 책은 다시 영어로 번역되었는데 주희의 『주역』 점법을 상세히 설명하고 있다. 세상에 널리 알려져 있는 독일의 시인 헤르만 헤세Hermann Hesse(1877~1962)나, 스위스의 심리학자 카를 구스타프 융Carl Gustav Jung(1875~1961) 같은 사람들도 주역점을 즐겨 쳤는데 그들이 사용한 점법은 곧 주희의 점법이었다. 오늘날 서구인들의 주역점을 치는 방법이 우리들과 크게 차이가 없는 이유가 여기에 있는 것이다. 주희는 과연 대학자답게 옛날부터 전해 내려오는 『주역』 점법을 바탕으로, 이에 대해 깊이 연구하고 자세히 고증하였지만 올바른 것이 되지 못하였다. 『주역』 점법은 『역전』이 출현한 이래 오늘에 이르기까지 약 2천여 년 동안 잘못 전해 내려오다가 20세기에 이르러서야 고형에 의해 비로소 바르게 밝혀진 것이다.

이 책은 모두 다섯 항목과 괘효사의 해설로 구성되어 있다. 먼저 다섯 항목에 대해, ① '『주역』에 대한 간략한 설명'은 필자가 『주역』에 대해 전혀 모르고 있는 독자를 위하여 『주역』에 대한 기본 지식을 간략하게 설명한 것이고, ② '점치는 법'은 고형의 『주역대전금주周易大傳今注』의 「계사전」에 실려 있는 주역점의 해설을 참고하여 요점을 알기 쉽도록 정리하였다. ③ '「계사전」의 『주역』점법의 해설'은 필자가 독자들의 이해를 돕기 위하여 고형의 「계사전」의 주역점의 해설을 요약하여 번역한 것이고, ④ '『좌전』과 『국어』 중의 점친 사례의 분석'은 필자가 점친 사례들을 연대순으로 정리하여 그 내용을 분석 종합한 것이며, ⑤ '점치기 전에 알아야 할 몇 가지 사항'은 필자가 『좌전』과 『국어』의 내용을 분석한 것에서 얻은 주역점 일반에 대한 몇 가지 주요한 사항을 정리한 것이다. 마지막으로 『주역』 괘효사의 해설은 필자가 쓴 『내 눈으로 읽은 주역(역경편)』의 내용을 바탕으로 하여 썼다.

점은 인간의 지능의 힘으로 예측할 수 없는 미래의 일에 대해 추리하고 판단하는 행위이다. 점은 인류의 역사와 더불어 발전해왔다. 역대 동양의 제왕들은 점치는 관리를 두고 정치를 하면서 국가의 중요한 정책의 결정은 점에 물어 시행하였다. 진秦의 시황제도 분서갱유焚書坑儒를 단행하면서 『주역』은 불태우지 않았다. 점이 동양 문화와 역사에 끼친 영향은 참으로 대단한 것이었다. 우리는 전통적으로 '선비는 점을 치지 않는다'고 말해왔다. 그러나 남송의 거유巨儒 주희도 점을 쳤다. 조선의 태종도 계위 문제를 두고 점을 쳤고, 이순신 장군도 출전하기 전에 점을 쳤다는 기록이 있다. 선비는 인간의 운명의 원리(命理) 정도는 알고 미래를 꿰뚫어보는 통찰력을 지녀야 '선비'였다. 점이란 불투명한 미래를 알고 싶어 하는 인간의 본능의 산물이다. 시대에 따라 그 관점은 약간 다를 수는 있어도 인간이 존재하는 한 더불어 영원할 것이 바로 점이다.

필자는 이 책을 주워들은 풍월을 가지고 주먹구구식으로 쓴 것이 아니라 학문적 바탕 위에서 썼다. 그리고 점에 관심이 있는 사람이면 누구나 춘추전국시대의 정통 『주역』 점법으로 점을 칠 수 있도록 하였다. 또 『주역』을 공부하고자 하는 초학자들은 주나라 초기에 출현한 본래의 『주역』에 쉽게 접근할 수 있도록 하였다. 필자가 이 책을 쓴 의도는 춘추전국시대의 『주역』 점법을 본래의 모습 그대로 복원해보고자 하는 데 있다. 춘추전국시대의 『주역』 점법이 곧 『주역』의 정통 점법이요, 이 시대 이후에 또 다른 『주역』 점법이 있는 것이 아니다. 우리가 『역전』에 의해 철학화된 『주역』이 아닌 점치는 책으로서의 『주역』을 바로 본다면, 『주역』은 심오한 이론서가 아니라 바로 우리 인생의 이야기임을 알게 될 것이다.

2007년 4월

청도 달골에서 김상섭 씀

『주역』에 대한 간략한 설명

　　『주역周易』은 지금으로부터 약 3천여 년 전경, 주나라 초기에 출현한 점치는 책이다. 『주역』의 '주'는 주周나라 왕조의 이름이고, '역'은 점책이라는 뜻이다. 최초의 『주역』은 곧 '주나라의 점책'이라는 뜻이며, 한 책의 고유 명칭이다. 『좌전』 장공莊公 22년에 "주나라의 점치는 관리가 『주역』으로 점을 쳐주겠다고 진陳 나라 제후를 만났다(周史有以周易見陳侯者)"라고 하고, 또 소공昭公 7년에 "공성자孔成子가 『주역』으로 점을 쳤다(孔成子以周易筮之)"라고 하였는데, 『주역』은 모두 '주나라의 점책'이라는 뜻이다. 『좌전』의 점친 사례 19조 가운데 '주역'이라는 용어가 10곳, 『국어』의 점친 사례 3조 가운데 한 곳 기록되어 있는데, 모두 '주나라의 점책'이라는 뜻으로 사용되었다. 주희가 『주역본의』 첫머리에 "주周는 왕조의 이름이고, 역易은 책이름이다(周, 代名也. 易, 書名也.)"라고 한 것은 아주 정확한 표현이다.

　　『역전易傳』에 이르러 '역'을 의미로 해석하였다. 「계사전繫辭傳」에서

"낳고 또 낳는 것을 역이라 한다(生生之謂易)"라고 하여, '변역變易'의 뜻으로 '역'을 해석하였다. 『역전』에서의 '역'은 변화라는 뜻이며, 『주역』은 곧 '주나라의 변화에 관한 책'이란 뜻이다. '변화'란 인간의 운명의 변화를 의미하며, 이 뜻이 더욱 확대되어 우주와 인생의 변화를 의미하게 되었다. 영국의 제임스 레게가 『주역』을 'Book of changes'라고 번역한 것은 곧 『역전』에 의거한 것이다.

후한의 허신許愼(58?~147?)은 『설문해자說文解字』에서 '역은 도마뱀의 모양을 나타낸 것(易, 蜥易, 蝘蜓, 守宮也. 象形)'이라 하고, 또 후한의 위백양魏伯陽의 말을 인용하여 '일월이 역(日月爲易)'이라 하였는데, 이것은 '역'의 문자상의 해석이다. 후한의 정현鄭玄(127~200)은 『역위易緯』「건착도乾鑿度」에서 취하여 '역간易簡', '변역變易', '불역不易'의 뜻으로 해석하였고(공영달孔穎達, 『주역정의周易正義』서序), 송의 호원胡瑗(993~1059)과 그의 제자 정이程頤(1033~1107)는 '변역變易'의 뜻으로 해석하였으며(호원, 『주역구의周易口義』 발제發題, 정이, 『역전易傳』서序), 소옹邵雍(1011~1077)과 주희朱熹(1130~1200)는 '교역交易'과 '변역變易'의 뜻으로 해석하였고(소옹, 『황극경세서皇極經世書』권7하卷七下「후천상수後天象數 제5第五」, 『주자어류朱子語類』권 제65卷第六十五 황의강黃義剛 기록), 청의 모기령毛奇齡(1623~1716)은 '변역變易', '교역交易', '반역反易', '대역對易', '이역移易' 등 다섯 가지 뜻으로 해석하였다(『중씨역仲氏易』). 이들의 '역'에 대한 의미상의 해석이 이렇게 다른 것은 그들의 『역』에 대한 견해(易觀)가 서로 달랐기 때문이다.

『주역』을 구성하고 있는 기본 요소는 괘卦와 효爻와 사辭, 세 가지이다. 이것을 순서대로 설명하겠다.

1. 괘卦

괘란 점칠 때 사용하는 부호이다. 팔괘와 64괘가 있다.
① 팔괘는 기본 괘이다. 그 괘상과 괘명은 아래와 같다.

건괘乾卦   태괘兌卦   리괘離卦   진괘震卦

손괘巽卦   감괘坎卦   간괘艮卦   곤괘坤卦

『주역』이 처음 출현했을 때는 64괘가 있었지 팔괘는 없었다. 춘추시대에 이르러 당시 점치는 사람들이 64괘에서 팔괘를 이끌어내고 여기에 상을 붙여 다시 64괘의 상을 보고 점을 해석하게 되었다. 팔괘가 상징하는 것을 '상象'이라고 한다. 팔괘가 상징하는 것은 다음과 같다.

건괘 … 하늘(天)   태괘 … 못(澤)   리괘 … 불(火)   진괘 … 우레(雷)
손괘 … 바람(風)   감괘 … 물(水)   간괘 … 산(山)   곤괘 … 땅(地)

누가 팔괘를 그렸는가?『주역』「계사전」에는 복희伏羲가 하늘과 땅에서 상象과 법法을 살피고, 새와 짐승의 무늬와 초목의 알맞음을 살펴서, 몸과 사물에서 취하여 팔괘를 그렸다고 하였으나, 이것은 『역전』을 지은 사람들이 만들어낸 전혀 근거 없는 말이다. 사마천은 『사기』「오제본기五帝本紀」에서 황제黃帝를 중국 역사의 출발점으로 삼았다. 복희는 황제보다 훨씬 이전의 사람으로, 시대로 따지면 구석기시대에 살았을 사람이다. 은나라 때에는 거북점(卜)을 쳤다. 주나라 때에는 시초점(筮)을 쳤다. 시초蓍草란 주역점을 칠 때 산算가지로 사용하는 풀이름이다. 거북점은 거북 껍질이나 짐승의 뼈를 불에 태워 그 갈라지는 모양을 보고 점을 쳤다. 따라서 이때에는 당연히 괘가 필요 없었다. 그래서 은나라 갑골문에는 괘가 보이지 않는다. 시초점은 50개의 산가지를 셈하여 괘를 얻어 점을 쳤다. 이때부터 괘가 사용되었다. 후한의 허신許愼이 『설문해자說文解字』에서 "괘는 시초점을 치기 위한 것(卦, 所以也.)"이라고 한 말은 바로 핵심을 찌른 말이다. 따라서 시초점이 없었던 주나라 이전에는 괘가 없었다. 시초점을 쳤던 주나라에 이르러 비로소 괘가 그려졌다. 주나라 초기의 점치는 관리(卜筮之官)들이 먼저 64괘를 그렸고, 춘추시대에 이르러 64괘에서 팔괘를 이끌어내게 되었다.

② 주나라 초기의 점치는 관리들은 '—'과 '--' 두 부호를 여섯 번 겹쳐 64괘를 그렸다. 『주역』은 64괘로 구성되어 있다. 전통적인 설명에는 팔괘를 겹쳐(重卦) 64괘를 그렸다고 하는데, 이것 역시 『역전』을 지은 사람들이 만들어낸 말이다. 한 괘에서 아래에 있는 괘를 아랫괘(下卦) 혹은 안괘(內卦), 위에 있는 괘를 윗괘(上卦) 혹은 바깥괘(外卦)라고 한다. 한 괘를 위아래 괘로 구분하여 점을 해석한 것은 춘추시대 때의 일이다. 64괘의 용도 역시 점치는 데 있었다.

1. 건괘乾卦　　　　　　2. 곤괘坤卦

윗괘　▬▬　　　　　　윗괘　▬▬

아랫괘　▬▬　　　　　아랫괘　▬▬

63. 기제괘旣濟卦　　　　64. 미제괘未濟卦

윗괘　▬▬　　　　　　윗괘　▬▬

아랫괘　▬▬　　　　　아랫괘　▬▬

　『주역』의 64괘 중 첫번째 괘는 건괘이고, 두번째 괘는 곤괘이다. 건은 하늘이고 곤은 땅이다. 『주역』은 하늘과 땅을 먼저 설정한 후, 세번째 괘부터 하늘과 땅 사이에서 일어날 수 있는 온갖 일들을 말하고, 63번째 기제괘旣濟卦에서 완성하였다. '기제'란 곧 완성이란 뜻이다. 그러나 『주역』은 마지막 64번째 괘에 미제괘未濟卦를 두어 미완성으로 끝난다. '미제'란 곧 미완성이란 뜻이다. 『주역』이 미완성으로 끝난 것은 우주와 인생의 생멸 변화는 영원히 끝나지 않는다는 것을 의미한다. 우주의 과정의 변화는 끝이 없다. 인생의 운명의 변화도 무궁하다.

　누가 팔괘를 겹쳐 64괘(重卦)를 그렸는가? 사마천은 『사기』 「주본기周本紀」에서, 반고는 『한서』 「예문지」에서 주나라 문왕文王이 겹친 괘를 그렸다 하고, 후한의 정현鄭玄(127~200)은 신농神農이, 위魏의 왕

필王弼(226~249)은 복희가, 동진東晉의 손성孫盛(302~373)은 하우夏
禹가 겹친 괘를 그렸다고 하였으나(공영달孔穎達, 『주역정의周易正義』
서序), 하나같이 근거가 없는 말이어서 믿을 것이 못 된다. 64괘는 주
나라 초기의 점치는 관리들이 그렸다.

2. 효爻

효는 괘를 구성하는 최소 단위의 부호이다. 양효는 '⚊', 음효는 '⚋'
이다. 양효를 '구九'라 하고, 음효를 '육六'이라고 한다. 왜 이렇게 부르
는가에 대해서는 필자가 번역한 『주역점의 이해』에 자세히 설명되어
있다. 『주역』이 처음 출현했을 때에는 이 두 부호의 명칭이 없었다.
'양'이니 '음'이니, '구'니 '육'이니 하는 것은 모두 『역전』을 지은 사람들
이 붙인 명칭이다. 『주역』은 모두 64괘이며, 한 괘는 6효로 구성되어
있으니, 효는 모두 384개이다. 384개의 효는 모두 자신의 명칭을 가지
고 있다. 4개의 괘를 예로 들어 그 명칭을 설명하겠다.

1. 건괘		2. 곤괘	
꼭대기 양효(上九)	▬▬	꼭대기 음효(上六)	▬ ▬
다섯째 양효(九五)	▬▬	다섯째 음효(六五)	▬ ▬
넷째 양효(九四)	▬▬	넷째 음효(六四)	▬ ▬
셋째 양효(九三)	▬▬	셋째 음효(六三)	▬ ▬
둘째 양효(九二)	▬▬	둘째 음효(六二)	▬ ▬
처음 양효(初九)	▬▬	처음 음효(初六)	▬ ▬

63. 기제괘		64. 미제괘	
꼭대기 음효(上六)	▬▬	꼭대기 양효(上九)	▬▬▬
다섯째 양효(九五)	▬▬▬	다섯째 음효(六五)	▬▬
넷째 음효(六四)	▬▬	넷째 양효(九四)	▬▬▬
셋째 양효(九三)	▬▬▬	셋째 음효(六三)	▬▬
둘째 음효(六二)	▬▬	둘째 양효(九二)	▬▬▬
처음 양효(初九)	▬▬▬	처음 음효(初六)	▬▬

'구九'와 '육六'은 효의 성질, 즉 양효와 음효를 나타낸다. '처음(初)', '둘째(二)', '셋째(三)', '넷째(四)', '다섯째(五)', '꼭대기(上)'는 효의 위치(爻位)를 나타낸다. 효의 명칭은 효의 성질과 효의 위치를 나타내는 두 글자의 조합으로 이루어진다. 효의 위치에서 '처음(初)'은 시간 개념이고, '꼭대기(上)'는 공간 개념이다. 한 괘 6효는 시공 속에 존재하는 현상계를 말한다.

3. 사辭

사에는 괘사卦辭와 효사爻辭가 있다. 이것은 길흉을 논단한 것이다. 『주역』에서는 절대 길, 절대 흉은 없다. 인간의 운명은 항상 변한다. 지금은 흉하나 언젠가는 길해지며, 지금은 길하나 언젠가는 흉해진다. 『주역』은 우리에게 인생의 희망을 안겨주고 경계심을 일깨워준다. 절망하지 말고 교만하지 말 것을 가르쳐준다. 『주역』은 64괘가 있으므로 당연히 64구절의 괘사가 있다. 384효가 있으므로 당연히 384구절의 효사가 있다. 이외에 건괘에 '용구用九', 곤괘에 '용육用六'의 효사가 있다. 따라서 『주역』은 모두 450구절의 점 글(筮辭)로 구성되어 있다. 점을 쳐 괘를 얻고 효를 얻으면, 그 괘와 효의 점 글(卦爻辭)을 보고 자신의 운명을 판단한다. 점 글은 처음에는 인간에게 길흉을 예시하는 단순한 것이었으나, 『역전』에서 철학적 의미가 부여되었다.

괘효사는 누가 지었는가? 사마천은 『사기』 「태사공자서太史公自序」에서, 반고는 『한서』 「예문지」에서 주나라 문왕이 지었다 하고, 후한의 마륭馬融(79~166)과 삼국시대 오나라의 육적陸績(187~219)은 괘사는 문왕이, 효사는 그의 아들 주공周公이 지었다고 하였으나(공영달, 『주역정의』서), 이러한 설은 근거가 없어 하나같이 믿을 것이 못 된다.

괘효사에는 은말 주초의 역사적 사건들이 많이 기록되어 있다. 필자가 연구한 바에 따르면 64괘 중 37괘가 당시의 역사적 사건을 기술한 괘이다. 이외에 당시 사람들의 농업, 목축, 사냥 등의 경제생활에 대한 기록도 있고, 정벌, 제사, 소송, 혼인, 질병, 음식, 성행위, 점을 침 등의 사회생활과 천자에서 노예에 이르는 사회신분 및 봉건·종법제도 등 사회제도에 대한 기술도 있다. 『주역』의 괘효사는 곧 주나라 초기의 점 치는 관리들이 그들의 역사적 경험, 생활상의 경험 등을 64편의 이야기로 엮어 점 글로 편집한 것이다. 괘효사 450구절은 사람이 살아가면서 만날 수 있는 450개의 상황이며, 『주역』의 저자들은 각 상황마다 운명을 판단해놓았다.

이상 『주역』을 구성하고 있는 기본적이 요소, 즉 괘와 효와 사에 대하여 간략히 설명하였다.

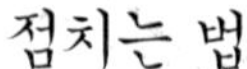

점치는 법

약 30센티미터 길이의 가느다란 대나무 50개를 산算가지로 하여, 통 속에 넣어 상 위에 놓아둔다.

1. 괘를 얻는 법

통 속에 들어 있는 50개의 산가지를 잡아내어, 그중 하나를 뽑아 다시 통 속에 넣고 사용하지 않는다.

제1변———산가지 49개를 사용한다.

① 산가지 49개를 임의로 두 손에 나누어 쥐고, 왼손에 쥔 것은 상 위쪽에 가로로 놓고, 오른손에 쥔 것은 상 아래쪽에 가로로 놓는다.

② 위쪽의 산가지 하나를 뽑아, 위쪽과 아래쪽의 산가지 사이에 세로

로 놓는다.

③ 왼손으로 위쪽의 산가지를 쥐고, 오른손으로 4개씩 셈하여 덜어낸
다. 덜어낸 시초는 위쪽 그 자리에 가로로 놓는다.

④ 산가지가 4개 이하가 남으면, 어것을 세로로 놓아둔 산가시의 왼
쪽에 세로로 놓는다.

⑤ 오른손으로 아래쪽의 산가지를 쥐고, 왼손으로 4개씩 셈하여 덜어
낸다. 덜어낸 시초는 아래쪽 그 자리에 가로로 놓는다.

⑥ 산가지가 4개 이하가 남으면, 이것을 세로로 놓아둔 산가지의 오
른쪽에 세로로 놓는다.

⑦ 세로로 놓아둔 산가지를 모두 합하여 상 한쪽에 세로로 놓아둔다.
이것으로 제1변은 끝난다.

세로로 놓아둔 산가지를 모두 합한 수는 5개가 아니면 9개가 된다. 이
중 얻은 한 수를 49에서 빼면, 나머지 산가지 수는 44개 혹은 40개 가
운데 하나를 얻게 된다.

제2변——— 제1변에서 얻은 산가지 44개 혹은 40개를 가지고 위와
똑같은 방법으로 셈한다.

① 제1변에서 얻은 산가지 44개 혹은 40개를 임의로 두 손에 나누어
쥐고, 왼손에 쥔 것은 상 위쪽에 가로로 놓고, 오른손에 쥔 것은 상
아래쪽에 가로로 놓는다.

② 위쪽의 산가지 하나를 뽑아, 위쪽과 아래쪽의 산가지 사이에 세로
로 놓는다.

③ 왼손으로 위쪽의 산가지를 쥐고, 오른손으로 4개씩 셈하여 덜어낸

다. 덜어낸 시초는 위쪽 그 자리에 가로로 놓는다.

④ 산가지가 4개 이하가 남으면, 이것을 세로로 놓아둔 산가지의 왼쪽에 세로로 놓는다.

⑤ 오른손으로 아래쪽의 산가지를 쥐고, 왼손으로 4개씩 셈하여 덜어낸다. 덜어낸 시초는 아래쪽 그 자리에 가로로 놓는다.

⑥ 산가지가 4개 이하가 남으면, 이것을 세로로 놓아둔 산가지의 오른쪽에 세로로 놓는다.

⑦ 세로로 놓아둔 산가지를 모두 합하여 상 한쪽에 세로로 놓아둔다. 이것으로 제2변은 끝난다.

세로로 놓아둔 산가지를 모두 합한 수는 4개가 아니면 8개가 된다. 이 중 얻은 한 수를 44 혹은 40에서 빼면, 나머지 산가지 수는 40개 혹은 36개 혹은 32개 가운데 하나를 얻게 된다.

제3변——— 제2변에서 얻은 산가지 40개 혹은 36개 혹은 32개를 가지고 위와 똑같은 방법으로 셈한다.

① 제2변에서 얻은 산가지 40개 혹은 36개 혹은 32개를 임의로 두 손에 나누어 쥐고, 왼손에 쥔 것은 상 위쪽에 가로로 놓고, 오른손에 쥔 것은 상 아래쪽에 가로로 놓는다.

② 위쪽의 산가지 하나를 뽑아, 위쪽과 아래쪽의 산가지 사이에 세로로 놓는다.

③ 왼손으로 위쪽의 산가지를 쥐고, 오른손으로 4개씩 셈하여 덜어낸다. 덜어낸 시초는 위쪽 그 자리에 가로로 놓는다.

④ 산가지가 4개 이하가 남으면, 이것을 세로로 놓아둔 산가지의 왼

쪽에 세로로 놓는다.

⑤ 오른손으로 아래쪽의 산가지를 쥐고, 왼손으로 4개씩 셈하여 덜어
낸다. 덜어낸 시초는 아래쪽 그 자리에 가로로 놓는다.

⑥ 산가지가 4개 이하가 남으면, 이것을 세로로 놓아둔 산가지의 오
른쪽에 세로로 놓는다.

⑦ 세로로 놓아둔 산가지를 모두 합하여 상 한쪽에 세로로 놓아둔다.
이것으로 제3변은 끝난다.

세로로 놓아둔 산가지를 모두 합한 수는 4개가 아니면 8개가 된다.
이 중 얻은 한 수를 40 혹은 36 혹은 32에서 빼면, 나머지 산가지 수
는 36개 혹은 32개 혹은 28개 혹은 24개 가운데 하나를 얻게 된다.
얻은 산가지 수가

36개이면, 9번 덜어낸 수이니, 9이고, 노양老陽이며, 변하는 양효(可
變之陽爻)이다.

32개이면, 8번 덜어낸 수이니, 8이고, 소음少陰이며, 변하지 않는 음
효(不變之陰爻)이다.

28개이면, 7번 덜어낸 수이니, 7이고, 소양少陽이며, 변하지 않는 양
효(不變之陽爻)이다.

24개이면, 6번 덜어낸 수이니, 6이고, 노음老陰이며, 변하는 음효(可
變之陰爻)이다.

이와 같이 3변하여 첫 효와 그 수를 얻는다. 9, 7 홀수는 양이고 8, 6
짝수는 음이다. 양효는 '━'을 그리고, 만약 이것이 노양이면 그린 양효

옆에 9자를 기록한다. 이것이 소양이면 7자를 기록한다. 음효는 '--'을 그리고, 만약 이것이 노음이면 그린 음효 옆에 6자를 기록한다. 이것이 소음이면 8자를 기록한다. 9, 7, 8, 6 네 가지 수를 4영四營 혹은 영수營數라고 한다.

첫 효를 얻은 후, 한 괘의 나머지 다섯 효도 첫 효를 얻는 똑같은 방법으로 셈을 하여 얻는다. 여섯 효를 모두 얻으면 한 괘가 성립된다. 한 효는 3변하여 얻고, 한 괘는 여섯 효이므로 모두 18변하여 한 괘를 얻게 된다. 한 괘를 얻었다면 이제 변효變爻를 찾아야 한다.

2. 괘를 변화시키는 법

각 효는 9, 7, 8, 6 네 가지 영수 가운데 하나의 수를 가진다. 한 괘는 여섯 효이므로 여섯 개의 수를 가진다. 이 여섯 수를 합한 것을 '괘의 영수'라고 한다. 모든 괘의 영수는 54에서 36 사이이다. 천지의 수(天地之數) 55에서 '괘의 영수'를 빼어서, 그 나머지 수로 '변해야 하는 효(宜變之爻)'를 구한다. 이것을 표로 그리면 다음과 같다.

천지의 수	괘의 영수	나머지 수	변해야 하는 효
55	− 54	= 1	처음 효가 '변해야 하는 효'이다.
55	− 53	= 2	둘째 효가 '변해야 하는 효'이다.
55	− 52	= 3	셋째 효가 '변해야 하는 효'이다.
55	− 51	= 4	넷째 효가 '변해야 하는 효'이다.

55	−	50	=	5	다섯째 효가 '변해야 하는 효'이다.
55	−	49	=	6	꼭대기 효가 '변해야 하는 효'이다.
55	−	48	=	7	꼭대기 효가 '변해야 하는 효'이다.
55	−	47	=	8	다섯째 효가 '변해야 하는 효'이다.
55	−	46	=	9	넷째 효가 '변해야 하는 효'이다.
55	−	45	=	10	셋째 효가 '변해야 하는 효'이다.
55	−	44	=	11	둘째 효가 '변해야 하는 효'이다.
55	−	43	=	12	처음 효가 '변해야 하는 효'이다.
55	−	42	=	13	처음 효가 '변해야 하는 효'이다.
55	−	41	=	14	둘째 효가 '변해야 하는 효'이다.
55	−	40	=	15	셋째 효가 '변해야 하는 효'이다.
55	−	39	=	16	넷째 효가 '변해야 하는 효'이다.
55	−	38	=	17	다섯째 효가 '변해야 하는 효'이다.
55	−	37	=	18	꼭대기 효가 '변해야 하는 효'이다.
55	−	36	=	19	꼭대기 효가 '변해야 하는 효'이다.

이렇게 해서 '변해야 하는 효'를 구했다면, 이제 얻은 괘와 효에 해당하는 괘효사를 보고 점의 길흉을 판단해야 한다.

3. 괘효사를 보는 법

점을 쳐서 얻은 괘를 '본괘本卦'라 하고, 변한 괘를 '지괘之卦'라고 한다. 9와 6은 '변하는 효(可變之爻)'이고, 7과 8은 '변하지 않는 효(不變之

爻)'이다. 괘효사를 보는 법은 다음과 같다.

(1) 여섯 효가 모두 7, 8일 경우

이것은 변하지 않는 괘이다. '변해야 하는 효'를 구할 필요 없이 본괘의 괘사로 점을 친다.

(2) 한 효가 9, 6일 경우

① 이 효가 '변해야 하는 효'이면 9는 6으로, 6은 9로 변화시켜 지괘를 얻어, 본괘의 변효의 효사로 점을 친다.

② 이 효가 '변해야 하는 효'가 아니면, 본괘의 괘사로 점을 친다.

③ 또 '변해야 하는 효'를 구할 필요 없이 9는 6으로, 6은 9로 변화시켜 지괘를 얻어, 본괘의 변효의 효사로 점을 친다.

(3) 두 효가 9, 6일 경우

① 그중 한 효가 '변해야 하는 효'이면, 본괘의 변효의 효사로 점을 친다.

② 두 효 모두 '변해야 하는 효'가 아니면, 본괘의 괘사로 점을 친다.

(4) 세 효가 9, 6일 경우

① 그중 한 효가 '변해야 하는 효'이면, 본괘의 변효의 효사로 점을 친다.

② 세 효 모두 '변해야 하는 효'가 아니면, 세 효 모두 9는 6으로, 6은 9로 변화시켜 지괘를 얻어, 본괘와 지괘의 괘사로 점을 친다.

(5) 네 효가 9, 6일 경우

① 그중 한 효가 '변해야 하는 효'이면, 본괘의 변효의 효사로 점을 친다.

② 네 효 모두 '변해야 하는 효'가 아니면, 네 효 모두 9는 6으로, 6은 9로 변화시켜 지괘를 얻어, 지괘의 괘사로 점을 친다.

(6) 다섯 효가 9, 6일 경우

① 그중 한 효가 '변해야 하는 효'이면, 본괘의 변효의 효사로 점을 친다.

② 다섯 효 모두 '변해야 하는 효'가 아니면, 다섯 효 모두 9는 6으로, 6은 9로 변화시켜 지괘를 얻어, 지괘의 괘사로 점을 친다.

(7) 여섯 효가 모두 9, 6일 경우

'변해야 하는 효'를 구할 필요 없이 여섯 효 모두 9는 6으로, 6은 9로 변화시켜, ①건괘乾卦가 곤괘坤卦로 변하는 것을 얻으면, 건괘 '용구用九'의 효사로 점을 친다. ②곤괘가 건괘로 변하는 것을 얻으면, 곤괘 '용육用六'의 효사로 점을 친다. ③다른 괘를 얻으면 지괘의 괘사로 점을 친다.

이상 춘추전국시대의 점법을 말하였다. 의문이 있는 독자는 필자가 번역한 『주역점의 이해』를 참고하면 더욱 분명히 이해할 수 있을 것이다.

「계사전」의 『주역』 점법의 해설

『주역』「계사전」에 『주역』 점법이 간략하게 기술되어 있다. 이것은 곧 춘추전국시대의 『주역』 점법이다. 이제 고형의 『주역대전금주周易大傳今注』의 내용을 요약하여 번역하겠다.

대연의 수는 50이다. 사용하는 시초의 수는 49개이다.
大衍之數五十, 其用四十有九.

춘추전국시대에는 시초蓍草를 셈하는 것을 '넓히다'는 뜻의 '연衍'이라 하였고, 한대에는 '연演'이라 하였다. '연衍'과 '연演'은 옛날에 글자가 통용되었다. 공영달孔穎達의 『주역정의周易正義』에 요신姚信과 동우董遇의 말을 인용하여 "천지의 수 55에서 6개를 덜어내어 6효의 수를 상징한다. 그러므로 이것을 빼고 49개를 사용한다(天地之數五十有五, 者

其六以象六爻之數(者當作省), 故減之而用四十九.)"라고 하였다. 이것은 요신과 동우가 본래 "대연의 수는 55이다(大衍之數五十有五)"라고 말하였음을 증명하고 있다. 즉 『주역』은 점을 치면서 55개의 시초를 갖추어 그중 49개를 사용한다는 말이다. 이렇게 되어야 그 아래 문장인 "천지의 수는 55이다(凡天地之數五十有五)"와 일치하며, 천지의 수를 가지고 대연의 수를 정한 것이다. 본래 '대연의 수는 55(大衍之數五十有五)'인데, 끝의 '유오有五' 두 글자가 빠져나가 '오십五十'이 되었다. 사용하지 않는 6개의 시초는 6효의 수를 명시한 것이다.

이것을 둘로 나누어 양의를 상징한다.
分而爲二以象兩.

양의는 하늘과 땅(天地)이다. 49개의 시초를 두 부분으로 나누어, 한 부분은 상 위쪽에 가로로 놓고 하늘(天)을 상징하고, 또 한 부분은 상 아래쪽에 가로로 놓고 땅(地)을 상징한다.

하나를 걸어서 삼재를 상징한다.
掛一以象三.

삼재는 하늘(天), 땅(地), 사람(人)이다. 위쪽에 놓아둔 시초에서 하나를 뽑아, 위쪽과 아래쪽의 시초 사이에 세로로 놓아두고, 사람이 하늘과 땅 사이에 서 있는 것을 상징한다. 세로로 놓아둔 한 개의 시초는

위쪽과 아래쪽에 놓아둔 두 부분 사이에 걸어둔 것과 같으므로 '하나
를 건다(掛一)'라고 하였다. 『집해集解』에는 공영달의 말을 인용하여
"나누어 새끼손가락 사이에 건다(分掛其于最小指間)"라고 하였는데, 틀
린 말이다.

네 개씩 덜어내어 사계절을 상징한다.
揲之以四, 以象四時.

'설揲'은 손으로 잡고 나누어 셈하는 것이다. 위쪽에 가로로 놓아둔
시초를 네 개씩 한 조로 하여 덜어낸다. 덜어낸 시초는 그 위쪽에 놓아
둔다. 네 개씩 덜어내어 사계절을 상징한다.

남은 수를 합하여 그 왼쪽에 놓고 윤달을 상징한다.
歸奇於扐以象閏.

'기奇'는 나머지라는 뜻의 여余이다. '늑扐'은 옆구리 '늑肋'자를 빌려
썼을 것이다. '늑肋'은 가슴의 양쪽 부분이니, 이것은 걸어둔 한 개의 시
초의 양쪽 부분을 가리킨다. 시초를 네 개씩 덜어내어 남은 시초 수가
혹은 한 개, 혹은 두 개, 혹은 세 개, 혹은 네 개가 되면, 이것을 걸어둔
한 개의 시초의 왼쪽에 세로로 놓아두고, 곧 윤달을 상징한다. 『경전석
문經典釋文』에 마륭馬融의 말을 인용하여 "늑은 손가락 사이이다(扐, 指
間也.)"라고 하였으므로 후세 사람들은 모두 이 말을 따랐다. 그러나

남은 시초를 손가락 사이에 끼워둔다면 다시 시초를 덜어낼 수가 없으니, 이 주장이 틀렸음을 알 수 있다.

5년 만에 다시 윤달이 되므로, 다시 그 오른쪽에 놓은 후에 걸어놓는다.
五世再閏, 故再扐而後掛.

옛날 역법曆法에는 5년에 두 번의 윤달이 있었다. 아래쪽에 가로로 놓아둔 시초를 네 개씩 한 조로 하여 덜어낸다. 덜어낸 시초는 그 아래쪽에 놓아둔다. 남은 시초 수가 혹은 한 개, 혹은 두 개, 혹은 세 개, 혹은 네 개가 되면, 이것을 걸어둔 한 개의 시초의 오른쪽에 세로로 놓아둔다. 이것은 '다시 남은 수를 합하여 그 오른쪽에 놓는다(再歸奇于扐)'는 것이니, 곧 5년에 두 번의 윤달이 있음을 상징한다. 걸어둔 한 개의 시초와 그 양쪽에 놓아둔 시초를 합하여 위쪽과 아래쪽 두 부분 사이에 세로로 놓아둔다. 이것이 이른바 '후에 걸어놓는다(後掛)'라는 것이다.

이상이 1변이다. 세로로 놓아둔 시초를 제하고 위아래 가로로 놓아둔 시초를 하나로 합하여 위와 똑같은 방법으로 다시 셈을 하는데, 이것이 2변이다. 세로로 놓아둔 시초를 제하고 위아래 가로로 놓아둔 시초를 하나로 합하여 위와 똑같은 방법으로 다시 셈을 하는데, 이것이 3변이다. 이와 같이 3변하여 비로소 한 효를 얻게 된다. 3변 후 위아래 두 부분의 시초를 합한 수는 네 가지이다. ①아홉 번 덜어낸(九揲) 36개의 책수. 이것은 노양老陽의 효이며, 변하는 양효(可變之陽爻)이다. 『주역』에서 효의 명칭이 '구九'라는 것은 '구설九揲'의 '구九'이며, 이것은 변하는 양효임을 나타낸 것이다. ②일곱 번 덜어낸(七揲) 28개의 책

수. 이것은 소양少陽의 효이며, 변하지 않는 양효(不變之陽爻)이다. ③
여섯 번 덜어낸(六揲) 24개의 책수. 이것은 노음老陰의 효이며, 변하는
음효(可變之陰爻)이다. 『주역』에서 효의 명칭이 '육六'이라는 것은 '육
설六揲'의 '육六'이며, 이것은 변하는 음효임을 나타낸 것이다. ④여덟
번 덜어낸(八揲) 32개의 책수. 이것은 소음少陰의 효이며, 변하지 않는
음효(不變之陰爻)이다. 여섯 효는 비로소 한 괘를 이룬다.

하늘의 수는 1이요, 땅의 수는 2요, 하늘의 수는 3이요, 땅의 수는
4요, 하늘의 수는 5요, 땅의 수는 6이요, 하늘의 수는 7이요, 땅의 수
는 8이요, 하늘의 수는 9요, 땅의 수는 10이다.
天一, 地二, 天三, 地四, 天五, 地六, 天七, 地八, 天九, 地十.

　이 20글자는 원래 뒤에 기록되어 있는 "공자께서 역에 성인의 도가
네 가지 있다고 한 것은 이것을 말한 것이다(子曰易有聖人之道四焉, 此之
謂也.)"의 문장 아래에 있는 것이다. 『한서漢書』「율력지律歷志」에 『역』
을 인용한 문장을 보면, 반고班固가 본 것이 본래 지금 이곳에 있었으
므로 옮겨 바로잡았다. 『역경』은 양효의 한 획(—)으로 하늘(天)을 상
징하므로 하늘의 수는 1이다. 음효의 두 획(--)으로 땅(地)을 상징하므
로 땅의 수는 2이다. 1은 홀수(奇數)이니, 이것을 미루어 홀수 3, 5, 7,
9는 또한 모두 하늘의 수가 된다. 2는 짝수(偶數)이니, 이것을 미루어
4, 6, 8, 10은 또한 모두 땅의 수가 된다.

하늘의 수는 다섯 개이며, 땅의 수도 다섯 개다.
天數五, 地數五.

하늘의 수 다섯 개는 홀수이며, 땅의 수 다섯 개는 짝수이다.

다섯 자리를 서로 보태어 각각 합하니, 하늘의 수는 25요, 땅의 수는 30이다.
五位相得而各有合, 天數二十有五, 地數三十.

하늘의 수 1, 3, 5, 7, 9를 합하면 25가 된다. 땅의 수 2, 4, 6, 8, 10을 합하면 30이 된다.

무릇 하늘과 땅의 수는 55이다.
凡天地之數五十有五.

하늘의 수 25와 땅의 수 30을 보태면 모두 55가 된다.

이것이 변화를 이루고 신묘한 작용을 행하는 것이다.
此所以成變化而行鬼神也.

점을 쳐 한 괘를 얻으면 각 효는 4종류의 수를 갖는다. ①시초를 9번 덜어낸 것은 '변하는 양효(可變之陽爻)'이며 9로 표시한다. ②시초를 7번 덜어낸 것은 '변하지 않는 양효(不變之陽爻)'이며 7로 표시한다. ③시초를 6번 덜어낸 것은 '변하는 음효(可變之陰爻)'이며 6으로 표시한다. ④시초를 8번 덜어낸 것은 '변하지 않는 음효(不變之陰爻)'이며 8로 표시한다. 네 가지 수는 덜어낸 수를 대표한다. 6효의 수를 서로 보태어 그 총수를 얻는다. 천지의 수 55에서 총수를 빼어 그 나머지 수를 얻는다. 그 나머지 수를 처음 효(初爻)에서 꼭대기 효(上爻)로 올라가며 셈을 하고, 꼭대기 효에 이르면 다시 꼭대기 효에서 아래로 내려오며 셈을 한다. 그렇게 셈을 하여 어느 효에 이르러 그 수가 다하면 그 효가 '변해야 하는 효(宜變之爻)'가 된다. '변해야 하는 효'가 9이면 양효는 음효로 변하고, 6이면 음효는 양효로 변한다. 효가 변하면 괘도 변한다. '변해야 하는 효'가 7이고 8이면 그 효는 변하지 않으며 괘도 변하지 않는다. 효와 괘의 변화는 곧 천지의 수 55로써 정하는 것이다. 그러므로 "이것이 변화를 이루고 신묘한 작용을 행하는 것이다(此所以成變化而行鬼神也.)"라고 말한 것이다(자세한 내용은 필자가 번역한 『주역점의 이해』를 참고하라).

건의 시초 수는 216개이고, 곤의 시초 수는 144개이다.
乾之策二百一十有六, 坤之策百四十有四.

『역경』 64괘는 모두 변효變爻로 점을 친다. 건괘 6효는 모두 변하는 노양老陽 효이다. 각 효는 시초를 9번 덜어낸 것이고, 매번 4개씩 덜어내므로(6×9×4), 그 시초 수는 모두 216개이다. 곤괘 6효는 모두 변하는 노음老陰효이다. 각 효는 시초를 6번 덜어낸 것이고, 매번 4개씩 덜어내므로(6×6×4), 그 시초 수는 모두 144개이다.

이것을 합하면 360개가 되며, 만 1년의 날짜에 해당한다.

凡三百有六十, 當期之日.

건곤 두 괘의 시초 수를 합하면 360개가 되며, 1년 360일의 수에 해당된다. 천지의 변화는 1년에 한 번 순환한다. 그러므로 건곤 두 괘의 시초 수는 곧 천지 변화의 한 번 순환하는 날짜 수를 상징한다.

두 편의 시초 수는 11,520이니, 만물의 수에 해당한다.

二篇之策萬有一千五百二十, 當萬物之數也.

전국시대에 『역경』은 이미 상하 두 편으로 나뉘어 있었다. 『역경』은 64괘이고 각 괘는 6효이므로 모두 384효가 된다. 양효와 음효는 각각 192효이다. 양효는 9이고 시초를 9번 덜어내며 한 번에 4개씩 덜어낸다. 192와 9와 4를 서로 곱하면 6,912개를 얻는다. 음효는 6이고 시초를 6번 덜어내며 한 번에 4개씩 덜어낸다. 192와 6과 4를 서로 곱하면 4,608개를 얻는다. 이것을 합하면 모두 11,520개가 되니, 만물의 수에 해당된다. 이것은 『역경』의 총 시초 수는 곧 만물의 수를 상징하고 있음을 말한 것이다.

그러므로 네 가지 영수로(혹은 네 번 경영하여)『역』을 이룬다.
是故四營而成易.

'4영四營'에는 두 가지 설이 있다. 첫째,『주역집해周易集解』에 순상荀爽의 말을 인용하여 "4영은 7, 8, 9, 6을 말한다(四營者謂七, 八, 九, 六也.)"라고 하였다. 7은 소양효를, 8은 소음효를, 9는 노양효를, 6은 노음효를 가리킨다. 또 "『역』에는 4상이 있다(易有四象.)"라고 하였는데, 4상은 곧 이 네 종류의 효상을 말한다. 괘는 모두 이 네 종류의 효로 구성되며, 효의 음양성과 변화의 여부 또한 이 네 종류의 효로써 결정된다. 그러므로 "네 가지 영수로『역』을 이룬다(四營而成易.)"라고 한 것이다. '4영'은 효상의 네 개의 영수를 말한다. 둘째,『주역집해』에는 또 육적陸績의 말을 인용하여 "'둘로 나누어 양의를 상징한다(分而爲二以象兩)'는 것이 1영이다. '하나를 걸어서 삼재를 상징한다(掛一以象三)'는 것이 2영이다. '네 개씩 덜어내어 네 계절을 상징한다(揲之以四, 以象四時.)'는 것이 3영이다. '남은 수를 합하여 그 양쪽에 놓아서 윤달을 상징한다(歸奇於扐以象閏)'는 것이 4영이다"라고 하였다. 공영달은 소疏에서 "영은 경영을 말한다. 시초를 네 번 경영하여 곧『역』의 1변을 이루는 것을 말한다(營謂經營, 謂四度經營蓍策, 乃成易之一變也.)"라고 하였다.

이 두 가지는 모두 통한다. 첫째 것은, 4영은 곧 4상이고,『역경』64괘는 모두 이 네 종류의 효상으로 구성된다. 그러므로 "네 가지 영수로『역』을 이룬다(四營而成易)"라고 말한 것이다. 둘째 것은, 4영은 네 번 시초를 안배하는 방법이다. 네 번 시초를 안배하는 것이 1변이고, 3변하여 한 효를 이루고, 6효가 한 괘를 이룬다.『역경』64괘는 모두 네 번

시초를 안배하는 방법을 사용한다. 그러므로 "네 번 경영하여 『역』을
이룬다(四營而成易)"라고 말한 것이다.

열여덟 번 변하여 괘를 이룬다.
十有八變而成卦.

3변하여 한 효를 이루며, 한 괘는 6효이므로 18변하여 한 괘를 이
룬다.

팔괘는 작은 괘를 이룬다.
八卦而小成.

팔괘는 각각 고립된 사물을 상징하며, 각종 사물의 관계를 상징할
수 없다. 그러므로 작은 괘이다.

이것을 더욱 펼쳐나가, 동류에 접촉해서 증가시켜나가면, 천하의 모
든 일이 다하여진다.
引而伸之, 觸類而長之, 天下之能事畢矣.

'더욱 펼쳐나간다'는 것은 팔괘를 겹쳐 64괘가 된다는 것이다. '동류
에 접촉해서 증가시켜나간다'는 것은 동류의 사물을 만나 괘상을 확대

하여 그것을 상징한다는 것이다. 천하의 모든 일은 『역경』 속에서 다하여진다.

『좌전』과 『국어』에서 접친 사례의 분석

　　『춘추春秋』는 역사를 기술하는 관리(史官)들이 기록한 노나라 역사서이다. 노나라 15대 제후 은공隱公 원년(BC 722)에서 26대 애공哀公 14년(BC 481)까지 242여 년간의 노나라 역사 및 이와 관계가 있는 여러 나라의 사건들을 간결하게 기록하고 있다. 『좌전左傳』은 『춘추』에 대한 상세한 주해서이며, 춘추시대 전 시기에 일어난 중요한 정치적, 사회적, 군사적 사건들에 대해 포괄적으로 기록하고 있다. 이 책의 지은이는 누구인지 알 수 없으며, 대략 전국시대에 책이 이루어진 것으로 보고 있다. 『국어國語』 역시 춘추시대의 역사서이다. 『춘추외전春秋外傳』이라고도 불리는 이 책은 주周나라 5대 목왕穆王 35년(BC 967)에서 28대 정정왕貞定王 16년(BC 453)에 이르는 515여 년 동안의 각 나라에서 일어난 주요 사건들을 기록하고 있다. 이 책은 한 사람의 기술이 아닌 각국의 역사를 기술하는 관리(史官)들이 기록한 것을 한대漢代에 와서 편집한 것으로 추측하고 있다. 『좌전』에는 『주역』으로 접친 사례가 13조, 『주역』의 구절을 인용한 것이 6조가 있고, 『국어』에는 『주역』으로 점친 사례가 3조 기록되어 있다. 이것은 실제로 춘추시대의 점친 사례들이다. 지금 필자는 이 22개 조의 전문을 연대순으로 인용하면서 당시 주역점의 내용을 분석하겠다.

〔『좌전』〕

(1)장공莊公 22년(BC 672)

진陳의 여공厲公이…… 경중敬仲을 낳았다. 경중이 어렸을 때 주나라의 점치는 관리가 『주역』으로 점을 쳐주겠다고 진나라 제후를 만났다. 진의 제후가 그에게 점을 치게 하니 관괘觀卦가 비괘否卦로 변하는 것을 얻었다(관괘의 넷째 효가 변하였다). 그가 말하기를 "이것은 '나라의 찬란함을 살피고, 왕의 빈객이 되니 이롭다(觀國之光, 利用賓于王.)'는 말입니다〔관괘 넷째 음효(六四)의 효사이다〕. 이 사람(敬仲)은 진나라 제후를 대신해서 나라를 보존할 것입니다. 그런데 이 나라 안에서가 아니라 다른 나라에서 그렇게 할 것입니다. 그 자신이 아니라 그의 자손이 그렇게 할 것입니다. 빛(光)이라는 것은 멀리 다른 곳에서 빛나는 것입니다. 곤(☷)은 땅입니다. 손(☴)은 바람입니다. 건(☰)은 하늘입니다. 바람(☴)이 하늘(☰)로 변하여 땅(☷)위에 있으니 산(☶)입니다(坤土也, 巽風也, 乾天也, 風爲天於土上, 山也). 산에는 재목이 있고 하늘의 빛이 그것을 비추니 땅위에 있으므로 '나라의 찬란함을 살피고, 왕의 빈객이 되니 이롭다'라고 하였습니다. 제후가 천자를 알현하러 가 뜰 안에 바칠 백물百物을 널어놓고 옥백玉帛을 바치어 천지간의 아름다움을 다 구비하였으므로 '왕의 빈객이 되니 이롭다'라고 하였습니다. 나라의 훌륭함을 볼 수 있으므로 자신이 아니라 후손이 그렇게 할 것이라는 것이요, 바람이 불어 땅에 닿으므로 이 나라 안에서가 아니라 다른 나라에서 그렇게 할 것이라는 것입니다. 만약 다른 나라에서라면 반드시 강씨姜氏 성의 나라(제)에서 일 것입니다. 강은 대악大嶽의 후손이니 산악은 하늘과 짝할 것입니다. 만물은 이 두 가지보다 더 클 수는 없는 것이니, 진陳 나라가 쇠퇴하면 이 사람(敬仲)의 자손이 창성할 것입니다"라고 하였다. 과연 진나라가 처음 망하기 시작했을 때 경중의 5세손인 진환자陳桓子가 비로소 제齊나라에서 강대해졌고, 그 뒤 진나라가 망했을 때 경중의 8세손인 성자成子가 비로소 제나라의 정권을 얻게 되었다.

관괘   비괘

이 문장은 본괘인 관괘의 넷째 음효(六四)의 효사와 관괘의 윗괘가 비괘의 윗괘로 변하는 변괘의 상을 가지고 점을 해석하였다. 관괘의 아랫괘는 곤괘(☷)이고 윗괘는 손괘(☴)이다. 비괘의 아랫괘는 곤괘(☷)이고 윗괘는 건괘(☰)이다. 취한 괘상이 곤괘坤卦가 땅(土), 손괘巽卦가 바람(風), 건괘乾卦가 하늘(天)이다. 관괘의 윗괘인 손괘(☴)의 처음 음효가 양효로 변하여 비괘의 윗괘인 건괘(☰)가 되어 곤괘(☷) 위에 있으므로 '바람이 하늘로 변하여 땅위에 있다'고 하였다. 비괘로 변한 후, 비괘의 둘째(二), 셋째(三), 넷째(四) 효인 호체互體는 간괘(☶)

이므로 '산'이라고 한 것이다. 비괘의 윗괘는 하늘이고 아랫괘는 땅이며 호체의 괘는 산이다. 산은 땅의 위, 하늘의 아래에 있으므로 '산에는 재목이 있고 하늘의 빛이 그것을 비추니 땅위에 있다'라고 한 것이다. 『좌전』과 『국어』의 주역점을 친 사례에서 호체를 말한 곳은 이 한 곳밖에 없는데 과연 이것이 한유漢儒들이 말한 호체를 가리키는 것인지는 분명히 알 수 없다. 그러나 이러한 변괘의 설은 한대의 상수역의 발전에 큰 영향을 끼쳤다.

(2) 민공閔公 원년(BC 661)

전에 필만畢萬이 진晉나라에 벼슬하는 것에 대해 점을 치니, 준괘屯卦가 비괘比卦로 변하는 것을 얻었다(준괘의 처음 효가 변하였다). 신료辛廖가 점을 풀이하여 말하기를 "길합니다. 준은 고정되어 있고, 비는 궁중에 들어가는 것을 말하니 이것보다 더 크게 길한 것은 없습니다. 반드시 번창하게 될 것입니다. 진(☳)이 땅(☷)이 되니 수레가 말을 따르고 발이 땅에 놓이며 형이 장남이 되고 어미가 모든 사람들을 싸안고 만민이 따르게 됩니다(吉. 屯固比入, 吉孰大焉, 其必蕃昌. 震爲土, 車從馬, 足居之, 兄長之, 母覆之, 衆歸之). 준이 비로 변해도 전체의 뜻은 변하지 않으니, 만민이 힘을 합하여 나라가 고정되고, 지위는 안강하여 만민을 죽일 수 있는 권한을 가져 제후가 될 괘입니다. 제후의 자손은 반드시 그의 시조의 지위로 돌아갈 것입니다"라고 하였다.

준괘

비괘

이 문장은 괘명과 변괘의 상으로 점을 해석하였다. 준괘는 '고정되어 있음(固)', 비괘는 '들어감(入)'이라 하여, '반드시 번창하게 될 것'이라 한 것이다. '진이 땅이 된다(震爲土)'는 것은 준괘의 아랫괘인 진괘(☳)의 처음 양효가 음효로 변하여 비괘의 아랫괘인 곤괘(☷)가 된다는 말이다. 여기에서 취한 괘상은 진괘震卦가 수레(車), 발(足), 형(兄), 장남(長男)이고, 곤괘坤卦가 땅(土), 말(馬), 어머니(母), 무리(衆)이다. 이러한 괘상을 가지고 '제후가 되고', '자손은 시조의 지위로 돌아갈 것'이라 한 것이다.

(3) 민공閔公 2년(BC 660)

성계成季가 태어나려고 할 때, 그 아버지 환공桓公이 점치는 관리인 초구楚丘의 아버지에게 거북점(卜)을 치게 하고, 다시 시초점(筮)을 쳐서 대유괘大有卦가 건괘乾卦로 변하는 것을 얻었다(대유괘의 다섯째 효가 변하였다). 점을 친 사람이 말하기를 "전과 같이 아버지에게 돌아가는 괘입니다. 군의 자리로 가서 존경을 받을 것입니다(同復于父, 敬如君所.)"라고 하였다. 그를 낳자 손바닥에 글자가 있었는데 '우友'자였다. 그래서 그것으로 이름을 지었다.

대유괘   건괘

이 문장에서 '전과 같이 아버지에게 돌아가는 괘입니다. 군의 자리로 가서 존경을 받을 것입니다(同復于父, 敬如君所.)'라는 것은 대유괘 다섯째 음효(六五)의 효사가 아니라 본괘와 지괘의 변괘의 상을 취하여 말한 것이다. 대유괘의 윗괘인 리괘(☲)의 둘째 음효가 양효로 변하여 건괘의 윗괘인 건괘(☰)가 되었다. 건괘는 아버지이고 군이다. 리괘가 변하여 건괘가 되니 아버지의 자리로 돌아가고 군의 자리로 가는 상이다. 여기에서는 괘효사를 인용하지 않고 다만 변괘의 상으로 점을 해석하였다.

(4) 희공僖公 15년(BC 645)

진秦나라 제후가 진晉을 치려고 하였다. 복도보卜徒父가 시초점(筮)을 쳐보고는 "길합니다. 황하를 건너면 제후의 수레는 부숴집니다"라고 말하였다. 진秦의 제후가 그게 무슨 말이냐고 힐문하자 대답하기를 "이것이야말로 대길大吉입니다. 적은 세 번 패하고 우리는 반드시 진晉의 제후를 생포할 것입니다. 점괘는 고괘蠱卦인데 점 풀이 글에 '전차 천 대를 가진 나라가 세 번 싸워 퇴각하고 세 번 퇴각한 뒤에는 그 숫여우를 잡게 된다(千乘三去, 三去之餘, 獲其雄狐.)'라고 하였습니다. 여우는 속이는 것인데 생포되는 사람은 반드시 적의 제후일 것입니다. 고괘의 아랫괘(貞)는 바람(風)이고, 윗괘(悔)는 산(山)입니다. 계절은 가을인데 우리가 그 열매를 떨어뜨리고 재목을 취하니 이기는 것이요 열매가 떨어지면 재목이 없어지니 진晉이 어찌 패하지 않겠습니까?"라고 하였다. 진晉은 세 번 싸움에 패하고 한韓으로 물러났다…… 임술壬戌의 날에 두 나라는 한원韓原에서 싸웠다…… 진秦이 진晉의 제후를 생포하여 돌아갔다.

고괘

이 문장은 점 풀이 글과 괘상으로 점을 해석하였다. 그러나 복도보가 말한 고괘의 점 풀이 글은 『주역』에는 없다. '세 번 퇴각하고 세 번 퇴각한 뒤에는 그 숫여우를 잡게 된다'는 점 풀이 글에서 "적은 세 번 패하고 우리는 반드시 진의 제후를 생포할 것"이라는 점을 판단하였다. 취한 괘상은 고괘의 아랫괘인 손괘(☴)는 바람(風)이고, 윗괘인 간괘(☶)는 산(山)이고 열매(實)이다. 이 괘상을 가지고 진의 패망을 점친 것이다.

(5) 희공僖公 15년(BC 645)

전에 진晉의 헌공獻公이 딸 백희伯姬를 진秦나라에 시집보내면서 점을 쳐보니, 귀매괘歸妹卦가 규괘睽卦로 변하는 것을 얻었다(귀매괘의 꼭대기 효가 변하였다). 점치는 관리인 소蘇가 점을 치고 말하기를 "불길합니다. 점 풀이 글에 '남자가 양을 칼로 찔렀으나 피가 나지 않고, 여자가 대바구니를 들었으나 얻을 것이 없다(士刲羊亦無衁也, 女承筐亦無貺也.)'라고 하였습니다. 서쪽의 이웃나라秦가 책망을 하여도 대꾸할 수 없습니다. 귀매괘가 규괘로 변한다는 것은 도와줄 사람이 없다는 것과 같습니다. 진괘가 리괘로 변하는 것은 또한 리괘가 진괘로 변하는 것과 마찬가지로, 우레(雷)가 되고 불(火)이 되어 영씨嬴氏(진秦의 국성國姓)가 희씨姬氏(진晉의 국성國姓)를 쳐부수게 됩니다. 수레에 바퀴가 빠져나가고 불이 군기를 태우며 군사들을 이끌고 나아감에 불리하니 종구(宗丘)에서 패하게 됩니다. 귀매에 '나그네가 홀로 가는데, 도적이 활을 당겨 쏜다(睽孤, 寇張之弧.)'라고 하였는데〔규괘 꼭대기 양효(上九)에 '나그네가 홀로 가다가 돼지를 실어 나르는 것과 한 수레 가득 귀신이 실려 있는 것을 보았는데, 먼저 활을 당겨 쏘려고 하다가 뒤에 활을 내려놓으니, 도적이 아니라 혼인하는 것이다睽孤見豕負塗, 載鬼一車, 先張之弧, 後說之弧, 匪寇婚媾.)'라고 하였다〕, 조카가 고모에 의지하고 6년 후에 피하여 자기의 나라로 도망쳐 돌아가 그의 집을 버리고 다음해에 고량高粱의 언덕에서 죽을 것입니다"라고 하였다. 뒤에 혜공惠公이 한원韓原의 전투에서 포로가 되어 진秦에 머물러 있게 되자 "선군先君께서 소의 점을 따랐다면 내가 여기까지 이르지 않았을 것이다!"라고 말하였다. 그러자 한간韓簡이 옆에서 모시고 있다가 말하기를 "거북점은 모양을 보고, 시초점은 수를 헤아립니다. 만물은 생긴 후에 모양이 있고, 모양이 있은 후에 크고 많아지며, 크고 많아진 후에 수가 있게 됩니다. 선군(獻公)의 패덕은 어찌 다 헤아리겠습니까? 소의 점을 그대로 따랐다 해도 무슨 보탬이 있었겠습니까?"라고 하였다.

귀매괘　　　　　　　　규괘

이 문장은 본괘와 지괘의 효사와 변괘의 상으로 점을 해석하였다. 귀매괘 꼭대기 음효(上六)의 효사에는 '여자가 대바구니를 들었으나 과일이 없고, 남자가 양을 칼로 찔렀으나 피가 없으니, 이로울 바 없다

(女承筐无實, 士刲羊无血.)'라고 하였다. 『좌전』에 인용한 것과 『주역』의 문장은 조금 다르다. 이 효사를 가지고 진晉의 헌공의 딸 백희가 진秦 나라에 시집보내는 것이 '불길하다'고 판단한 것이다. 귀매괘의 윗괘 인 진괘(☳)의 꼭대기 음효가 양효로 변하여 규괘의 윗괘인 리괘(☲)가 되었다. 취한 괘상은 진괘震卦는 우레(雷)이고 리괘離卦는 불(火)이다. 그래서 "불이 군기를 태우며…… 패하게 된다"라고 한 것이다. 끝 구 절의 한간의 말은 길흉은 인간의 행위로 스스로 만드는 것이지 점에 의해 좌우되는 것이 아니라는 뜻이다. 즉 점은 인간의 운명을 규정할 수 없다는 말이다.

(6) 희공僖公 25년(BC 635)

진秦의 제후가 황하의 위로 군사를 이끌고 가서 천자를 서울로 들여 보내려고 하였다. 호언狐偃이 진晉의 제후에게 말하기를 "제후들이 따르 기를 바라는 것에는 천자를 위하는 일보다 더 좋은 일이 없습니다. 천자 를 위하면 제후들이 신뢰하고, 또 이것은 큰 의리입니다. 문후文侯의 공 적을 계승하여 제후들에게 신의를 선양함은 지금이 좋은 때입니다"라고 하였다. 진의 제후가 "시초점을 쳐보라"고 하였다. 점을 치니 대유괘大有 卦가 규괘睽卦로 변하는 것을 얻었다(대유괘의 셋째 효가 변하였다). 점치 는 관리가 말하기를 "길합니다. 제후가 천자에게 향연을 받는(公用亨于 天子) 점괘를 얻었습니다. 싸움에 이겨서 천자에게 대접을 받을 것이니 아주 크게 길한 것입니다. 또 이 괘는 하늘(☰)이 변해서 못(☱)이 되어 해(☲)에 대하고 있습니다(天爲澤以當日). 이것은 천자가 마음을 내려 제 후를 맞이하는 뜻이니 이 또한 좋지 않습니까? 대유괘와 규괘와의 관계를 떠나서 그것 자체만으로도 역시 같은 것입니다"라고 하였다. 진晉의 제후는 진秦의 군사를 중지시키고 군사를 이끌고 천자가 있는 곳으로 내려갔다.

대유괘　　　　　　　　　규괘

이 문장에서는 본괘의 효사와 변괘의 상을 가지고 점을 해석하였다. 대유괘 셋째 양효(九三)에 '공후가 천자의 향연을 받는다(公用亨于天 子)'라고 하였다. 그래서 "싸움에 이겨서 천자에게 대접을 받을 것이니 아주 크게 길하다"라고 한 것이다. 대유괘의 아랫괘인 건괘(☰)의 꼭대 기 양효가 음효로 변하여 규괘의 아랫괘인 태괘(☱)가 되어 리괘(☲) 아래에 놓여 있다. 취한 괘상은 건괘乾卦가 하늘(天), 태괘兌卦가 못 (澤), 리괘離卦가 해(日)이다. 그래서 '하늘이 변해서 못이 되어 해에 대하고 있다'고 하였다. 또 리괘는 군君이고, 태괘는 신臣이다. 이것은 규괘에서 서로 상대하고 있으므로 '천자가 마음을 내려 제후를 맞이하 는 뜻'이라고 한 것이다.

(7) 선공宣公 6년(BC 603)

정鄭나라 공자公子 만만蠻滿이 초나라 왕자 백료伯廖에게 경卿이 되고 싶다고 말했다. 백료가 다른 사람에게 말하기를 "만만은 덕이 없으면서 탐내는 것이 많다. 『주역』에 풍괘豐卦가 리괘離卦로 변하는 것이 있는데

(풍괘 꼭대기 효가 변하였다), 그가 탐내는 것이 이 괘의 내용에서 벗어나지 못할 것이다"라고 하였다. 과연 한 해가 지나자 정나라 사람이 만만을 죽였다.

풍괘   리괘

풍괘 꼭대기 음효(上六)에 "집이 크고 막을 쳐 집안을 가렸으니, 집안을 들여다보아도 사람이 없어 텅 비어 고요하다. 삼 년이 지나도 사람을 볼 수 없으니, 흉하다(豐其屋, 蔀其家, 闚其戶, 闃其无人, 三歲不覿, 凶.)"라고 하였다. 지금 백료는 풍괘 꼭대기 음효(上六)의 뜻을 '덕이 없으면서 큰 집을 지니고 있으니, 오래가지 못하고 반드시 멸망할 것이다'라고 해석하고, 정나라 공자 만만이 덕이 없으면서 욕심을 부려 장차 반드시 화를 당할 것이라고 말하고 있는 것이다. 이 문장은 『주역』의 괘효사를 인용하여 자신의 주장을 논증하면서 의리義理를 가지고 말하였다.

(8) 선공宣公 12년(BC 597)

체자彘子가…… (명령을 듣지 않고) 중군의 부장으로서 군사를 거느리고 초나라를 치고자 황하를 건넜다. 지장자知莊子가 말하기를 "이 군사는 위태롭다. 『주역』에 사괘師卦가 임괘臨卦로 변하는 것이 있는데(사괘의 처음 효가 변하였다), 효사에 '출병은 군율로써 할 것이니, 군율을 지키지 않으면 흉하다(師出以律, 否臧凶.)'고 하였다〔사괘 처음 음효(初六)의 효사이다〕. 일을 행함에 아랫사람이 윗사람에게 순종하는 것이 장臧이 되고, 윗사람의 명령을 어기는 것을 부否라 한다. 무리가 흩어진 것을 약弱이라 하고, 내가 막히어 흐르지 못하는 것을 택澤이라 한다. 이것은 군율이 있어도 제멋대로 한다는 것이다. 그러므로 '율律'이라고 하였다. 군율이 잘 지켜지지 않으면 있으나마나 하는 것이 된다. 물이 가득 차 있어도 흐를 수 없으면 그 물은 말라버리고, 막히어 제대로 흐르지 못하는 것은 흉한 것이다…… 이 군사가 적을 만나면 반드시 패할 것이다"라고 하였다.

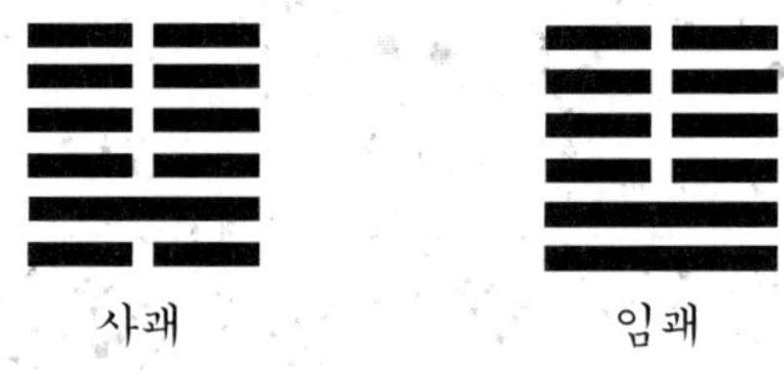

사괘   임괘

이 문장은 사괘 처음 음효(初六)의 효사와 변괘의 상을 가지고 진晉나라의 체자가 군율을 위반하였으니 초楚나라와의 싸움은 기필코 패배하여 화를 자초할 것이라는 결과를 예측하였다. 사괘의 아랫괘인 감괘(☵)의 처음 음효가 양효으로 변하여 임괘의 아랫괘인 태괘(☱)가 되었다. 취한 괘상은 감괘坎卦는 무리(衆)이고 태괘兌卦는 약(弱)이다. 감이 태로 변하므로 "무리가 흩어진 것을 약이라 한다(衆散爲弱)"고 하였고, 또 감은 내(川)이고 태는 못(澤)이다. 감이 태로 변하므로 "내가 막히어 흐르지 못하는 것을 택이라 한다(川壅爲澤)"고 한 것이다. 그래서 이러한 괘상을 가지고 "반드시 패할 것이다"라고 예언한 것이다.

(9) 성공成公 16년(BC 575)

초나라가 새벽에 진晉의 군사에 접근하여 진을 쳤다…… 묘분황苗賁皇이 진의 제후에게 말하기를 "초의 정예부대는 중군中軍에 속해 있는 초왕의 친위병뿐입니다. 우리 정예부대를 나누어서 초군의 좌우를 치십시오. 그리고는 삼군의 병력을 초왕의 친위대 공격에 집중시키면 초군은 반드시 크게 패할 것입니다"라고 하였다. 제후는 시초점을 치게 하였다. 점치는 관리가 말하기를 "길합니다. 복괘復卦를 얻었습니다. 점 풀이 글에 '남쪽 나라가 쭈그러지고, 활을 그 나라 왕에게 쏘아 그 눈을 맞힌다(南國蹙, 射其元王, 中厥目.)'라고 하였습니다. 나라가 쭈그러지고 왕이 부상을 당했는데 어찌 패하지 않겠습니까?"라고 하였다.

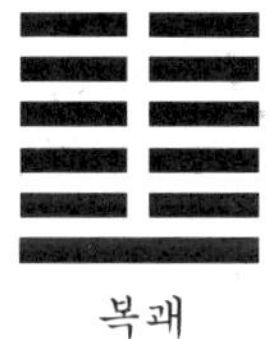

복괘

이 문장은 복괘의 점 풀이 글로 싸움에서 이길 것을 점쳤으나, 인용한 글은 『주역』에 없다.

(10) 양공襄公 9년(BC 564)

목강穆姜이 동궁東宮에서 훙거薨去했다. 목강이 처음 동궁으로 자리를 옮겨 시초점을 쳐, 간괘艮卦의 둘째 음효(六二)의 영수가 변하지 않는 8을 얻었다. 점을 친 관리가 말하기를 "이것은 간괘가 수괘隨卦로 변한 것입니다(간괘의 처음, 셋째, 넷째, 다섯째, 꼭대기 효 모두 변하였다). 수는 밖으로 나간다(出)는 뜻이므로 빨리 동궁을 빠져 나가십시오"라고 하였다. 목강이 말하기를 "그럴 수 없다. 수괘는 『주역』에서 '수는 원형이정이니 허물이 없다(隨, 元亨利貞, 无咎.)'라고 하였다(수괘의 괘사이다). 원元은 체體의 근원이요, 형亨은 아름다움이 모인 것이요, 이利는 올바름의 조화요, 정貞은 모든 일의 줄거리이다. 인을 행하면 사람의 어른이 될 수 있고, 아름다운 덕은 예와 합할 수 있으며, 사물을 이롭게 하는 것은 올바름에 합할 수 있고, 바르고 굳은 것은 모든 일의 근본이 될 수 있다. 그러므로 속일 수 없는 것이다. 그러니 비록 수괘이지만 허물이 없다고 한 것이다. 그런데 지금 나는 여자이면서 난에 가담한데다, 본래 아랫자리에 있으면서도 어질지 못하였으니 원元이라 이를 수 없고, 나라를 편안하게 하지 못하였으니 형亨이라 이를 수 없으며, 일을 도모하여 몸을 해쳤으니 이利라고 이를 수 없고, 제후 부인의 자리임을 생각하지 않고 음란하게 행동하였으니 정貞이라고 이를 수가 없다. 원래 이 네 가지 덕을 갖추어야 수괘를 얻었다 하더라도 허물이 없는 것인데, 나는 이 네가지 덕이 없는데 어찌 수괘가 내 운이 되겠는가? 나는 나쁜 짓을 했는데 어찌 허물이 없겠는가? 반드시 여기에서 죽을 것이니 나갈 수 없다"고 하였다.

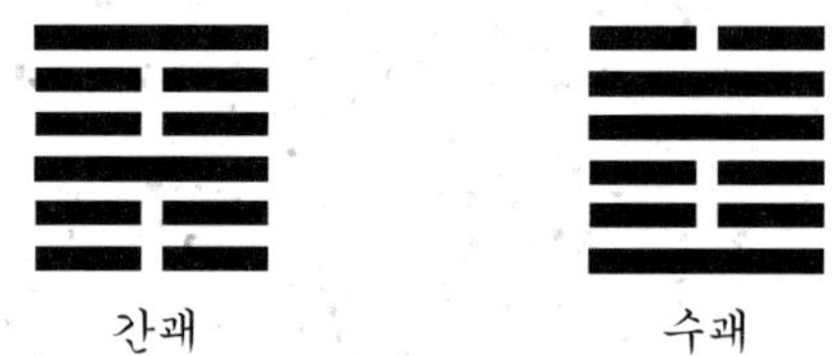

이 문장은 본괘인 간괘의 다섯 효가 변하여 수괘를 얻었는데, 지괘

인 수괘의 괘명과 괘사로 점을 해석하면서 의리義理를 가지고 말하였다. 즉 수는 '밖으로 나간다'는 뜻이므로 점치는 관리가 "빨리 동궁을 빠져나가라"고 한 것이며, 이에 목강은 수괘의 괘사를 들어 설명하면서, 점을 쳐 길한 괘를 얻었으나 자신이 부덕하여 그 길한 운을 받지 못한다는 것을 말하고 있다. 이것은 덕을 갖춘 사람만이 길한 괘를 얻어 길할 수 있으나, 갖추지 않은 사람은 길한 괘를 얻었다 해도 자신의 나쁜 입장을 바꿀 수 없다는 것이다. 즉 인간사의 길흉은 그 사람의 도덕성과 직결되어 있으며, 도덕성이 나쁘다면 얻은 점이 길하다 해도 그 사람의 처한 상황을 변화시킬 수 없다는 말이다.

(11) 양공襄公 25년(BC 548)

제나라 당棠 지역의 관인의 아내는 동곽언東郭偃의 누님이었다. 동곽언은 최무자崔武子의 가신이었다. 당의 관인이 죽자 동곽언은 최무자가 탄 수레를 끌고 가 조문을 했다. 최무자가 죽은 자의 아내 강씨姜氏를 보고 아름답다고 여겨 동곽언을 통하여 아내로 맞이하려고 하였다. 동곽언이 말하기를 "부부는 성을 달리하는 것인데, 지금 군은 정공丁公의 후손이고 신은 환공桓公의 후손이니 동성이어서 안 됩니다"라고 하였다. 최무자가 시초점을 쳐보니 곤괘困卦가 대과괘大過卦로 변하는 것을 얻었다(곤괘의 셋째 효가 변하였다). 점치는 관리들은 모두 길하다고 하였다. 진문자陳文子에게 보여주니 말하기를 "남편은 바람(風)을 따르고 바람은 아내를 떨어뜨리는 괘이니 아내로 맞이할 수 없습니다. 또 점 풀이 글에 '돌에 묶여 있다가 감옥에 갇혔다. 풀려나 집으로 돌아가니 아내를 볼 수 없어, 흉하다(困于石, 據于蒺藜, 入于其宮, 不見其妻, 凶.)'라고 하였습니

다[곤괘 셋째 음효(六三)의 효사이다]. '돌에 묶여 있다'는 것은 앞으로 가
도 건너지 못한다는 것입니다. '감옥에 갇혔다'는 것은 믿는 것에게 다
치게 된다는 것입니다. '풀려나 집으로 돌아가니 아내를 볼 수 없어, 흉
하다'는 것은 돌아갈 곳이 없다는 것입니다"라고 하였다. 최무자는 "그
여자는 과부인데 무슨 해가 되겠는가? 그런 액운은 죽은 남편이 당했던
것이다"라고 말하고 바로 그 여자를 아내로 맞이하였다.

곤괘   대과괘

이 문장은 본괘인 곤괘의 셋째 음효(六三)의 효사와 변괘의 상을 가
지고 점을 해석하였다. 곤괘의 아랫괘인 감괘(☵)의 꼭대기 음효가 양
효로 변하여 대과괘의 아랫괘인 손괘(☴)가 되었다. 감괘는 남편(夫)이
고, 손괘는 바람(風)이며, 그 윗괘인 태괘(☱)는 아내(妻)이니 '남편은
바람을 따르고 바람은 아내를 떨어뜨리는 괘'라고 말한 것이다. 또 점
치는 관리들은 모두 길하다고 하였으나, 진문자는 불길한 것으로 여겼
으니, 점의 해석은 사람이 보는 견해에 따라 다를 수 있다는 것을 말하
고 있다.

(12) 양공襄公 28년(BC 545)

공자公子 대숙大叔은 돌아가 복명하고 공자 전展에 고하였다. "초나라
제후는 곧 죽을 것입니다. 정치와 덕을 닦음에 힘쓰지 않고 제후들을 지

배하는 일에만 탐내고 어두워 그 소원을 달성하려고 하니 오래 살려고 한들 어찌 오래 살 수 있겠습니까? 『주역』에 복괘復卦가 이괘頤卦로 변함에(복괘의 꼭대기 효가 변하였다), 효사에 '길을 잃고 돌아오니, 흉하다(迷復, 凶.)'라고 하였습니다〔복괘 꼭대기 음효(上六)의 효사이다〕. 이것은 초나라 제후 같은 사람을 두고 말한 것입니다. 그는 지금 패자의 지위로 복귀하려고 원하고 있으나, 그 본분을 버리고 있으니 복귀하려 해도 귀착할 곳이 없습니다. 이것은 길을 잃고 돌아오는 것이니, 흉한 일이 없을 수 있겠습니까?"

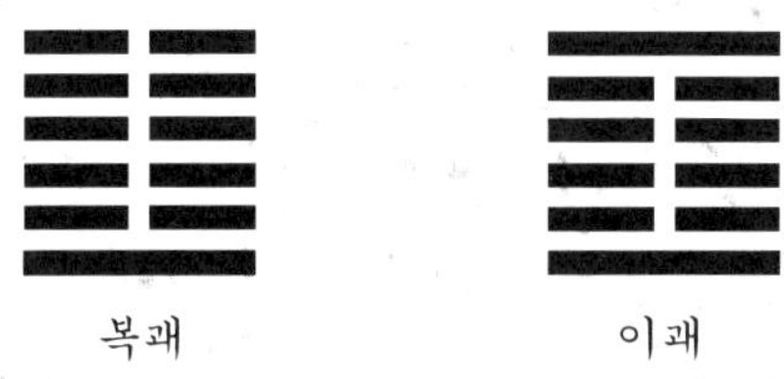

복괘   이괘

이 문장은 복괘의 꼭대기 음효(上六)의 효사를 인용하여, 초나라 제후가 바르지 못하여 흉을 면할 수 없다는 것을 설명하였다.

(13) 소공昭公 원년(BC 541)

진晉의 제후가 진秦나라에 의사를 요청하자, 진秦의 제후는 의사 화和를 보내어 그의 병을 보도록 하였다. 화는 진찰을 하고 진晉의 제후에게 말하기를 "다스릴 수 없는 병입니다. 이 병은 여색을 가까이 하여 생겨난 고蠱와 같은 병입니다……"라고 하였다…… 진晉의 제후를 살피고 물러간 화는 조맹趙孟에게 결과를 알렸다…… 조맹이 "무엇을 고蠱라고 이르는가?"하고 물었다. 화가 대답하기를 "음란에 빠지고 미혹되어 생긴 것입니다. 글자는 접시(皿) 위에 벌레(虫)가 있는 것이 고蠱입니다. 곡물 중에 나는 벌레 또한 고蠱입니다.『주역』에서 여자가 남자를 홀리고 바람이 산을 떨어뜨리는 것(女惑男, 風落山)을 고蠱라고 하였습니다. 이 것들은 모두 고蠱를 의미하는 것입니다"라고 하였다. 조맹은 "훌륭한 의 사다"라 하고, 후하게 대우하여 돌려보냈다.

고괘

이 문장은『주역』고괘蠱卦의 글자와 뜻과 괘상을 가지고 진晉의 제 후의 병을 설명하였다. '고蠱'라는 글자는 접시(皿) 위에 벌레(虫)가 세 마리 있는 것이다. 또 고괘의 아랫괘인 손괘(☴)는 여자이고 바람이며, 윗괘인 간괘(☶)는 남자이고 산이다. 따라서 '여자가 남자를 홀리고 바 람이 산을 떨어뜨리는' 상이다. 이것은 괘상을 가지고 괘명을 해석한 것이다.

(14) 소공昭公 5년(BC 537)

애초에 목자穆子가 출생함에 부친인 장숙莊叔이『주역』으로 시초점을 쳐서 명이괘明夷卦가 겸괘謙卦로 변하는 것을 얻었다(명이괘의 처음 효가 변하였다). 점치는 관리인 초구楚丘에게 보이니 말하기를 "이 사람은 장 차 나라를 떠났다가 돌아와 제사 지내는 일을 계승할 것입니다. 참언讒 言을 하는 사람을 데리고 들어올 것이니 그 사람의 이름은 우牛이고 결국 굶주려 죽을 것입니다. 명이는 날(日)입니다. 날의 수는 열(十)입니다. 그러므로 하루는 열 시時가 있고 당연히 열 개의 자리가 있습니다. 첫째는 왕 이하, 둘째는 제후, 셋째는 경卿입니다. 하루에서 일중日中을 위로 삼아 왕의 때가 되고, 아침식사 때는 제후의 때이며, 해가 솟을 때는 경의 때입니다. 명이괘가 겸괘로 변한 것은 날의 밝음이 완전치 않은 때를 나타낸 것이니 밤이 새는 시각에 해당됩니다. 그러므로 경의 위치에 이를 수 있어 가문의 제사 지내는 일을 계승한다는 것입니다. 겸괘로 변한다는 것은 새(鳥)에 해당하므로 '우는 꿩이 날아간다(明夷于飛)'라고 하였습니다. 날의 밝음이 완전치 않아서 '그 날개를 드리운다(垂其翼)'라고 하였습니다. 해가 움직이는 것을 현상하였으므로 '군자가 간다(君子于行)'라고 하였습니다. 셋째의 위치인 날이 새는 시각의 운이므로 '삼일 동안 먹지 못한다(三日不食)'라고 하였습니다. 리(☲)는 불입니다. 간(☶)은 산입니다. 리가 불이 되어 불이 산을 태우면 산은 황폐(敗)해집니다(離火也, 艮山也. 離爲火, 火焚山, 山敗). 사람에 있어서 말이 되며 패언敗言은 참언이 되므로(于人爲言, 敗言爲讒) '갈 곳이 있으니, 주인에게 잘못이 있다(有攸往, 主人有言.)'라고 한 것입니다[명이괘 처음 양효(初九)의 효사에 '우는 꿩이 날아가는데 (왼쪽) 날개를 드리운다. 군자가 가는데 삼 일을 먹지 못한다. 갈 곳이 있으나, 주인에게 잘못이 있다(明夷于飛, 垂其(左)翼, 君子于行, 三日不食. 有攸往, 主人有言.)'라고 하였다]. 말(言)은 반드시 참언일 것입니다. 리괘는 소입니다. 세상이 어지러워지면 참언이 유행하고, 유행하면 리괘가 마침 맞게 되므로 그 이름을 우牛라 한 것입니다. 겸괘가 부족하여 날아도 빨리 날지 못하며, 날개를 드리워 높이 오르지 못하고, 날개를 넓게 펴지 못하므로 이 사람(穆子)은 나라를 떠났다가 돌아와 제사 지내는 일을 계승할 것이라고 말한 것입니다. 그대가 차석次席의 경이니 이 사람도 그럴 것입니다. 복이 적어 명대로 살지 못할 것입니다"
라고 하였다.

명이괘　　　　　　　　겸괘

이 문장은 명이明夷라는 괘명을 날(日)의 뜻으로 새긴 것과 명이괘가
겸괘로 변하는 변괘의 상을 가지고 본괘인 명이괘 처음 양효(初九)의
효사를 해석하면서 또한 이 효사를 가지고 점을 해석하였다. 명이괘의
아랫괘인 리괘(☲)의 처음 양효가 음효로 변하여 겸괘의 아랫괘인 간
괘(☶)가 되었다. 리괘離卦는 불(火)이고 간괘艮卦는 산이므로 '리가 불
이 되어 불이 산을 태운다'라고 하였고, 또 리는 소(牛)이고 간은 말(言)
이라는 괘상을 취하여 "세상이 어지러우면 참언이 유행하고…… 그
이름을 우牛라 한 것"이라고 하였다.

(15) 소공昭公 7년(BC 535)

위衛나라 양공襄公의 부인 강씨姜氏는 아들이 없고 첩인 주압婤姶이
아들 맹집孟縶을 낳았다. 공성자孔成子의 꿈에 위나라 제후의 선조인 강
숙康叔이 나타나 말하기를 "너는 원元을 제후로 세워라! 내 너의 아들
기羈의 손자인 어圉와 점치는 관리인 구苟로 하여금 그를 돕게 하리다"
라고 하였다. 점치는 관리인 조朝 또한 꿈에 강숙이 나타나 말하기를
"내 너의 아들 구苟와 공증서孔烝鉏(공성자)의 증손 어圉에게 명하여 원

을 돕게 하겠다"라고 하였다. 조가 공성자를 만나 꿈 이야기를 알려주자 두 사람의 꿈이 일치하였다. 진晉의 한선자韓宣子가 집정하여 제후들을 예방했던 해에 양공의 애첩 주압이 또 아들을 낳으니 이름을 원元이라고 하였다. 큰아들인 맹집은 다리가 불구여서 제대로 걷지 못하였다. 공성자가 『주역』으로 점을 치면서 "원이 부디 이 위나라를 차지하여 사직을 주관하게 해주옵소서"라고 말하며 준괘屯卦를 얻었다. 그는 다시 "저는 맹집을 제후로 세우기를 원하니 좋은 운을 주옵소서"라고 말하며, 준괘가 비괘比卦로 변하는 것을 얻었다(준괘의 처음 효가 변하였다). 점치는 관리인 조에게 보이자 그는 "원元은 형통합니다(亨)"(준괘의 괘사이다)라고 말하였다. 공성자가 "원은 윗사람(맹집)을 두고 한 말이 아닌가?"라고 말하자 조가 대답하기를 "강숙이 원이라고 이름을 지어주셨는데 원을 윗사람이라고 말할 수 있습니다. 맹집은 육신이 온전하지 못하여 장차 종자宗子의 노릇을 못할 것이니 윗사람이라고 이를 수가 없습니다. 또 점 풀이 글에 '제후를 세우면 이롭다(利建侯)'라고 했는데〔준괘 처음 양효(初九)의 효사이다〕, 큰아들이 길하다면 당연히 제후가 되는 것인데 어찌 '제후를 세우면 이롭다'라고 말하였겠습니까? 큰아들이 아닌 다른 사람을 제후로 세울 것을 말한 것입니다. 두 괘가 모두 그렇게 말하고 있습니다〔준괘와 비괘 모두 '원형元亨'을 말하고 있음을 이른 것이다. 지금 『주역』 비괘의 괘사에 '길하다. 원래의 점은 크게 형통하다. 오랜 기간의 점은 허물이 없다(吉, 原筮元, 永貞无咎.)'라고 하였는데 '원元'자 아래에 '형亨'자가 빠졌다〕. 원을 제후로 세우십시오. 강숙의 명이고 두 괘가 모두 그렇게 하라고 알려주고 있으니 점과 꿈이 같은 것은 주의 무왕武王도 그렇게 한 바입니다. 강숙의 명과 점을 따르지 않는다면 어떻게 하시겠습니까? 다리가 불구인 사람은 가만히 있기만 합니다. 제후는 사직을 주관하고 종묘의 제사에 임하며 백성을 지켜야 하고 귀신을 섬겨야 하며 제후들의 회합과 천자를 만나야 하는데 가만히 있기만 해서 어찌하겠습니까? 각기 쓰이는 바대로 하는 것이 좋지 않겠습니까?"라고 하였다. 그리하여 공성자는 영공(元)을 제후로 세웠다.

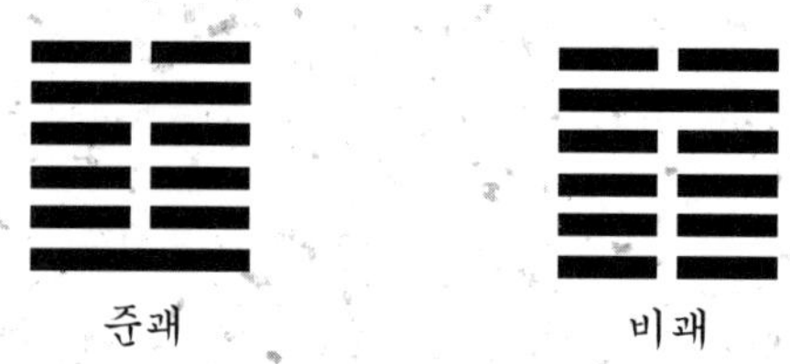

준괘   비괘

이 문장은 제후를 세우는 문제를 가지고 위나라 양공의 첩이 낳은 두 아들에 대해 각각 점을 쳤는데, 둘째아들 원元을 두고 점을 쳐 준괘屯卦를 얻었고, 맏아들 맹집을 두고 점을 쳐 준괘가 비괘比卦로 변하는 것을 얻었다. 점치는 관리가 본괘인 준괘의 괘사 "원은 형통하다(元亨)"는 것과 준괘 처음 양효(初九)의 효사 "제후를 세우면 이롭다(利建侯)"와 지괘인 비괘의 괘사 "크게 형통하다(元亨)"는 것을 가지고 둘째 아들 원이 제후가 되어야 한다고 점을 풀이하였다. 이것은 본괘의 변효의 효사와 본괘와 지괘의 괘사를 합하여 점을 해석한 것이다.

(16) 소공昭公 12년(BC 530)

남괴南蒯가 반란을 일으키려고 남몰래 시초점을 치니, 곤괘坤卦가 비괘比卦로 변하는 것을 얻었다(곤괘의 다섯째 효가 변하였다). 점 풀이 글에 "황색 치마를 입었으니, 크게 길하다(黃裳, 元吉)"라고 하였다〔곤괘 다섯째 음효(六五)의 효사이다〕. 그는 크게 길할 것으로 여기고 자복혜백子服惠

伯에게 보이면서 "어떤 일을 도모한다면 어떻겠습니까?"라고 말하였다. 그러자 혜복이 말하기를 "나는 일찍이 충성스럽고 신의 있는 일은 잘 되어지나 그렇지 않으면 반드시 실패한다고 배웠다. 밖으로는 강하고 안으로는 온화한 것이 충이다. 화평을 근본으로 하여 바름을 좇는 것이 신이다. 그러므로 '황색 치마를 입었으니, 크게 길하다'라고 한 것이다. 황색(黃)은 가운데 색이다. 치마(裳)는 몸의 아래를 꾸미는 것이다. 크다(元)는 것은 선의 근원이다(元, 善之長也). 가운데가 충성스럽지 않으면 그 색을 얻지 못하고, 아랫사람이 공손하지 않으면 그 꾸밈을 얻지 못하고, 하는 일에 선하지 않으면 그 끝을 얻지 못한다. 밖과 안이 화평한 것이 충이고(外內倡和爲忠), 신의로 일을 따르는 것이 공손이며(率事以信爲共), 충, 신, 공 세 가지 덕을 갖춘 것이 선이다(供養三德爲善). 이 세 가지 (충, 공, 선)를 갖추지 않고는 점 풀이 글의 길한 운에 해당되지 않는다(非比三者爲當). 또 『역』은 도의에 어긋나는 일을 점치는 것은 불가하다(易不可以占險). 그런데 그대는 장차 무슨 일을 도모하고자 하는가? 그대는 장차 또 무슨 일을 꾸밀 수 있겠는가? 가운데가 아름다워야 황색(黃)에 해당되고, 위가 아름다워야 큼(元)에 해당되며, 아래가 아름다워야 치마(裳)에 해당된다. 이 세 가지를 갖추어야 점을 칠 수 있지만 무엇인가 결여된 것이 있다면 비록 점이 길하다 해도 그 운을 받지 못한다"라고 하였다.

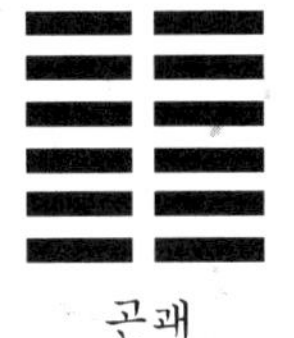

곤괘   비괘

이 문장은 본괘의 변효의 효사[곤괘의 다섯째 음효(六五)]를 지괘인 비괘의 괘상을 가지고 해석하였다. 곤괘가 비괘로 변하였는데, 비괘는 윗괘가 감괘(☵)이고 아랫괘가 곤괘(☷)이다. 감은 위험한 것(險)이고 곤은 유순한 것(順)이다. 그러므로 비괘의 덕행은 "밖으로는 강하고 안으로는 온화한 것이 충이다(外强內溫, 忠也)"라고 하였다. 또 감은 물이고 조화이며, 곤은 땅이고 편안함이다. 그러므로 비괘의 덕행은 또 "화평을 근본으로 하여 바름을 쫓는 것이 신이다(和以率貞, 信也)"라고 하였다. 충과 신의 덕을 갖추었으므로 곤괘 다섯째 양효(九五)에서 "황색 치마를 입었으니, 크게 길하다(黃裳元吉)"라고 한 것이다. 효사에는 "크게 길하다"라고 하였으나, 자복혜백은 점 풀이 글과는 달리 남괴에게는 위에서 말한 충, 공, 선의 덕이 없으므로 "점이 길하다 해도 그 운을 받지 못한다"고 해석하였다.『역』은 도의에 어긋나는 일을 점치는 것은 불가하기 때문이다.

(17) 소공昭公 29년(BC 513)

가을에 용이 진晋나라 도읍 강降의 교외에 나타났다. 위헌자魏獻子와 채묵蔡墨이 이에 대해 문답을 하였다…… 채묵이 말하기를 "……용은 물(水)에 속하는 것인데 물(水)을 관장하는 관官이 버림을 받게 되었습니다. 그래서 용은 산채로 잡을 수가 없습니다. 그렇지 않다면 어찌『주역』에서 용을 말했겠습니까? 건괘乾卦가 구괘姤卦로 변함에(건괘의 처음 효가 변하였다) '숨어 있는 용이니, 움직이지 말라(潛龍勿用)'고 하였고, 동인괘同人卦로 변함에(건괘의 둘째 효가 변하였다) '나타난 용이 밭에 있다(見龍在田)'고 하였으며, 대유괘大有卦로 변함에(건괘의 다섯째 효가 변하였다) '나는 용이 하늘에 있다(飛龍在天)'라 하였고, 쾌괘夬卦로 변함에(건괘의 꼭대기 효가 변하였다) '끝까지 올라간 용이니 뉘우침이 있다(亢龍有悔)'고 하였고, 곤괘坤卦로 변함에(건괘의 여섯 효 모두 변하였다) '나타난 여러 용들의 우두머리가 없으니 길하다(見群龍无首, 吉.)'라고 하였으며, 곤괘坤卦가 박괘剝卦로 변함에(곤괘의 꼭대기 효가 변하였다), '용이 들에서 싸운다(龍戰于野)'라고 하였습니다. 만약 용을 아침저녁으로 보지 않았다면 누가 이렇게 사물화하여 말할 수 있겠습니까?'라고 하였다.

건괘　　　구괘　　　동인괘　　　대유괘　　　쾌괘　　　곤괘　　　박괘

이 문장은 주역점과는 무관하다. 용을 설명하면서 『주역』에 용이 기록되어 있는 문장을 인용하여 예로 든 것이다. 다만 건괘의 여섯 양효가 모두 음효로 변하여 곤괘를 얻었을 때, 건괘의 '용구用九'의 효사로 점을 친다는 사실을 알려주고 있다.

(18) 소공昭公 32년(BC 510)

진晉나라의 조간자趙簡子가 대사大史인 채묵蔡墨에게 "노나라 계씨季氏는 그의 제후를 국외로 쫓아내었으나 백성들은 복종하고 다른 제후들은 따랐다. 제후가 국외에서 죽었으나 그에게 죄가 있다고 하는 자가 없으니 왜 그런가?"하고 물었다. 채묵이 대답하기를 "……노나라 제후는 대대로 위신을 잃었고 계씨는 대대로 공을 닦아왔습니다. 백성들이 제후를 잊었는데 그가 국외에서 죽었다 한들 누가 불쌍히 여길 것입니까? 사직에는 일정한 떠받들 주인이 없고, 군신간에 일정한 구별이 없는 것은 옛날부터 그러했었습니다……『주역』의 괘에 '우레가 하늘을 타는 것을 대장(雷乘乾曰大壯)'이라 하였습니다. 이것은 하늘의 도인 것입니다……"라고 하였다.

대장괘

이 문장에서 채묵은 『주역』의 대장괘의 괘상을 인용하여, 윗괘인 진괘(☳)는 우레(雷)이고 아랫괘인 건괘(☰)는 하늘이라는 괘상을 취하여 "우레가 하늘을 타는 것을 대장"이라고 하였다. 그리고 윗괘인 진괘를 신하(계씨)에, 아랫괘인 건괘를 제후(소공)에 비유하여, 신하가 제후 위에 있는 것으로 괘명인 대장(크게 왕성하다)을 해석하여, 노나라 소공이 계손씨에게 쫓겨 제齊나라로 가서 죽은 일을 설명하였다. 이것은 의리義理로써 말한 것이다.

(19) 애공哀公 9년(BC 486)

송나라의 황원皇瑗이 정나라의 군대를 포위하였다. 진晉의 조앙趙鞅이 정나라를 구하기 위해 거북점(卜)을 쳐, 물이 불에 달려드는 징조를 얻었다…… 양호陽虎가 『주역』으로 시초점(筮)을 치니 태괘泰卦가 수괘需

卦로 변하는 것을 얻었다(태괘의 다섯째 효가 변하였다). 그는 말하기를 "송나라는 바야흐로 길하니 더불어 싸워서는 안 됩니다. 송의 조상인 미자계微子啓는 은殷의 왕 제을帝乙의 큰아들이니 송과 정은 인척입니다. 태괘에서 지(祉)는 곧 복(祿)입니다. 만약 제을의 큰아들이 누이동생을 정나라로 시집보내어 송나라가 길한 복이 있다면, 우리가 송나라를 친다고 하여 무슨 길한 운을 얻겠습니까?"라고 하였다. 그리하여 정나라를 구원하는 일을 그만두었다.

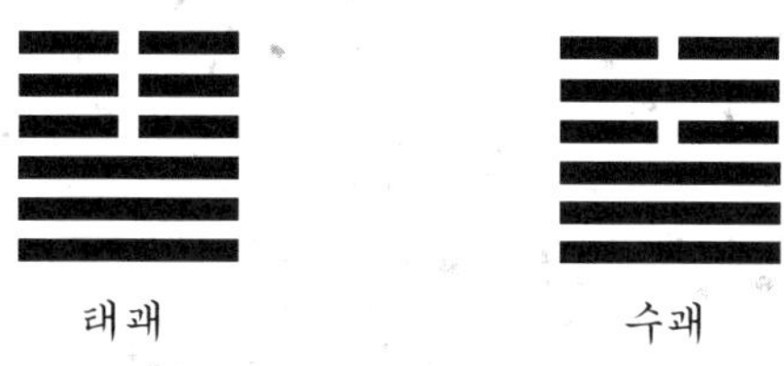

태괘   수괘

이 문장은 본괘인 태괘泰卦 다섯째 음효(六五)의 효사로 점을 해석하였다. 효사에 "제을이 딸을 시집보내는데, 복이 있으니, 크게 길하다(帝乙歸妹, 以祉, 元吉.)"라고 하였는데, 효사의 '지祉'자를 가지고, 송나라에 길한 복이 있다면 진이 송과 싸워도 길한 운이 없으므로 정나라를 구하는 일을 그만두었다는 것을 말하였다.

[『국어』]

(20) 「주어周語」

선양공單襄公이 말하기를 "……성공成公이 진晉나라로 돌아갔을 때,

나는 진나라가 점을 쳐 건괘乾卦가 비괘否卦로 변하는 것을 얻었다고 들었다(건괘의 처음, 둘째, 셋째 효 모두 변하였다). 점을 친 사람이 말하기를 '하늘과 짝을 이루나 끝을 보지 못하니, 세 번 나라 밖으로 나갈 것입니다(配而不終, 君三出焉.).'라고 하였다. 한 번은 이미 나갔고, 그 이후는 어떻게 될지 알 수 없으나, 그 다음은 반드시 여기에 이르게 될 것이다"라고 하였다.

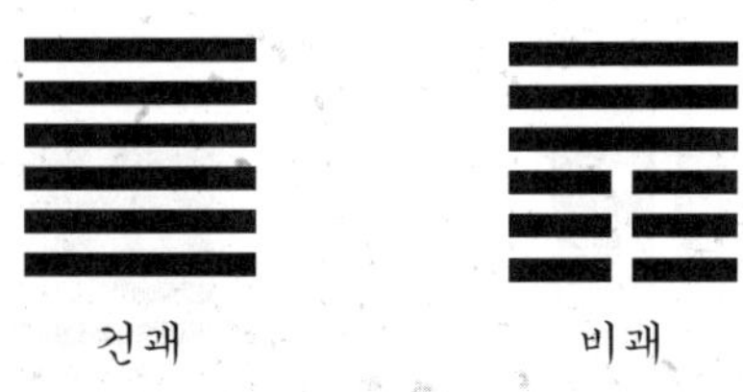

건괘　　　　　　비괘

이 문장은 당연히 건괘와 비괘 두 괘의 괘사를 합하여 점을 쳐야 한다. 그러나 '하늘과 짝을 이루나 끝을 보지 못하니, 세 번 나라 밖을 나갈 것이다(配而不終, 君三出焉.).'라는 것은 괘사가 아니라 건괘와 비괘의 변괘의 상을 근거로 말한 것이다. 즉 건괘의 윗괘인 건(☰)은 하늘(天)을 상징하고 아랫괘인 건(☰)은 제후(君)를 상징하는 것으로 여겨, 아랫괘가 윗괘에 짝하고 있으므로 '하늘과 짝을 이룬다'라 하였고, 아랫괘인 건이 비괘의 아랫괘인 곤(☷)으로 변하였으므로 '하늘과 짝을 이루는 것이 끝을 보지 못한다'라 하였고, 건괘의 아랫괘 세 양효가 모두 음효로 변하였으므로 '세 번 나라 밖을 나간다'라고 한 것이다. 여기에서는 점 풀이 글을 인용하지 않고 다만 변괘의 상을 근거로 점을 해석하였다.

(21) 「진어晉語」

　10월에 진晉의 혜공惠公이 죽었다. 12월에 진秦의 제후가 피난한 진晉의 공자를 받아들였다. 동인董因이 진의 공자를 국경인 하河에서 영접하였다. 공자가 "나는 도움을 얻어 어려움을 해결할 수 있겠는가?"라고 물었다. 동인이 대답하기를 "신이 점을 쳐보겠습니다"라 하고, 태괘泰卦의 한 음효의 영수가 8인 것을 얻었다. 그가 말하기를 "이것은 천지가 결합하는 것을 말합니다. 괘사에 '형통하리니, 잃는 것은 적고 얻는 것은 크리라(亨, 小往大來.)'라고 하였습니다(태괘의 괘사이다). 지금 진秦의 제후가 공자를 받아들이려고 하는데 어찌 도움을 얻어 어려움을 해결할 수 없겠습니까!"라고 하였다.

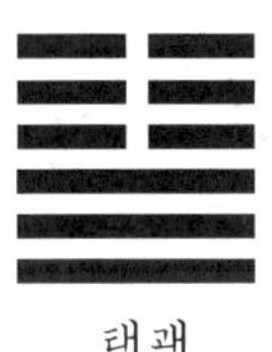

태괘

　이 문장은 태괘의 괘상과 괘사를 가지고 점을 해석하였다. 태괘는 아랫괘가 건(☰)이고 윗괘가 곤(☷)이다. 건은 하늘이고 곤은 땅이므로 "천지가 결합하는 것"이라고 하였다. 또 태괘의 괘사를 가지고 진晉의 공자가 진秦의 제후의 도움을 받아 어려움을 해결할 수 있다고 점을 친 것이다.

(22) 「진어晋語」

진晋나라 공자(重耳)가 친히 점을 쳐 말하기를 "진晋나라를 장악할 수 있다"라고 하였다. 본괘(貞)인 준괘와 지괘(悔)인 예괘를 얻었는데(준괘의 처음, 넷째, 다섯째의 효가 모두 변하였다), 모두 꼭대기 음효(上六)의 영수가 변하지 않는 8이다. 점치는 관리들이 이것을 보고 모두 말하기를, "불길합니다. 막혀서 통하지 않으니 효는 하는 것이 없습니다"라고 하였다. 사공계자司空季子가 말하기를, "길합니다. 이것은 『주역』에서 모두 '제후를 세우면 이롭다(利建侯)'라는 것입니다. 만약 진晋나라가 없다면, 주의 왕실을 보좌하는데 어찌 제후를 세울 수 있겠습니까? 나는 점에 '어떻게 진나라를 장악하는가'를 물었는데, 점이 알려주기를 '제후를 세우면 이롭다'라고 하였습니다. 내가 진晋의 공자인데 진나라를 얻으려고 하는 데는 이보다 더 길하고 큰 것은 없습니다. 진震은 수레(車)입니다. 감坎은 물입니다. 곤坤은 땅(土)입니다. 준屯은 두터움(厚)입니다. 예豫는 즐거움(樂)입니다(震車也, 坎水也, 屯厚也, 豫樂也). 여러 종류의 수레(車)를 안팎에 넣어놓고 이들로 하여금 순종하여 훈련하게 하고, 풍부한 샘물(水)이 만물을 윤택하게 하고, 땅(土)은 비옥하여(厚) 과실을 풍성하게(樂) 하니, 진나라를 장악하지 않는다면 어찌 이러한 것들을 얻을 수 있겠습니까? 진震은 우레(雷)이고 수레(車)입니다. 감坎은 수고로움(勞)이고 물(水)이고 백성(衆)입니다. 진괘震卦는 우레(雷)와 수레(車)를 주로 하고 물(水)과 백성(衆)을 더하고 있습니다. 수레는 곧 진震의 상이고 무武를 나타냅니다. 백성(衆)들이 순종하니 문文을 상징합니다. 문무를 갖추었으니 두터움(厚)이 지극한 것입니다. 그러므로 '준屯'이라 하였습니다(震, 雷也, 車也. 坎, 勞也, 水也, 衆也. 主雷與車, 而尙水與衆. 車有震, 武

70

也. 衆而順, 文也. 文武具, 厚之至也. 故曰屯). 그 풀이 글에 말하기를, '크게 형통하리니, 이롭다는 점이다. 갈 곳이 있어도 가지 말라. 제후를 세우면 이롭다(元亨, 利貞, 勿用有攸往, 利建侯.)'라고 하였습니다(준괘의 괘사이다). 진뢰震雷를 주로 하니 으뜸(長)입니다. 그러므로 '크다(元)'라고 하였습니다. 백성들이 순종하니 아름다운 것(嘉)입니다. 그러므로 '형통하다(亨)'라고 하였습니다. 준괘의 아랫괘(內卦)가 진뢰입니다. 그러므로 '이롭다는 점이다(利貞)'라고 하였습니다. 수레(車)가 위에 있고 물(水)이 아래에 있으니 반드시 무리의 어른이 될 것입니다. 그러나 작은 일은 이루지 못하니 막히게 될 것입니다. 그러므로 '갈 곳이 있어도 가지 말라(勿用有攸往)'고 하였습니다. 한 남자가 행하는데 백성들이 순종하여 무武의 위엄이 있습니다. 그러므로 '제후를 세우면 이롭다(利建侯)'라고 하였습니다. 곤坤은 어머니(母)입니다. 진震은 장남입니다. 어머니(坤)는 늙고 자식(震)은 강합니다. 그러므로 '예豫'라고 하였습니다(坤, 母也. 震, 長男也. 母老子彊, 故曰豫). 그 풀이 글에 말하기를, '제후를 세우고 군사를 일으킴이 이롭다(利建侯行師)'라고 하였으니(예괘의 괘사이다), 즐거움에 거하여 위엄을 내는 것을 이른 것입니다. 이 두 괘는 공자께서 진나라를 얻을 수 있다는 괘입니다"라고 하였다.

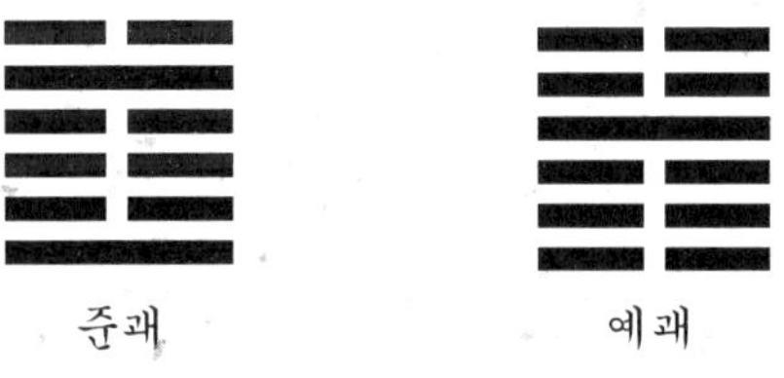

준괘　　　　　　　예괘

이 문장은 괘사와 괘상, 괘명, 그리고 괘상으로 괘사를 해석하면서 점을 판단하였다. 본괘인 준괘는 아랫괘가 진괘(☳)이고 윗괘는 감괘

(☷)이다. 지괘인 예괘는 아랫괘가 곤괘(☷)이고 윗괘가 진괘(☳)이다.
취한 괘상은 진괘震卦가 수레(車), 우레(雷), 장남(長男), 무(武)를, 감괘
坎卦가 물(水), 수고로움(勞), 백성(衆), 문(文)을, 곤괘坤卦가 땅(土), 어
머니(母)이다. 또 준은 두터움(厚)이고 예는 즐거움(樂)이라 하여 괘명
으로 점을 해석하였고, 준괘와 예괘의 위아래 괘상을 가지고 각각의
괘사를 해석하였다. 또 점치는 관리들은 모두 불길하다고 하였으나 사
공계자 홀로 길하다고 하였으니, 점의 해석은 사람이 보는 견해에 따
라 다를 수 있다는 것을 말하고 있다.

이상 『좌전』과 『국어』에 기록되어 있는 춘추시대의 점친 사례를 종
합해보면 다음과 같은 결론을 얻을 수 있다.

첫째, 괘상으로 점을 해석하였다. 위의 예문 (1) (2) (3) (4) (5) (6)
(8) (11) (13) (14) (18) (20) (22)에서 말한 바와 같이, 당시에 팔괘는
이미 8가지 자연현상을 상징하고 있었다. 즉 건괘는 하늘(天), 태괘는
못(澤), 리괘는 불(火), 진괘는 우레(雷), 손괘는 바람(風), 감괘는 물
(水), 간괘는 산(山), 곤괘는 땅(地)을 상징한 것이다. 『역전』「상전象
傳」과 「설괘전說卦傳」의 이에 대한 기록은 이것을 바탕으로 한 것이다.
또 건은 아버지이고, 곤은 어머니이며, 진은 장남이라고 풀이한 것 등
을 보아서 당시에 이미 건은 아버지(父), 곤은 어머니(母), 진은 맏아들
(長男), 손은 맏딸(長女), 감은 둘째아들(中男), 리는 둘째딸(中女), 간은
막내아들(少男), 태는 막내딸(少女)이라고 했을 것이다. 「설괘전」에 기
록되어 있는 '건곤육자乾坤六子'괘라는 것 역시 이것을 바탕으로 하여
나왔다. 예문 (2)와 (22)에서 진震은 수레(車)이고, 예문 (8)과 (22)에
서 감坎은 백성(衆)이라는 말 등은 『주역』 경문이나 『역전』에는 보이지

않는다. 아마 점을 풀이하는 사람의 주관적인 해석일 것이라고 생각한다. 예문 (14)의 『좌전』 소공昭公 5년의 기사에서 초구楚丘가 괘상으로 효사를 해석한 것, 예문 (22)의 『국어』「진어」에서 사공계자司空季子가 괘상으로 괘사를 해석한 것, 또 예문 (1)과 (2) 등과 같이 어느 괘가 어느 괘로 변한 변괘의 상으로 점을 해석한 것은 『역전』에도 보이지 않는 것이다. 이러한 것들은 모두 『좌전』과 『국어』에서 비롯되었으며, 후에 한대漢代 상수역象數易의 선구가 되었다. 필자는 이 책 괘효사의 해설에서, 괘상은 창작할 수 없는 것이므로 『역전』「상전象傳」에 의거하여 기술하였다.

둘째, 괘명으로 점을 해석하였다. 위의 예문 (2) (10) (13) (14) (22) 등에서 점을 쳐 얻은 괘명의 뜻으로 점을 해석하였다. 예문 (2)에서 '준은 고정되어 있고, 비는 궁중에 들어가는 것(屯固比入)'은 곧 괘명의 뜻으로 점을 해석한 것이다. 예문 (10)에서 수괘隨卦는 '밖으로 나간다(出)'는 뜻을 가지고 점을 해석하였다. 예문 (13)에서 고괘蠱卦의 뜻과 괘상을 가지고 진晉나라 제후의 병을 설명하였다. 예문 (14)에서 명이明夷라는 괘명을 날(日)로 하여 점을 해석하였다. 예문 (22)에서 준괘는 두터움(厚), 예괘는 즐거움(樂)의 뜻으로 점을 해석하였다. 이러한 것들은 괘명의 뜻으로 점을 해석한 것이다. 예문 (22)의 『국어』「진어」에서 예豫는 즐거움(樂)이라는 말은 『역전』「단전象傳」과 「상전象傳」과 「서괘전序卦傳」에서 이 뜻이 나타나 있으나, 그 외의 준屯은 고정된 것(固), 비比는 들어가는 것(入), 수隨는 밖으로 나가는 것(出), 고蠱는 여자가 남자를 홀리고 바람이 산을 떨어뜨리는 것(女惑男, 風落山), 명이明夷는 날(日)인 것, 준屯은 두터움(厚)인 것 등등의 말은 『주역』 경문에도 『역전』에도 없다. 아마 이것 역시 점을 풀이하는 사람의 주관적인 해석일 것이라고 생각한다. 필자는 이 책 괘효사의 해설에서, 괘명의 뜻은 창작할 수 없는 것이므로 『역전』에 의거하여 기술하였다. 따라서 자연히 괘명의 뜻과 효사에 씌어진 괘명의 뜻이 서로 일치하지 않는 것이 있다. 5번 수괘需卦, 18번 고괘蠱卦, 30번 리괘離卦, 36번 명이괘明夷卦, 43번 쾌괘夬卦, 45번 췌괘萃卦, 52번 간괘艮卦, 57번 손괘巽卦, 61번 중부괘中孚卦 등이 그러하다. 예를 들면 명이괘明夷卦의 괘명은 '밝음이 없어진다(明滅)'라고 해석하였으나, 효사의 명이는 '우는 꿩(鳴雉)'이라고 해석하였다. 이것은 『역전』의 괘상에 맞게 괘명을 해석하다 보니 자연히 주나라 초기에 씌어진 본래의 『주역』의 뜻과 어긋나게 된 것이다. 또 괘상과 괘명을 괘사와 결부시켜 해석한 것도 있고 해석하지 않은 것도 있다. 이것 역시 『역전』의 해석과 주나라 초기에 씌어진 본래의 『주역』과는 차이가 있기 때문이다.

셋째, 괘효사로 점을 해석하였다. 위의 예문 (1) (5) (6) (7) (8) (10) (11) (12) (14) (15) (16) (17) (19) (21) (22) 등에서 점을 쳐 얻은 괘효사로 점을 해석하였다. 그 표현 방식은 변괘의 형식을 취하였다. 『좌전』과 『국어』에서 '어느 괘가 어느 괘로 변한 것을 얻었다(遇某卦之某卦)'는 것을 자주 말하고 있는데, 이것을 '변괘'라고 한다. 즉 점을 쳐 얻은 괘(본괘)에서 효가 변하여 다른 괘로 변한 것(지괘)을 말한다. 이러한 변괘의 방식을 이용하여 어느 괘의 어느 한 효를 가리켜 그 효의 효사로 점을 쳤다. 예를 들어 예문 (11)의 양공襄公 25년의 기사에서 '곤괘困卦가 대과괘大過卦로 변하는 것을 얻었다(遇困之大過)'라고 하였는데, 이것은 곤괘의 셋째 음효(六三)가 양효로 변하였다는 것을 말한다. 그래서 곤괘의 셋째 음효의 효사로 점을 친 것이다. 이것은 변괘의 형식을 빌려 한 괘의 구체적인 효를 지시한 방식이다. 『좌전』과 『국어』

중의 점친 사례에는 이와 같이 대부분 괘효사의 해석을 통해 길흉을 판단하였다. 다시 말해 춘추시대의 『주역』 점법은 점을 판단하는 데 괘효사를 가장 중요한 요소로 여겼다는 말이다. 필자는 이 책에서 괘효사의 해설은 필자가 쓴 『내 눈으로 읽은 주역(역경편)』의 내용을 바탕으로 썼다. 이 책이 지금까지 세상에 나온 그 어느 『주역』 책보다 비교적 주나라 초기에 씌어진 본래의 『주역』에 가깝다고 생각하기 때문이다.

넷째, 의리義理로 점을 해석하였다. 위의 예문 (5) (6) (7) (8) (10) (12) (13) (16) (18) 등은 인생의 올바른 이치(義理)를 가지고 점 풀이 글을 말한 것이다. 특히 예문 (5)의 희공僖公 15년의 기사에서 한간韓簡이 말한 것은 인간의 길흉은 자신의 행위로 말미암아 생기는 것(吉凶由人)이지 점에 의해 결정되는 것이 아니라는 것을 잘 나타내고 있다. 『좌전』과 『국어』에서 점친 글은 이러한 의리義理를 바탕으로 하여 점을 해석한 것이 많다.

다섯째, 두 사람이 점을 쳐 얻은 괘와 효는 같으나 점 풀이는 각각 다른 사례가 있다. 위의 예문 (15)의 소공昭公 7년의 기사에서 공성자孔成子가 그의 불구인 큰아들 맹집孟縶을 제후로 세우는 일을 두고 주역점을 쳐 준괘屯卦가 비괘比卦로 변하는 것을 얻었다. 점치는 관리인 조朝가 준괘와 비괘의 괘사로 점을 풀이하면서 맹집을 제후로 세우지 말고 둘째아들 원元을 제후로 세우도록 하여 원이 제후가 되었다. 또 위의 예문 (2)의 민공閔公 원년의 기사에서 필만畢萬이 진晉나라에 벼슬하는 것에 대해 점을 쳐 준괘屯卦가 비괘比卦로 변하는 것을 얻었다. 신료辛廖가 본괘와 지괘 두 괘상으로 점을 풀이하면서 제후가 될 괘이니 크게 길하다고 하였다. 이 두 예문에서 두 사람이 점을 쳐 다 같이 준괘가 비괘로 변하는 것을 얻었으나 점 풀이는 각각 다르다. 이것은 사람이 다르고 두 사람이 당면한 문제, 즉 제후를 세우는 일과 벼슬하는 일의 경중이 다르기 때문이다. 조여매趙汝楳의 『역아易雅』에 따르면, 점을 치는 사람은 반드시 점을 보고자 하는 사람의 '신身', '위位', '시時', '사事', '점占' 다섯 가지를 살펴야 한다. 즉 점을 보는 사람의 본분(身), 그 사람이 처한 위치(位), 겪고 있는 일(時), 점에 명한 것(事)을 면밀히 고찰하여 길흉을 결정해야 한다(占)는 것이다. 예를 들면 위의 예문 (15)의 소공昭公 7년의 기사에서 맹집孟摯과 원元은 모두 첩 주압婤姶의 아들인 것이 '신身'이다. 맹집은 큰아들이고 원은 둘째아들인 것이 '위位'이다. 양공襄公이 죽자 사직에 주인이 없는 것이 '시時'이다. 위나라를 차지하는 것을 점친 것이 '사事'이다. 원을 점쳐 준괘屯卦를 얻고, 맹집을 점쳐 준괘屯卦가 비괘比卦로 변하는 것을 얻은 것이 '점占'이다. 맹집과 필반의 '신身'과 '위位'와 '시時'가 다르고 '사事'가 다르니 어찌 '점占'이 같을 수 있겠는가? 수많은 사람들이 점을 쳐 똑같은 괘와 효를 얻었다 해도 그 점 풀이는 당연히 똑같을 수 없는 것이다(필자가 번역한 『주역점의 이해』에서 이경지李鏡池의 「좌전과 국어 중의 주역점에 대한 연구」를 보라).

　여섯째, 점을 쳐 얻은 괘효사가 사람에 따라 다르게 해석되는 사례가 있다. 위의 예문 (11)의 양공襄公 25년의 기사에서 최무자崔武子가 과부가 된 동곽언東郭偃의 누님을 아내로 맞이하기 위해 점을 쳐 곤괘困卦가 대과괘大過卦로 변하는 것을 얻었다. 점치는 관리들은 모두 길하다고 하였으나 진문자陳文子는 불길한 것으로 여기고 아내로 맞이할 수 없다고 하였다. 또 예문 (16)의 소공昭公 12년의 기사에서, 남괴南蒯가 반란을 일으키려고 점을 쳐 곤괘坤卦가 비괘比卦로 변하는 것을 얻었다. 점 풀이 글에는 "크게 길하다(元吉)"라고 하였지만, 자복혜백子服

惠伯은 "점은 길하다 해도 그 운을 받지 못하다"라고 하였다. 또 예문 (22)의 『국어』「진어晉語」의 기사에서 진晉의 공자가 진晉나라를 장악하는 것에 대해 점을 쳐 본괘인 준괘屯卦와 지괘인 예괘豫卦를 얻었다. 점치는 관리들이 이것을 보고 모두 불길하다고 여겼으나, 사공계자司空季子 홀로 "길함이 이보다 더 큰 것이 없다"고 하였다. 이것은 주역점은 점을 쳐 어떤 괘와 효를 얻었다 해도 그 점 풀이는 점치는 사람의 보는 견해에 따라 다르게 해석될 수 있다는 것이다. 주역점 자체가 일정한 공식이나 틀에 얽매여 있는 것이 아니라 변화가 무상하기 때문이다. 점은 쳐 얻은 괘는 길하나 점은 흉할 수 있고, 괘는 흉하나 점은 길할 수도 있다. 점을 쳐 길하다고 해서 반드시 운이 좋은 것은 아니며, 흉하다고 해서 반드시 불운한 것이 아니다. 주역점은 점을 보고자 하는 사람의 모든 상황을 종합하여 점을 판단해야 하는 것이다.

일곱째, 위의 22개 조의 점친 기록 가운데에는 인용한 점 풀이 글이 『주역』의 괘효사와 일치하지 않는 것이 2조가 있다. 예문 (4)의 희공僖公 15년에 진秦이 진晉을 정벌하고자 할 때 복도보卜徒父가 점을 친 것, 예문 (9)의 성공成公 16년에 진晉의 제후가 초楚나라 군대를 공격할 때 점을 친 것에 대해 말한 것 등이다. 이러한 것들은 그 당시에 『주역』 외에 다른 종류의 점책이 있었거나, 혹은 이것들이 본래 『주역』의 점 풀이 글이었으나 후세에 오늘날 통행본의 점 풀이 글로 바뀌었거나, 혹은 점치는 사람이 임의로 창작한 것이거나 하는 등등의 것으로 해석할 수 있으나 그 연유를 정확히 알 수가 없다.

이상 필자는 『좌전』과 『국어』에서의 주역점의 점친 사례를 분석하고 이를 종합하여 기술하였다. 춘추시대의 문헌에서 이 두 권의 책 외에 주역점을 친 사례를 기록한 문헌은 없다. 전국시대에는 주역점이 성행했음에도 불구하고 『좌전』과 『국어』처럼 점친 사례를 기록한 문헌은 찾아볼 수 없다. 전국시대의 문헌 중 『역』을 말한 것에는 『장자』 2조, 『순자』 4조, 『여씨춘추』 4조 등이 있다. 그러나 이들은 『좌전』과 『국어』처럼 실제 점친 것에 대한 기록이 아니라, 『논어』 「술이편述而篇」에 "공자께서 '앞으로 몇 년만 더 살아서 나이 오십에 『역』을 공부한다면 큰 허물이 없을 것이다'라고 하셨다(子曰…加我數年, 五十而學易, 可以無大過矣.)"라는 한 구절과 같이 그냥 『역』을 말한 것과, 또 「자로편子路篇」에 "공자께서 '남쪽나라 사람이, 사람으로서 항구한 마음이 없으면 무당이나 의사도 못할 것이라고 하였는데 참 좋은 말이다. 『주역』에 그 덕을 항구히 지키지 않으면 욕을 받는다고 하였다'〔항괘恒卦 셋째 양효(九三)의 효사이다〕라고 하시고, 다시 '그런 것은 점을 치지 않고도 알 수 있는 것이다'라고 하셨다(子曰…'南人有言曰…人而無恒, 不可以作巫醫. 善夫! 不恒其德, 或承之羞', 子曰…'不占而已矣.')"라는 한 구절과 같이 『역』의 괘효사를 인용하여 자신의 주장을 논증한 그런 류이다. 이와 같이 전국시대의 제자백가들은 점에 대해서는 말하지 않고 의리의 입장에서 『역』의 구절을 인용하여 인간사를 논하였다. 이것은 그 시대의 지식인들이 『주역』의 점을 중시하지 않고 의리를 중시한 공통된 태도를 형성하였다는 것을 말해준다. 그러나 춘추시대 『좌전』과 『국어』의 점친 사례와 전국시대 제자백가들이 『주역』의 괘효사를 인용하여 인간사를 논증하거나 혹은 철학적 원리를 가지고 『주역』을 논한 사례들은 전국 후기 이후 『역전』의 출현으로 이어지는 바탕이 되었다.

　이 책에서 괘효사는 위에서 말한 『좌전』과 『국어』의 점친 사례의 범

위 안에서 해석하였으며 특히 괘상, 괘명, 괘효사, 이 세 가지를 주로 하였다. 이 외의 『역전』 이후에 출현한 『주역』 경문의 해석 방식은 일체 적용하지 않았다. 이에 대해 몇 가지 예를 말하겠다.

첫째, 효가 아랫괘와 윗괘에서 각각 가운데 자리에 있는 것(中), 음양효가 자신의 자리에 있는 것(正) 등의 효의 위치와, 양효와 음효가 서로 상응하는 것(應), 효와 효가 서로 이웃하는 것(比), 음효가 양효 위, 혹은 양효가 음효 위에 있는 것(乘), 음효에서 양효로, 혹은 양효에서 음효로 이어지는 것(承) 등의 효와 효의 관계는 『역전』 「단전彖傳」과 「상전象傳」에서의 괘효사의 해석 방식일 뿐이다. 춘추전국시대에는 이런 것들을 응용하지 않았으므로, 필자는 이들을 전혀 적용하지 않았다.

둘째, 괘의 여섯 효는 하늘(天)과 땅(地)과 사람(人) 세 가지(三才)를 상징한다. 꼭대기 효(上爻)와 다섯째 효(五爻)는 하늘을, 넷째 효(四爻)와 셋째 효(三爻)는 사람(人)을, 둘째 효(二爻)와 처음 효(初爻)는 땅을 상징한다. 이것은 『역전』 「계사전」과 「설괘전」에서 비롯된 것이다. 춘추전국시대에는 이런 것들을 적용하여 점을 해석하지 않았으므로, 이 책에서도 이러한 것과 더불어 효상爻象과 효의 위치(爻位) 등을 효사와 연관시켜 해석하지 않았다.

셋째, 한대 상수역象數易에서 해석한 것들, 즉 맹희孟喜의 십이소식괘十二消息卦 등 괘기설卦氣說, 경방京房의 납갑納甲, 호체互體, 비복飛伏, 『역위易緯』와 정현鄭玄의 효진爻辰, 순상荀爽의 승강升降, 우번虞翻의 괘변卦變, 방통旁通, 반상半象 등을 전혀 적용하지 않았다.

넷째, 위魏의 왕필王弼의 우두머리 효(主爻), 명明의 래지덕來知德의 착괘錯卦와 종괘綜卦 등도 전혀 적용하지 않았다.

필자는 이 책에서 역대의 상수역과 의리역 등의 전통적인 경문 해석

방식을 조금도 취하지 않고 『좌전』과 『국어』의 점친 사례들을 참고하여, 주나라 초기에 씌어진 『주역』이라는 점책을 점책으로만 해석하여 춘추전국시대의 주역점을 본래 모습 그대로 복원하고자 하였다. 춘추전국시대의 『주역』 점법이 곧 『주역』의 정통 점법이요, 이 시대 이후에 또 다른 『주역』 점법이 있는 것이 아니다.

접치기 전에 알아야 할 몇 가지 사항

1. 점을 치고자 하는 문제를 구체적으로 분명하게 설정해야 한다. 위의 예문 (2)의 민공閔公 원년의 기사에서 필만畢萬이 진晉나라에 벼슬하는 것에 대해 점을 친 것, 예문 (11)의 양공襄公 25년의 기사에서 최무자崔武子가 과부가 된 동곽언東郭偃의 누님을 아내로 맞이하기 위해 점을 친 것, 예문 (16)의 소공昭公 12년의 기사에서 남괴南蒯가 반란을 일으키려고 남몰래 점을 친 것 등은 모두 구체적인 문제를 설정해두고 점을 친 것이다. 그러나 『주역』은 막연한 문제, 예를 들어 내년의 내 운세는 어떤가 하는 것 등을 가지고도 점을 쳤다. 위의 예문 (1)의 장공莊公 22년의 기사에서 진陳의 여공厲公이 경중敬仲을 낳고 그가 어렸을 때 주나라의 점치는 관리가 그에 대해 점을 친 것, 예문 (3)의 민공閔公 2년의 기사에서 성계成季가 태어나려고 할 때 그 아버지 환공桓公이 점치는 관리인 초구楚丘의 아버지에게 점을 치게 한 것, 예문 (14)의 소공昭公 5년의 기사에서 목자穆子가 출생함에 부친인 장숙莊叔이 그에

대해 점을 친 것 등은 막연한 문제를 가지고 점을 친 사례이다.

2. 『주역』은 '가'와 '나'를 두고 어느 쪽을 선택할 것인가를 점치지 않는다. '가'를 선택한다면 결과는 어떤가 혹은 '나'를 선택한다면 결과는 어떤가를 설정해두고 점을 친다. 위의 예문 (15)의 소공昭公 7년의 기사에서 공성자孔成子가 제후를 세우는 문제를 두고 맹집孟縶과 원元이라는 두 아들을 각각 점친 것이 그 예이다.

3. 한 가지 문제를 두고 점을 쳐, 점의 결과가 마음에 들지 않는다고 해서 다시 여러 번 점을 쳐서는 안 된다. 한 가지 문제에서 점은 단 한 번으로 끝나야 한다. 『주역』 몽괘蒙卦 괘사에 "한 가지 문제를 가지고, 처음 점을 치면 알려주고, 두세 번 점을 치면 욕되게 하는 것이니, 욕되게 하면 알려주지 않는다(初筮告, 再三瀆, 瀆則不告.)."라고 하였다.

4. 바른 마음을 가지고 정성스레 점을 쳐야 한다. 나쁜 마음을 가지고 점을 친다거나, 장난삼아 점을 치면 점은 바르게 알려주지 않는다. 위의 예문 (15)의 소공昭公 7년의 기사에서 공성자孔成子가 제후를 세우는 문제를 두고 맹집孟縶과 원元이라는 두 아들을 각각 점칠 때 그 자세가 지극히 정성스러운 것이 그 예이다. 정성스럽게 친 점이어야 얻은 괘와 효의 내용에 대해 믿음이 가는 것이다.

5. 도덕적이지 못한 일을 두고 점을 쳐 길한 것을 얻었다 해도 그 길한 운을 받지 못한다. 예를 들어 부정을 해서 많은 돈을 손에 넣고자 하는데 결과가 어떻게 될 것인가에 대해 점을 쳐 비록 길한 괘와 효를

얻었다 해도 결국 흉하게 된다는 말이다. 『주역』은 의리를 바탕으로 씌어진 것이다. 위의 예문 (10)의 양공襄公 9년의 기사에서 목강穆姜이 처음 동궁東宮으로 자리를 옮겼을 때 점을 쳐 간괘가 수괘隨卦로 변하는 것을 얻었다. 수괘의 괘사에 "크게 형통하리니, 이롭다는 점이다. 허물이 없으리라(元亨. 利貞. 无咎.)"라고 한 길한 괘를 얻었으나, 스스로 과거에 부정한 짓을 한 허물을 인정하고 수괘의 길한 운을 자신의 것으로 여기지 않았다. 이것은 도덕적이지 못하면 점을 쳐 아무리 길한 괘와 효를 얻었다 해도 그 길한 운을 받지 못한다는 말이다. 또 예문 (16)의 소공昭公 12년의 기사에서 남괴南蒯가 반란을 일으키려고 남몰래 시초점을 쳐 곤괘坤卦가 비괘比卦로 변하는 것을 얻었다. 점 풀이 글에 "황색 치마를 입었으니, 크게 길하다(黃裳, 元吉.)"라고 한 매우 길한 효를 얻었으나, 자복혜백子服惠伯은 이를 풀이하면서 "충성스럽고 신의 있는 일은 잘 되어지나 그렇지 않으면 반드시 실패할 것이니 점 풀이 글의 길한 운에 해당되지 않는다. 『역』은 도의에 어긋나는 일을 점치는 것은 불가하다(易不可以占險). 비록 점이 길하다 해도 그 운을 받지 못한다"라고 하였다. 이러한 것들이 그 예이다.

6. 점을 쳐 얻은 괘사와 효사의 내용이 자신이 점에 묻고자 하는 문제와 맞지 않을 경우가 있을 것이다. 그러나 자신의 문제의 해법 역시 그 괘효사 속에 있으니, 괘효사를 여러 방면에서 다양하게 해석해야 한다. 예를 들면 유학을 가고자 하는 사람이 이에 대해 점을 쳐, 관괘觀卦 둘째 음효(六二)를 얻었다. 그 효사에 "엿보니, 여자의 점은 이롭다(闚觀, 利女貞.)"라고 하였는데, 이것은 유학하는 일과 전혀 관계가 없는 내용이다. 그러나 '엿본다'는 것은 아직 학문에 대한 자신의 시야가

좁다는 뜻으로 해석할 수 있다. '여자의 점은 이롭다'는 것은 옛날 여자들은 규방을 나서지 않고 외부와 접촉을 하지 않았으므로 자연히 시야가 좁았다. 보는 바가 넓지 못한 이런 여자와 같은 사람, 즉 아직 학문이 깊지 못한 사람에게는 유학을 가는 것이 이롭다는 뜻으로 해석할 수 있다. 유학을 가는 것이 이롭다는 것은 유학 가는 일이 성사된다는 것을 전제하고 있는 것이다. 또 결혼을 하고자 하는 사람이 이에 대해 점을 쳐, 혁괘革卦 처음 양효(初九)을 얻었다. 그 효사에 "황소의 가죽으로 만든 띠를 사용하여 묶는다(鞏用黃牛之革.)"라고 하였는데, 이것은 결혼과 전혀 관계가 없는 내용이다. 그러나 '황소의 가죽'은 황색이니 길하고 상서로운 색깔이며 그 가죽은 단단하다. '묶는다'는 것은 두 사람을 묶는 것이니 결혼이 성사된다는 뜻이다. 결혼은 성사되며, 그것은 길하고 상서롭고 견고할 것이라는 뜻으로 해석할 수 있다. 이와 같이 한 구절을 두고 무궁무진하게 유추할 수 있는 것이 주역점이다. 이 책에서 필자의 괘효사의 점 풀이는 지극히 원론적인 풀이에 불과할 뿐이니, 독자들은 점을 쳐 얻은 괘효사 원문의 한 글자 한 구절의 의미를 잘 음미해야 할 것이다.

7. 주역점은 점치는 사람의 훌륭한 도덕적 품성, 풍부한 인생 경험, 높은 지식 수준, 올바른 이성적 사유 능력, 예리한 분석과 추리 능력, 치밀한 종합적 판단 능력, 미래를 꿰뚫어보는 통찰력 등을 요한다. 앞에서 이미 말한 것과 같이 길흉의 판단은 사람이 보는 바에 따라 얼마든지 다를 수 있다.

8. 『주역』은 점치는 책이므로 그 쓰임은 당연히 사람들에게 행운과

불운을 가르쳐주는 데 있다. 점을 보는 사람의 중요한 관심은 바로 점을 판단하는 글에 있는 것이다. 괘효사에는 점의 길흉을 판단하는 판단사가 있으며, 판단사에는 당연히 행운과 불운을 나타내는 두 종류가 있다. 또 이 두 종류의 판단사 외에도 행운과 불운에 대해 명백하게 판정하지 않은 구절도 있다.

행운을 나타내는 판단사에는 '길하다(吉)', '형통하다(亨)', '이롭다(利)' 등 세 가지가 있다.

① 길吉

『주역』에는 '길吉', '원길元吉' '종길終吉', '대길大吉', '중길中吉' '인길引吉' 등 여섯 종류로 길한 것을 기록하고 있다. '길'은 '길하다'는 뜻이고, '원길'은 '크게 길하다'는 뜻이고, '대길'과 '인길' 역시 같은 뜻이다. '중길'은 일의 진행 도중이 길하다는 뜻이고, '종길'은 '마침내 길하다'는 뜻이다. 이들은 모두 행한 일에 좋은 결과가 있다는 것을 나타낸다. 경문 중에는 '길'자는 모두 117곳, '원길'은 14곳, '대길'은 5곳, '인길'은 1곳, '중길'은 1곳, '종길'은 9곳 기록하고 있는데, 모두 147곳에 '길'자가 기록되어 있다. 이 중 한 구절에 두 번 중복하여 기록되어 있는 것을 한 구절로 셈하면 『주역』 경문의 괘효사 450구절 가운데 142구절의 괘효사가 길한 것으로 기록되어 있다.

② 형亨

『주역』에 '형亨'자는 모두 48곳 기록되어 있다. 이 중 '원형元亨. 이정利貞'이 6곳, '원형元亨'이 4곳, '형亨. 이정利貞'이 4곳, '이정利貞. 형亨'이 1곳, '소형小亨'이 2곳, '광형光亨'이 1곳, '형亨'이 23곳, 제사를 지내다라는 '향亨'의 뜻으로 사용된 것이 6곳, 향연이라는 뜻의 '향饗'으로 사용된 것이 1곳이다.

'원형元亨.이정利貞'에 대해, 의리역에서는 '원형이정'을 그 괘의 네 가지 덕으로 여기고, "크고, 형통하고, 이롭고, 바르다"라고 해석을 하나, 상수역에서는 "크게 형통하니, 바르게 하면 이롭다"라고 해석한다. 필자는 고증역의 입장에서 "크게 형통하다. 이롭다는 점이다"라고 해석하였다. '원형元亨'은 '크게 형통하다'라는 뜻이며, '형亨.이정利貞'은 '형통하다. 이롭다는 점이다'라는 뜻이며, '이정利貞.형亨.'은 '이롭다는 점이다. 형통하다'라는 뜻이다. '소형小亨'은 '조금 형통하다'라는 뜻이고, '광형光亨'은 원형元亨과 같으며, '크게 형통하다'라는 뜻이다. 그 외 '형亨'자가 '형통하다'라는 뜻으로 단독으로 쓰인 것은 모두 23곳 있다.

③ 이利

'이利'는 이롭다는 뜻이다. 이 글자는 칼(刀)을 가지고 벼(禾)를 베는 모양을 상징하였다. 따라서 '이'의 본래의 뜻은 나에게 이익利益이라는 것이다. 『주역』에 '이利'자가 단독으로 쓰인 곳은 2번 곤괘坤卦 괘사 1곳뿐이며, '이정利貞'은 모두 12곳, '소리정小利貞'은 2곳, '이용利用'은 모두 11곳, '불리不利'는 2곳 기록되어 있다. '이利…정貞'은 모두 12곳, '불리不利…정貞'은 1곳, '이利…'는 모두 4곳, '불리不利…리利'는 2곳 기록되어 있다. '이섭대천利涉大川'은 '큰 내를 건너면 이롭다'는 뜻이며 모두 9곳, '불리섭대천不利涉大川'은 '큰 내를 건너면 이롭지 않다'는 뜻이며 1곳, '용섭대천用涉大川'은 '큰 내를 건너면 이롭다'는 뜻이며 1곳, '불가섭대천不可涉大川'은 '큰 내를 건너서는 안 된다'는 뜻이며 1곳 기록되어 있다. '이견대인利見大人'은 '대인을 만나보는 것이 이롭다'는 뜻이며 모두 7곳 기록되어 있으며, 46번 승괘升卦 괘사에는 '용견대인用見大人'으로 기록되어 있는데, 이 역시 '이견대인利見大人'과 같은 뜻이다. '이유유왕利有攸往'은 '갈 곳이 있으면 이롭다'는 뜻이며 모두 11곳, '불리유유왕不利有攸往'은 '갈 곳이 있으면 이롭지 않다'는 뜻이며 2곳, '물용유유왕勿用有攸往'은 '갈 곳이 있어도 가지 말라'는 뜻이며 2곳, '유유왕有攸往'은 '갈 곳이 있다'는 뜻이며 2곳, '소리유유왕小利有攸往'은 '갈 곳이 있으면 조금 이롭다'는 뜻이며 1곳 기록되어 있다. '무불리无不利'는 '이롭지 않음이 없다'는 뜻이며 모두 13곳, '무유리无攸利'는 '이로울 것 없다'는 뜻이며 모두 10곳 기록되어 있다.

불운을 나타내는 판단사에는 '흉하다(凶)', '뉘우치다(悔)', '어렵다(吝)', '위태롭다(厲)', '허물이 있다(咎)' 등 다섯 가지가 있다.

① 흉凶

『주역』에는 '흉凶', '종흉終凶', '유흉有凶' 등 세 종류로 흉한 것을 기록하고 있는데, '흉'은 '흉하다'는 뜻이고, '종흉'은 '마침내 흉하다'는 뜻이며, '유흉'도 '흉하다'는 뜻이다. 이 외에 42번 익괘益卦 셋째 음효(六三)에 '흉사凶事'를 기록하고 있는데, '흉한 일'을 나타낸 것이다. 이들은 모두 행한 일에 나쁜 결과가 있다는 것을 나타낸다. 경문 중에는 '흉'자는 모두 54곳, '종흉'이 1곳, '유흉'이 2곳, '흉사'가 1곳 기록되어 있는데, 모두 58곳에 흉자가 기록되어 있다. 이중 24번 복괘復卦 꼭대기 음효(上六)에는 '흉'자를 한 구절 속에 두 번 중복하여 기록하고

있는데, 이것을 한 구절로 셈하면『주역』의 괘효사 450구절 가운데 57
구절이 흉한 것으로 기록되어 있다.

② 회悔

'회悔'는 뉘우치다(恨)는 뜻이다. 뉘우치는 것은 비통한 것보다 가벼
우므로 '회悔'는 '구쑘'와 '흉凶'보다 가벼운 것이다. '회悔'는 고난에 불
과할 뿐이다.「계사전」에 "회린은 근심과 놀라움의 상이다(悔吝者, 憂虞
之象也.)"라 하고(상, 2장), 또 "회린은 작은 흠을 말한 것이다(悔吝者, 言
乎其小疵也.)"라 하였다(상, 3장). 경문 중에 '회悔'가 단독으로 쓰인 것
은 모두 3곳이다. '유회有悔'는 '뉘우침이 있다'는 뜻이며 모두 2곳,
'소유회小有悔'는 '조금 뉘우침이 있다'는 뜻이며 1곳, '회유회悔有悔'는
'뉘우치고 또 뉘우친다'는 뜻이며 1곳, '무회无悔'는 '뉘우침이 없다'는
뜻이며 모두 6곳, '무지회无祗悔'는 '큰 뉘우침이 없다'는 뜻이며 1곳,
'회망悔亡'은 '뉘우침이 있으나 장차 없어진다'는 뜻이며 모두 19곳 기
록되어 있다. 이들을 모두 합하면 경문 중에 '회悔'자는 모두 33곳 기
록되어 있다.

③ 인吝

'인吝'은 어렵다는 난難의 뜻이다. '인吝'은 린遴자를 빌려 쓴 것이며,
행함에 어렵다(行難)는 뜻이다. 이것은 아직 흉함에 이르지 않은 것이
다.「계사전」에 "회린은 근심과 놀라움의 상이다(悔吝者, 憂虞之象也.)"
라 하고(상, 2장), 또 "회린은 작은 흠을 말한 것이다(悔吝者, 言乎其小疵
也.)"라 하였다(상, 3장).『주역』에 '인吝'은 모두 17곳 기록되어 있다.
그 외에 '소린小吝'은 '조금 어렵다'는 뜻이며 2곳, '종린終吝'은 '마침

내 어렵다'는 뜻이며 1곳 기록되어 있다. 이를 합하면 모두 20곳 기록되어 있다.

④ 여厲

'여厲'는 위태롭다는 위危의 뜻이다. '유려有厲'는 '위태로운 일이 있다'는 뜻이고, '정려貞厲'는 '점려占厲'와 같으며, '점은 위태롭다'는 뜻이다. 경문 중에 '여厲'는 모두 23곳 기록되어 있으며, '유려有厲'는 3곳 기록되어 있다.

⑤ 구咎

'구咎'는 허물이라는 뜻이다. 이것은 재앙災殃의 범주에 속한다. 그러나 '구咎'는 '회悔'보다 무겁고 '흉凶'보다 가벼운 재앙이다. '회悔'는 비교적 작은 고난이고, '흉凶'은 아주 큰 재앙이며, '구咎'는 비교적 가벼운 재앙이다. '위구爲咎'는 '허물이 된다'는 뜻이며 1곳, '비구匪咎'는 '허물이 아니다'는 뜻이며 1곳, '하구何咎'는 허물에 이르지 않는다는 뜻이며 2곳, '하기구何其咎'도 허물에 이르지 않는다는 뜻이며 1곳, '무대구无大咎'는 '큰 허물은 없다'는 뜻이며 2곳, '무구无咎'는 '허물이 없다'는 뜻이며 모두 93곳 기록되어 있다. 「계사전」에 "무구는 선으로 허물을 보완하는 것이다(无咎者, 善補過也.)"라고 하였고, 또 "움직여 허물이 없다는 것은 지난일의 잘못을 뉘우치는 데 있다(震无咎者存乎悔.)"라고 하였다(상. 3장). 이를 모두 합하면 경문 중에 '구咎'자는 모두 100곳 기록되어 있다.

『주역』의 점을 판단하는 여덟 가지 판단사에서 '길吉'과 '형亨'과 '이利' 세 가지는 앞길이 좋다거나 결과가 좋다거나 하는 행운에 속하는 것이고, '흉凶'과 '회悔'와 '인吝'과 '여厲'와 '구쑘' 5가지는 앞길이 나쁘다거나 결과가 나쁘다거나 하는 불운에 속하는 것이다. 「계사전」에 "길하고 흉하고 뉘우치고 어려운 것은 모두 사람의 행동에서 나온다(吉凶悔吝者, 生乎動者也.)"라 하고(하, 1장), 또 "길흉은 바른 것으로 이기는 것(吉凶者, 貞勝者也.)"이라고 하였다. 이것은 인생에 있어 길하고 흉한 것은 자신의 행위로 말미암은 것(吉凶由人)이라는 말이며, 바르게 행하면 길하고 그릇되게 행하면 흉하다는 의리義理의 관점에서 말한 것이다.

『주역』 괘효사 450구절 중 '길'한 구절은 모두 142구절이고, '흉'한 구절은 모두 57구절이다. '정길貞吉'은 26곳. '정흉貞凶'은 7곳, '정란貞吝'은 4곳, '정려貞厲'는 7곳 기록되어 있다. 이것은 사람이 세상을 살아가면서 '흉'한 일보다 '길'한 일이 더 많다는 뜻이다. 결국『주역』은 오늘날 우리에게 인생은 길흉이 뒤섞여 있으며, 길하고 흉한 것은 자신의 행위로 말미암은 것이고, 지금 길하다고 해서 자만하지 말고 또 흉하다고 해서 낙심하지 말 것을 가르쳐주고 있는 것이다. 「계사전」의 기록대로 길흉은 상황에 따라 옮기는 것(吉凶以情遷)이기 때문이다(하, 12장).

9.『주역』의 '정貞'자는 「문언전文言傳」에서 건괘의 네 가지 덕 가운데 하나로 여기고 '바른 것(正)'으로 해석한 후 2천여 년이 넘도록 이렇게 해석되어왔다. 그러나 1928년 중국 하남성河南省 안양현安陽縣 은허殷墟에서 은나라의 갑골문이 다량으로 발견되고, 여기에는 '정貞'자가 가장 많이 쓰어 있는데 당시의 '정貞'자는 '점에 묻는다(卜問)'는 뜻으로 사용되었음이 밝혀졌다. 이후부터 '정貞'을 '정正'으로 해석한 것이

바로 잡혀 '점占'으로 해석하게 되었다. 후한의 허신許愼은 『설문해자說文解字』에 "정貞은 점에 묻는 것(貞, 卜問也.)"이라고 하였는데 그 요체를 얻은 말이다. 그러나 허신의 이 해설은 허신 이후 수천 년 동안 학자들에게 외면되어왔다. 『주역』에서 '정길貞吉'은 점은 길하다는 뜻이다. '정흉貞凶'은 점은 흉하다는 뜻이다. '정린貞吝'은 점은 어렵다는 뜻이다. '정려貞厲'는 점은 위태롭다는 뜻이다. '가정可貞' 혹은 '불가정不可貞'은 점에 묻고자 하는 일을 행해도 좋다거나 행해서는 안 된다는 뜻이다. '정모사혹모사정貞某事或某事貞'은 점에 어떤 일을 묻는다는 뜻이다. '이정利貞'은 '이점利占'과 같으며, 이롭다는 점이다라는 뜻이다. '이모정利某貞'은 어떤 것에 대한 점은 이롭다는 뜻이다.

10. 이 책에서 종종 『백서주역帛書周易』을 인용하고 있는데, 이것은 1973년 12월 중국 장사長沙의 마왕퇴馬王堆 제3호 한묘漢墓에서 출토된 비단에 씌어 있는 『주역』이다. 『백서』의 필사는 전한 5대 문제文帝(BC 180~BC 157) 초년에 이루어진 것으로 보고 있다. 이것과 지금의 통행본을 비교해보면 괘명이 같지 않은 부분도 있고, 괘의 배열도 다르며, 괘사와 효사가 같거나 다른 부분도 있다. 『백서주역』은 『주역』을 연구하는 데 아주 중요한 문헌이다.

⊙괘 찾아보기

윗괘 / 아랫괘	건	태	리	진	손	감	간	곤
건	1. 건乾 95쪽	43. 쾌夬 326쪽	14. 대유大有 167쪽	34. 대장大壯 278쪽	9. 소축小畜 141쪽	5. 수需 119쪽	26. 대축大畜 234쪽	11. 태泰 151쪽
태	10. 이履 146쪽	58. 태兌 409쪽	38. 규睽 299쪽	54. 귀매歸妹 387쪽	61. 중부中孚 424쪽	60. 절節 419쪽	41. 손損 315쪽	19. 임臨 195쪽
리	13. 동인同人 162쪽	49. 혁革 360쪽	30. 리離 255쪽	55. 풍豐 393쪽	37. 가인家人 294쪽	63. 기제既濟 435쪽	22. 비賁 212쪽	36. 명이明夷 288쪽
진	25. 무망无妄 229쪽	17. 수隨 184쪽	21. 서합噬嗑 206쪽	51. 진震 371쪽	42. 익益 320쪽	3. 준屯 107쪽	27. 이頤 239쪽	24. 복復 223쪽
손	44. 구姤 330쪽	28. 대과大過 245쪽	50. 정鼎 365쪽	32. 항恒 268쪽	57. 손巽 404쪽	48. 정井 354쪽	18. 고蠱 189쪽	46. 승升 343쪽
감	6. 송訟 124쪽	47. 곤困 348쪽	64. 미제未濟 441쪽	40. 해解 310쪽	59. 환渙 414쪽	29. 감坎 250쪽	4. 몽蒙 113쪽	7. 사師 130쪽
간	33. 둔遯 273쪽	31. 함咸 263쪽	56. 여旅 399쪽	62. 소과小過 429쪽	53. 점漸 382쪽	39. 건蹇 304쪽	52. 간艮 377쪽	15. 겸謙 172쪽
곤	12. 비否 157쪽	45. 췌萃 337쪽	35. 진晉 283쪽	16. 예豫 178쪽	20. 관觀 200쪽	8. 비比 135쪽	23. 박剝 218쪽	2. 곤坤 101쪽

상경
周易占法

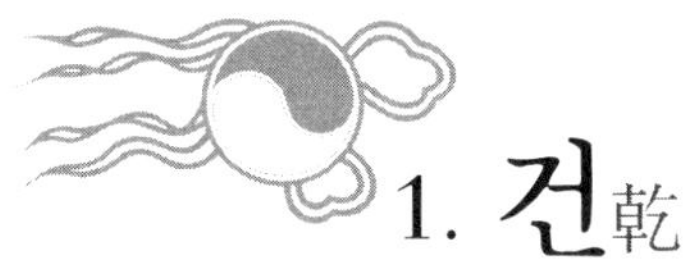

1. 건乾

건괘는 윗괘도 건이고 아랫괘도 건이다. 건은 하늘이다. 건괘의 괘상은 위아래가 모두 하늘이다. 하늘의 운행은 강건하다. 두 개의 하늘이 중첩되어 있으니 지극히 강건하다. 하늘의 운행은 질서정연하여 조금도 어김이 없다. 자신의 궤도를 따라 태양의 주위를 돌고 있는 행성의 운행, 봄 여름 가을 겨울 사계절의 순환, 낮과 밤의 순환, 자라고 무성하고 시들고 사라지는 자연의 이법, 태어나 자라고 늙어서 없어지는 인생의 과정, 그 어느 것 하나 어긋나는 것이 없다.

괘사에서, '원元'은 크다는 뜻의 대大이다. '형亨'은 통하다라는 뜻의 통通이다. '이利'는 이롭다는 뜻이다. '정貞'은 점에 묻는다(占問)는 뜻이다. '이정利貞'은 이점利占과 같다. 건은 강건하므로 크게 형통하리니, 점에 묻고자 하는 일은 이로울 것이니라.

점을 쳐 이 괘를 얻은 사람은 이 괘상과 괘명을 보고 지금은 하늘의 도(天道)를 본받아 강건한 마음을 가지고 쉬지 않고 노력하면 모든 일이 순조로워 크게 형통하리라. 두 개의 강건한 하늘이 겹쳐 있으니, 이를 본받아 참되고 또 참되어야 하리니, 참되어야 큰일을 이룰 수 있으리라. 사악한 것은 결코 참된 것을 이기지 못한다. 하늘의 도를 잘 지키면, 하고자 하는 일은 어긋남이 없으리니, 만사가 형통하여 이롭지 않음이 없으리라.

처음 양효. 잠겨 있는 용이니, 움직이지 말라.
初九. 潛龍, 勿用.

'잠潛'은 물속에 잠겨 있다는 것이다. 용이 물속에 잠겨 있는 것이다. '잠용潛龍'은 용이 물러나 조용히 때를 기다리고 있다는 말이다. '용龍'은 문왕을 가리킨다. '용用'은 행하다(施行)는 뜻이다. '물용勿用'은 움직이지 말라(勿動)는 말과 같다.

은나라 주왕이 포악한 정치를 하고 있을 때, 주나라 문왕은 나서지 않고 물러나 조용히 힘을 기르고 있었다. 잠겨 있는 용은 이러한 문왕에 비유한 말이다.

점을 쳐 이 효를 얻은 사람은 지금 '잠겨 있는 용'의 상황이다. 때가 아니니 함부로 나서지 말라. 물러나 조용히 힘을 기르고 있을 때이니, 행동에 조심하고 경솔한 짓을 삼가야 하리라. 느긋하게 때를 기다리지 못하고 경거망동하는 것은 화를 자초할 뿐이리라.

둘째 양효. 나타난 용이 밭에 있으니, 대인을 만나보는 것이 이로울
것이니라.
九二. 見龍在田, 利見大人.

앞의 '현見'자는 나타나다라는 뜻의 현現으로 읽는다. 뒤의 '견見'자
는 만나보다는 뜻의 견見으로 읽는다. '대인大人'은 벼슬자리에 있는 사
람(有官位者)이다. '용'과 '대인'은 모두 문왕을 가리킨다.

문왕이 때를 얻어 활동을 하고 있으니 사람들은 그를 만나보는 것이
이롭다.

점을 쳐 이 효를 얻은 사람은 지금 '나타난 용이 밭에 있는' 상황이
다. 산 넘고 물 건너 가야 할 길이 아득하리니, 대인을 만나 도움을 받
으면 이로울 것이니라. 인생은 끊임없는 만남의 연속이다. 소인을 만
나는 것은 이롭지 않으리라.

셋째 양효. 군자가 하루 종일 근심하고, 밤에는 경계한다면, 위태로우
나 허물이 없으리라.
九三. 君子終日乾乾, 夕惕若, 厲, 无咎.

'군자君子'는 벼슬자리에 있는 사람이며, 곧 문왕을 가리킨다. '건건
乾乾'은 근심하는 모양이다. '석夕'은 밤이다. '척惕'은 경계하다(警厲)는

뜻이다. '약若'은 어조사이다. '척약惕若'은 '척연惕然'과 같은 말이며, 경계하는 모양을 말한다. '여厲'는 위태롭다는 뜻의 위危이다. '무无'는 무無의 옛 글자이다. '구咎'는 허물이라는 뜻의 과過이며, '흉凶'보다 가벼운 재앙이다.

문왕이 은나라 주왕에 의해 유리羑里에 갇혀, 하루 종일 근심하고 밤에는 경계하기를 게을리 하지 않아, 위태로움에 처해 있으나 마침내 풀려나 허물이 없게 되었다.

점을 쳐 이 효를 얻은 사람은 지금 '하루 종일 근심하고 밤에는 경계해야 하는' 상황이다. 어두운 먹구름이 가득 몰려오고 있으니, 장차 재앙이 이를 것을 두려워하라. 점에 묻고자 하는 일은 위태로우나 허물이 없으리라.

넷째 양효. 용이 혹 못에서 뛰어오르고 있으니, 허물이 없으리라.
九四. 或躍在淵, 无咎.

효사는 앞의 문장을 이어서 말하였으므로 '용龍'자가 생략되어 있다. '용'은 곧 문왕을 가리킨다. '약躍'은 뛰어오르다라는 뜻의 도跳이다. '연淵'은 용이 편안히 머물고 있는 곳이다.

문왕이 바야흐로 있을 곳에서 뛰어오를 때를 만났으니, 허물이 없다.

점을 쳐 이 효를 얻은 사람은 지금 '용이 못에서 뛰어오르는' 상황이다. 때가 왔음을 알아야 할 것이니, 과감하게 실행하라! 하늘은 자신을 비워두고 승천할 용을 기다리고 있다. 점에 묻고자 하는 일은 허물이 없으리라.

다섯째 양효. 나는 용이 하늘에 있으니, 대인을 만나보는 것이 이로울
것이니라.

九五. 飛龍在天, 利見大人.

'견見'은 만나보다는 뜻의 견見으로 읽는다. '대인大人'은 벼슬자리에
있는 사람이다. '용'과 '대인'은 모두 문왕을 가리킨다.

문왕이 하늘을 나는 용처럼 천명을 받은 왕이라 칭하며, 훌륭한 정
치를 베풀고 있으니, 사람들은 문왕을 만나 도움을 받으면 이롭다.

점을 쳐 이 효를 얻은 사람은 지금 '나는 용이 하늘에 있는' 상황이
다. 거리낌 없이 나아가 모든 일이 순조롭게 이루어지리니, 대인을 만
나 도움을 받는다면 이로울 것이니라.

꼭대기 양효. 끝까지 올라간 용이니, 뉘우침이 있으리라.

上九. 亢龍, 有悔.

'항亢'은 높다라는 뜻의 고高, 끝이라는 뜻의 극極이다. '항용'은 용이
하늘 끝까지 올라가 더 이상 올라갈 곳이 없다는 말이다. '회悔'는 뉘우
친다는 뜻이며, 비교적 작은 불행이다.

문왕이 죽었으니, 신하와 백성들이 그의 죽음을 안타까워하고 있다.

점을 쳐 이 효를 얻은 사람은 지금 '끝까지 올라간 용'의 상황이다. 자
연의 일이란 극에 이르면 반드시 되돌아오고, 인간의 일이란 지나치면
화를 불러오는 법이다. 점에 묻고자 하는 일은 뉘우침이 있으리라.

용구. 나타난 여러 용들의 우두머리가 없으니, 길하리라.
用九. 見群龍无首, 吉.

『백서주역帛書周易』에는 '용구用九'를 '동구逈九'로 하였다. '용用'은 당연히 '동逈'으로 읽어야 한다. '동逈'은 통하다라는 뜻의 통通이다. '용구用九'는 '통구通九'와 같으며, 여섯 효 모두 '구九'라는 것을 말한다. '현見'은 나타나다라는 뜻의 현現으로 읽는다.

'끝까지 올라간 용'이 사라지자 '여러 용'들이 출현하였는데, 그 가운데 우두머리는 이미 하늘이 점지해두었다. 여러 용들 가운데 하늘의 뜻을 어기고 우두머리가 되고자 하는 용이 없으니, 여러 용 모두가 앞길이 창성하다.

점을 쳐 이 효를 얻은 사람은 지금 '나타난 여러 용들의 우두머리가 없는' 상황이다. 지금은 나설 상황이 아니니 앞으로 나서지 말라. 크게 다치게 될 것이다. 점에 묻고자 하는 일은 길하리라.

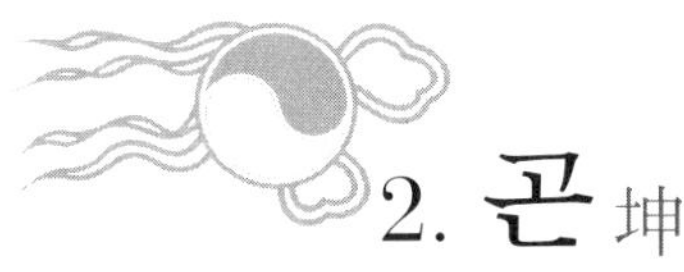

2. 곤 坤

곤. 크게 형통하리니, 암말의 점은 이롭다. 군자가 갈 곳이 있어, 먼저 미혹하나 뒤에 주도권을 잡으니, 이로울 것이니라. 서남쪽은 벗을 얻고, 동북쪽은 벗을 잃으리라. 안전을 묻는 점은 길하리라.
坤. 元亨. 利牝馬之貞. 君子有攸往, 先迷後得主, 利. 西南得朋, 東北喪朋. 安貞吉.

곤괘는 윗괘도 곤이고 아랫괘도 곤이다. 곤은 땅이다. 곤괘의 괘상은 위아래가 모두 땅이다. 땅은 유순하다. 두 개의 땅이 중첩되어 있으니 지극히 유순하다. 곤은 유순하게 하늘의 도를 이어받아 하늘에 순응한다. 땅은 유순하게 만물을 싣고 만물을 기른다.

괘사에서, '빈牝'은 조수鳥獸의 암컷이다. '빈마牝馬'는 암말이다. '군자'는 무왕을 가리킨다. '유攸'는 곳이라는 뜻의 소所이다. 『주역』은 '유

攸'자를 많이 쓰고 '소所'자는 드물게 썼다. '미迷'는 미혹하다라는 말이다. '주主'는 주도권이다. '붕朋'은 벗(朋友)이다. '서남득붕西南得朋'은 서남쪽이 좋다는 말이다. '동북상붕東北喪朋'은 동북쪽은 해롭다는 말이다. '안정安貞'은 점에 안전, 즉 무사한가를 묻는 것이다. 무왕의 은 정벌은 크게 형통하리니, 무왕이 암말을 타고 출병하였는데, 먼저 미혹하나 뒤에는 주도권을 잡는다. 서남쪽은 주의 우방이 있어 무왕과 함께 출정하고, 동북쪽은 주의 강적이 있어 무왕에게 좋지 않다. 무사함을 묻는 점은 길하다.

점을 쳐 이 괘를 얻은 사람은 이 괘상과 괘명을 보고 지금은 땅의 도(地道)를 본받아 유순한 마음을 가지고 자신을 지키면 모든 것이 순조로워 크게 형통하리라. 두 개의 유순한 땅이 겹쳐 있으니, 이를 본받아 부드럽고 또 부드러워야 하리라. 참으로 강한 것은 부드러운 것이니, 부드러운 것이 강한 것을 이기리라. 땅의 도를 잘 지키면, 모든 것이 이로워 하고자 하는 일은 순조롭게 이루어질 것이니라. 먼저는 어지러우나 뒤에는 주도권을 잡고 모든 것이 쉽게 해결될 것이다. 갈 곳과 안 갈 곳은 자신의 선택에 달려 있으니, 현명하게 선택하라. 무사함에 대한 것은 길하리라.

처음 음효. 서리를 밟고 출정하여, 굳은 얼음이 얼 때 도착하리라.
初六. 履霜, 堅冰至.

'이履'는 밟는다는 뜻의 천踐이다. '이상履霜'은 서리를 밟는다는 말이다. '견堅'은 굳다는 고固의 뜻이다. '견빙堅冰'은 굳은 얼음을 말한다.

'견빙지堅冰至'는 굳은 얼음이 얼 때 도착한다는 말이다.

무왕이 은을 정벌하기 위해 추울 때 출정하여 한겨울에 목야牧野에 도착하였다.

점을 쳐 이 효를 얻은 사람은 지금 '무왕이 서리를 밟고 출정하여 굳은 얼음이 얼 때 도착하는' 상황이다. 춥고 시간은 오래 걸리며 길은 머니, 장차 한겨울의 추위는 감당하기 어려우리라. 매화는 추위를 이긴 후에 향기를 발하고, 사람은 고난을 겪은 후에 영웅이 되는 법. 점에 묻고자 하는 일은 이룰 수 있으리라.

둘째 음효. 곧고 반듯하고 크니, 익숙하지 않은 곳이라도 이롭지 않음이 없으리라.
六二. 直方大, 不習, 无不利.

'직直', '방方', '대大'는 드넓은 대지에 대한 묘술이다. '습習'은 익히 알다, 충분히 알다라는 뜻이다.

무왕이 군사를 거느리고 황하 유역의 드넓은 대지를 행군하는데, 초행의 익숙하지 않은 곳이라도 그 지방 사람들이 무왕에게 복속하므로 이롭지 않음이 없다.

점을 쳐 이 효를 얻은 사람은 지금 '무왕이 군사를 거느리고 드넓은 대지를 행군하는' 상황이다. 익숙하지 않은 일이라도 잘 되지 않는 것이 없을 것이니, 점에 묻고자 하는 일은 이롭지 않음이 없으리라.

셋째 음효. 상商을 쳐도 좋다는 점이다. 어떤 사람은 왕을 따라 출병
하여, 이루는 것은 없으나 마침은 있으리라.
六三. 含章, 可貞. 或從王事, 无成有終.

'함含'은 당연히 감㦰으로 읽어야 한다. '감㦰'은 '감戡'과 같으며, 이
긴다는 극克의 뜻이다. 전쟁에서 이기는 것이다. '장章'은 당연히 은상殷
商의 상商으로 읽어야 한다. 은나라를 가리킨다. 옛날에는 이 두 글자가
통용되었다. '감상감㦰商㦰은 곧 극상克商이다. '가정可貞'은 점에 물은
일을 행해도 좋다는 뜻이다. '종終'은 행한 일의 좋은 결과를 말한다.

은나라 주왕의 군대는 목야에서 무왕의 일격을 받고 궤멸되었다. 무
왕을 따라 출정했던 어떤 사람은 큰 공을 세우지 못하였으나 은을 정
벌하여 좋은 결과가 있었다.

점을 쳐 이 효를 얻은 사람은 지금 '무왕이 상나라를 쳐 이길 수 있
는' 상황이다. 전도가 무왕이 은나라를 정벌한 것과 같으니, 점에 묻고
자 하는 일은 망설이지 말고 그대로 행하는 것이 좋으리라. 설령 크게
이루는 것이 없다 해도 마침에는 반드시 좋은 결과가 있으리라.

넷째 음효. 주머니를 묶으니, 허물도 명예도 없으리라.
六四. 括囊, 无咎无譽.

'괄括'은 묶는다(束結)는 뜻이다. '낭囊'은 주머니이다. '괄낭括囊'은
주머니의 입을 묶는 것이다. '예譽'는 명예라는 뜻이다.

'어떤 사람'은 전쟁 도중 적에게 생포되었는데, 입을 열어 아군의 상황을 끝내 발설하지 않았다. 허물이 없으나, 적에게 생포된 사실이 명예롭지 못하다.

점을 쳐 이 효를 얻은 사람은 지금 '주머니를 묶으니, 허물도 명예도 없는' 상황이다. 말조심하라. 자신도 다른 사람도 다치지 않을 것이니라. 점에 묻고자 하는 일은 잃는 것도 얻는 것도 없으리라.

다섯째 음효. 황색 치마를 입었으니, 크게 길하리라.
六五. 黃裳, 元吉.

'황黃'은 황색을 말한다. 『주역』은 황색을 길하고 상서로운 색으로 여겼다. '상裳'은 치마이다. '황색 치마'는 존귀하고 길상한 옷이다.

무왕은 은을 정벌하고 드디어 천자의 자리에 올랐다.

점을 쳐 이 효를 얻은 사람은 '무왕이 황색 치마를 입은' 상황이다. 숲이 우거진 산 속으로 들어가 태양처럼 눈부신 황금색 산돼지를 잡았다. 파란 바다 속으로 낚시를 던져 달덩어리 같은 황금색 물고기를 낚았다. 점에 묻고자 하는 일이 크게 길하리라.

꼭대기 음효. 용이 들에서 싸우니, 그 피가 줄줄 흘러내린다.
上六. 龍戰于野, 其血玄黃.

'현玄'은 '현泫'자를 빌려 쓴 것이며, 물이 흐르는 것이다. '황黃'은

'황潢'자를 빌려 쓴 것이며, 큰물이 흐르는 모양이다. '기혈현황其血玄黃'은 피를 매우 많이 흘리는 모양을 말한다.

무왕의 사후, 주공이 어린 성왕을 도와 섭정하자, 주공의 두 동생이 난을 일으켰다. 주공은 성왕의 명을 받들어 친히 동정하여 난을 평정하였는데, 삼 년의 세월이 걸렸다. '용들의 싸움'은 바로 왕자들의 싸움이며, '그 피가 줄줄 흘러내린다'는 것은 그 싸움이 매우 힘들고 처참하였음을 나타낸 말이다.

점을 쳐 이 효를 얻은 사람은 '용이 들에서 싸워 피가 줄줄 흘러내리는' 상황이다. 장차 피를 보게 되리니, 한 발짝 뒤로 물러서 화기를 삭히는 것이 현명하리라. 점에 묻고자 하는 일은 흉하리라.

용육. 오랜 기간 이롭다는 점이다.
用六. 利永貞.

『백서주역』에는 '용육用六'을 '동육迵六'으로 하였다. '용用'은 당연히 '동迵'으로 읽어야 한다. '동迵'은 통하다라는 뜻의 통通이다. '용육用六'은 '통육通六'과 같으며, 여섯 효 모두 '육六'이라는 것을 말한다. '영정永貞'은 '영점永占'과 같으며, 점에 오랜 기간의 길흉을 묻는 것이다.

주공이 두 동생의 난을 평정한 후, 주나라는 오랜 세월 안정되었다.

점을 쳐 이 효를 얻은 사람은 지금 '오랜 기간 이로운' 상황이다. 좋은 운을 만났으니, 점에 묻고자 하는 일은 오랫동안 이로울 것이니라.

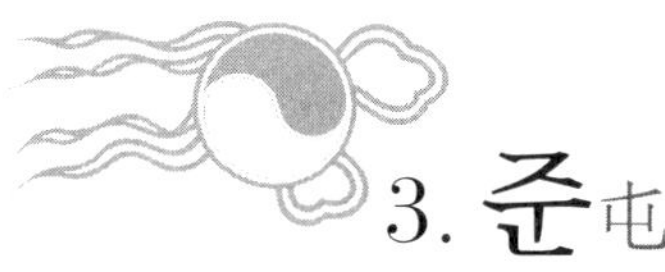# 3. 준屯

준. 크게 형통하리니, 이롭다는 점이다. 갈 곳이 있어도 가지 말라. 제
후를 세우면 이로울 것이니라.

屯. 元亨. 利貞. 勿用有攸往. 利建侯.

준괘는 윗괘가 감이고 아랫괘가 진이다. 감은 물이며 구름이고 진은
우레이다. 준괘의 괘상은 구름과 우레가 모이는 것이다. 준은 모인다
는 뜻이다. 구름은 위에서 움직이고 우레는 아래에서 움직이니 일이
순조로울 수가 없으며, 구름과 우레가 동시에 일어나니 천지간의 험난
한 상이다. 준은 또 험난하다는 뜻이다.

괘사에서, '건후建侯'란 제후를 세우는 것이다. 옛날에 제후를 봉하여
나라를 주는 것이나, 새 제후가 나라를 이어받는 것은 모두 천자의 명
을 받아서 비롯되는데, 이를 총괄하여 '건후'라고 한다. 비가 몰아치고

우레가 일어나는 험난한 지경에 처하여 갈 곳이 있어도 가서는 안 된다. 왕이 이러한 험난한 지경에 처하여 제후를 세우는 것이 이롭다.

점을 쳐 이 괘를 얻은 사람은 이 괘상과 괘명을 보고 지금은 자신을 잘 지켜 험난한 이 시기를 참고 견뎌야 할 때임을 알아야 하리라. 구름과 우레가 동시에 일어나고 있으니, 험난한 때를 만나 신중하게 처신하여 난국을 돌파한다면 크게 형통할 것이니 점에 묻고자 하는 일은 이로울 것이니라. 주위의 모든 상황이 불리하니 하고 싶은 일이 있어도 추진하지 말 것이며, 제후를 세우면 이롭듯 장차 다가올 재난에 대비하는 것이 좋으리라. 어려울 때일수록 인내하라. 인생은 인내의 시합장이다. 희망을 잃지 않고 때를 기다린다면 머지않아 험난한 상황은 호전되어 전화위복될 것이니라.

처음 양효. 큰 돌로 담장을 쌓으니, 거주하는 곳의 점은 이로우며, 제후를 세우면 이로울 것이니라.

初九. 磐桓, 利居貞, 利建侯.

'반磐'은 큰 돌(大石)이다. '환桓'은 원垣자를 빌려 쓴 것이며, 담牆이라는 뜻이다. '거정居貞'은 점에 거주하는 곳을 묻는 것이다.

주공이 성왕을 도와 섭정하면서, 왕기王畿 주위에 제후를 세워 주 왕실을 둘러싸게 하였다. 이것은 외적이 침입할 때 주 왕실을 보호하는 담장 역할을 하였던 것이다. 왕실에 제후의 나라가 있는 것은 거주하는 곳에 담장이 있는 것과 같다. 담장이 도적을 막아주듯 제후가 왕실을 지켜주기 때문이다.

점을 쳐 이 효를 얻은 사람은 지금 '큰 돌로 담장을 쌓는' 상황이다. 장차 비바람이 퍼부을 것을 생각하여, 미리 준비하는 것이 좋으리라. 점에 묻고자 하는 일은 이로울 것이니라.

둘째 음효. 많은 사람들이 모여 돌며 말을 타고 선회하니, 도적이 아니라 혼인하는 것이다. 여자의 점은 허혼하지 않다가 십 년이 되어 허혼하리라.

六二. 屯如邅如, 乘馬班如, 匪寇婚媾. 女子貞不字, 十年乃字.

'준屯'은 모이다라는 뜻의 취聚이다. '준여屯如'는 모여 있는 모양이다. 말을 타고 온 사람들이 많은 것을 말한다. '전邅'은 도는 모양이며, 말을 타고 온 사람들이 앞으로 나가지 못하고 빙빙 도는 것을 말한다. '반班'은 반般으로 읽으며, 선회하다라는 뜻의 선旋이다. '반여班如'는 도는 모양, 즉 선회하는 모양이다. '비匪'는 아니다라는 뜻의 비非자를 빌려 쓴 것이다. '혼구婚媾'는 혼인婚姻과 같다. '자字'는 청혼을 받아들이는 것(許嫁)이다.

많은 사람들이 모여서 빙빙 돌며 말을 타고 선회하니, 이는 약탈하러 온 도적의 무리가 아니라 혼인하는 모습이다. 혼인하는 여자는 그동안 혼인을 허락하지 않다가 십 년이 되어 허혼한 것이다.

점을 쳐 이 효를 얻은 사람은 지금 '여자가 십 년이 되어 허혼하는' 상황이다. 경사스러운 일이 있을 것이니, 긴 시간 끌어왔던 어려운 문제들은 이제 해결할 수 있으리라.

셋째 음효. 사슴을 좇는데 몰이꾼이 없다. 사슴이 숲속으로 들어갔으니, 군자는 이를 좇는 것이 그만두는 것만 못하므로, 가면 어려울 것이니라.

六三. 卽鹿无虞, 惟入于林中, 君子幾不如舍, 往吝.

'즉록卽鹿'은 '축록逐鹿'과 같으며, 사슴을 좇는 것이다. '우虞'는 새와 짐승을 관장하는 관명이며, 여기에 소속된 우인虞人은 사냥할 때 새와 짐승을 좇는 몰이꾼 역할을 하였다. '기幾'는 구하다라는 뜻의 구求이다. '사舍'는 사捨자를 빌려 쓴 것이며, 버리다라는 기棄의 뜻이다. '인吝'은 어렵다는 뜻의 난難이며, 흉함에 이르지 않은 것이다.

군자가 사슴을 좇는데, 몰이꾼이 없는데다가 사슴이 숲속으로 들어갔으니 상황은 어렵게 되었다. 군자가 사슴을 좇는 것이 그만두는 것만 못하니, 사슴을 잡으려고 숲속으로 따라 들어가면 사슴을 잡기가 어렵다.

점을 쳐 이 효를 얻은 사람은 '사슴은 이미 숲속으로 들어가 버린' 상황이다. 뒤쫓는 어리석음을 범하지 말라. 멈추는 것이 현명하리라. 일은 하지 않는 것만 못할 것이니, 점에 묻고자 하는 일은 어려울 것이니라.

넷째 음효. 말을 타고 선회하며 혼인을 구함이니, 가면 길하여 이롭지 않음이 없으리라.

六四. 乘馬班如, 求婚媾, 往吉, 无不利.

'반班'은 반般으로 읽으며, 선회하다라는 뜻의 선旋이다. '반여班如'는 선회하는 모양이다. '혼구婚媾'는 혼인婚姻과 같다.

말을 타고 앞으로 나아가지 못하고 망설이며 혼인이 성사되지 않을까 두려워하나, 혼인을 하러 가면 결과는 길하여 혼인이 잘 성사된다.

점을 쳐 이 효를 얻은 사람은 지금 '말을 타고 망설이며 혼인을 구하러 가는' 상황이다. 망설이지 말라. 명문규수천금녀名門閨秀千金女가 기다리고 있을 것이니, 점에 묻고자 하는 일은 길하여 이롭지 않음이 없으리라.

다섯째 양효. 살찐 고기를 쌓아두니, 작은 일의 점은 길하나, 큰일의 점은 흉하리라.

九五. 屯其膏, 小貞吉, 大貞凶.

'준屯'은 모으다라는 뜻의 취聚이며, 여기에서는 쌓아두다라는 뜻으로 사용되었다. '고膏'는 살찐 고기이다. '소정小貞'은 점에 작은 일을, '대정大貞'은 점에 큰일을 묻는 것이다.

군사를 기르고 양식을 비축하여 두니, 나라를 지키고 치안을 유지하는 일에는 길하나, 반역을 꾀하여 천자의 자리를 찬탈하는 일에는 흉하다.

점을 쳐 이 효를 얻은 사람은 지금 '살찐 고기를 쌓아둔' 상황이다. 자신의 역량을 바로 알고, 과대망상에 사로잡히지 말라. 자신의 기량에 걸맞으면 길하나, 허황한 꿈을 꾼다면 패가망신하리라.

꼭대기 음효. 말을 타고 선회하며, 눈물을 줄줄 흘린다.

上六. 乘馬班如, 泣血漣如.

'읍혈泣血'은 눈물을 흘리는 것이며, 비통함이 극에 이른 것이다. '연여漣如'는 연연漣然과 같으며, 눈물을 줄줄 흘리는 모양이다.

말을 타고 가는 것을 망설이며 눈물을 끝없이 흘리고 있으니, 혼인이 성사되지 않아 그 마음 또한 한없이 비통할 것이다.

점을 쳐 이 효를 얻은 사람은 지금 '말을 타고 선회하며 눈물을 줄줄 흘리는' 상황이다. 망설이지 말라. 끝내 눈물을 흘리게 되리라. 점에 묻고자 하는 일은 이루지 못하리라.

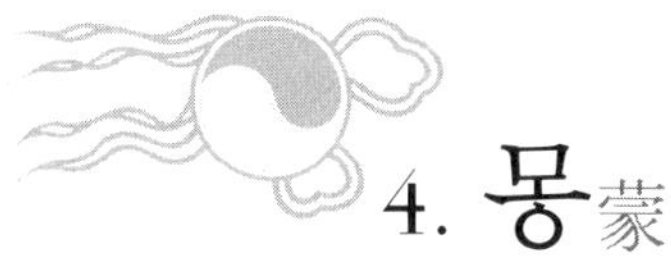

4. 몽蒙

몽. 형통하리니, 내가 동몽에게 가서 점을 치는 것이 아니라, 동몽이
나에게 와서 점을 친다. 처음 점을 치면 알려주고, 두세 번 점을 치면
욕되게 하는 것이니, 욕되게 하면 알려주지 않는다. 이롭다는 점이다.
蒙. 亨. 匪我求童蒙, 童蒙求我. 初筮告, 再三瀆, 瀆則不告. 利貞.

몽괘는 윗괘가 간이고 아랫괘가 감이다. 간은 산이고 감은 물이다.
몽괘의 괘상은 산 아래에 샘물이 나오는 것이다. 산 아래에 샘물이 나
오면, 그 시원은 산에 의해 가려 있어 알 수가 없다. 또 산 아래에 물이
있으니, 사람이 이것을 보고 험한 것에 직면하여 멈추어 서서 억지로
앞으로 나아가지 않는다. 이것은 눈앞의 험한 상황을 자세히 알지 못
하기 때문이다. 몽은 몽매하다는 뜻이다.

괘사에서, '비匪'는 아니다라는 뜻의 비非자를 빌려 쓴 것이다. '아我'

는 점치는 관리이며, '동몽童蒙'은 어리고(童) 몽매한(蒙) 사람, 즉 성왕을 가리킨다. '서筮'는 시초점, 즉 주역점을 가리킨다. '독瀆'은 독續자를 빌려 쓴 것이며, 더럽히다라는 뜻이다. 성왕이 지금은 비록 어려서 몽매하지만 앞길은 밝으니, 형통하다. 내가 동몽에게 가서 점을 치는 것이 아니라 동몽이 나에게로 와서 점을 친다. 점을 치는 주체는 나이다. 동몽이 어떤 일 때문에 처음 와서 점을 보면, 점을 치는 사람은 점을 쳐 길흉을 알려준다. 만약 이 점을 믿지 못하고 의심하여 다시 두세 번 점을 친다면, 점을 욕되게 하는 것이니, 이렇게 되면 점은 올바른 길흉을 가르쳐주지 않는다.

점을 쳐 이 괘를 얻은 사람은 이 괘상과 괘명을 보고 지금은 험한 것에 직면하여 앞으로 나아가지 못하고 짙은 안개 속에 쌓여 있는 때임을 알아야 하리라. 산 아래에 샘물이 나오고 있으니, 그 시원을 알지 못한다. 지금은 모든 것이 어둡고 몽매하나 산골짜기의 샘물이 언젠가는 강을 이루고 바다를 이루듯, 안개가 걷히면 얼마든지 앞으로 나아가 크게 이룰 수 있으므로 형통하리라. 몽매함에서 벗어나 뚜렷한 줏대를 가지고 소신 있게 처신해야 할 것이니, 줏대 없이 남의 말을 듣고 따라 하는 것은 유치함의 극치이다. 마음속에 뚜렷한 신념을 가지고 소신대로 나아갈 것이지, 자꾸 의심하여 망설인다면 이루어지는 바가 없으리라. 점에 묻고자 하는 일은 이로울 것이니라.

처음 음효. 몽매함을 나타내니, 갇힌 사람에게 이로워 족쇄와 수갑을 벗어버리나, 가면 어려울 것이니라.

初六. 發蒙, 利用刑人, 用說桎梏, 以往吝.

'발몽發蒙'은 몽매함을 나타내다라는 말이다. '이용利用'은 이어利於 와 같다. '형인刑人'은 형벌을 받는 죄인, 즉 감옥에 갇힌 사람이다. '열 說'은 벗어버리다라는 뜻의 탈脫로 읽으며, '용탈用說'은 이탈以脫과 같 다. '질桎'은 족쇄이고, '곡梏'은 수갑이다.

'발몽'과 '형인'과 '질곡'은 모두 같은 의미이며, 몽매함에 갇혀 있다 는 것을 나타낸 말이다. 어린 성왕이 몽매하여, 하루속히 몽매함에서 벗어나는 것이 좋으나, 여전히 몽매하여 어렵다.

점을 쳐 이 효를 얻은 사람은 지금 '성왕이 몽매하여 어려운' 상황이 다. 어려움이 뒤따를 것이니, 벗어나고자 하나 여전히 힘들 것이다. 때 를 기다리는 것이 좋으리라. 점에 묻고자 하는 일은 어려울 것이니라.

둘째 양효. 몽매한 사람을 포용하고 있으니, 길하다. 아내를 맞아들이 니 길하다. 아들이 가정을 이루리라.

九二. 包蒙, 吉. 納婦, 吉. 子克家.

'포包'는 마음에 품다라는 뜻의 포抱이다. '몽蒙'은 몽매한 사람, 즉 성 왕을 가리킨다. '포몽包蒙'은 주공이 성왕을 포용하고 있다는 말이며, 주공이 어린 성왕을 도와 섭정하는 것을 가리킨다. '납부納婦'는 자식이 아내를 얻는 것이다. '극克'은 이루다라는 뜻의 성成이다. '극가克家'는 가정을 이루다라는 뜻이다. '납부'나 '자극가'는 모두 주공의 조카인 성 왕의 혼인을 가리켜 말한 것이다.

주공이 어린 성왕을 도와 섭정하고 있으니, 길하다. 주공의 보필을 받아 그 조카인 성왕이 혼인을 하여 가정을 이룬다.

점을 쳐 이 효를 얻은 사람은 지금 '성왕이 아내를 맞아들이고 가정을 이루는' 상황이다. 주위에 좋은 일들만 생기고, 경사가 겹치게 되리라. 점에 묻고자 하는 일은 길하고 또 길하리라.

셋째 음효. 여자에게 장가들지 말라. 높은 지위에 있는 남자를 보고 몸이 없으니, 이로울 것 없으리라.
六三. 勿用取女, 見金夫, 不有躬, 无攸利.

'취取'는 취娶자를 빌려 쓴 것이며, 장가를 가는 것이다. '금金'은 동銅이다. 『주역』 당시는 아직 청동기시대였고, 동은 진귀한 재물이었다. '금부金夫'는 지위가 높은 사람, 즉 성왕을 가리킨다. '궁躬'은 몸이라는 뜻의 신身이다.

높은 지위에 있는 남자를 보고 사족을 못 쓰는 그런 여자에게 장가를 들면 성왕에게 이로울 것이 없다.

점을 쳐 이 효를 얻은 사람은 지금 '성왕이 높은 지위에 있는 남자를 보고 몸이 없는 여자와 혼인해서는 안 되는' 상황이다. 한순간의 선택이 인생을 결정한다. 장차 집안 망치고 인생 망치게 되리라. 점에 묻고자 하는 일은 이로울 것이 없으리라.

넷째 음효. 몽매한 사람이 곤경에 처해 있으니, 어려울 것이니라.
六四. 困蒙, 吝.

'곤몽困蒙'은 몽매한 사람이 곤경에 처해 있다는 말이다. '인吝'은 어렵다는 뜻의 난難이다.

성왕의 숙부들이 난을 일으켜 성왕이 곤경에 처하여, 어렵게 되었다.

점을 쳐 이 효를 얻은 사람은 지금 '몽매한 사람이 곤경에 처해 있는' 상황이다. 무지하여 사리를 분별하지 못하고 또 곤경에 처해 있으니, 점에 묻고자 하는 일은 어려울 것이니라.

다섯째 음효. 어리고 몽매한 사람은 길하리라.

六五. 童蒙, 吉.

'동몽童蒙'은 어리고 아는 것이 없는 사람, 즉 어린 성왕을 가리킨다. 주공이 두 동생의 난을 평정하였으므로 성왕은 길하다.

점을 쳐 이 효를 얻은 사람은 지금 '어리고 몽매한 사람이 길한' 상황이다. 도와주는 사람이 있어 장차 일은 성사될 것이니, 점에 묻고자 하는 일은 길하리라.

꼭대기 양효. 몽매함을 깨뜨리니, 도적이 되면 이롭지 않고, 도적을 막으면 이로울 것이니라.

上九. 擊蒙. 不利爲寇, 利禦寇.

'격몽擊蒙'은 몽매함에서 벗어난다는 뜻이다. '구寇'는 도적이다. '어禦'는 방어하다라는 뜻이다.

성왕이 성인이 되어 친정親政을 하니, 성왕은 백성들을 괴롭히지 말고, 백성들을 지켜주면 이롭다.

점을 쳐 이 효를 얻은 사람은 지금 '성왕이 몽매함에서 벗어나는' 상황이다. 이제 어둡고 힘들었던 상황에서 벗어나, 정도를 걸어야 하리라. 점에 묻고자 하는 일은 이로울 것이니라.

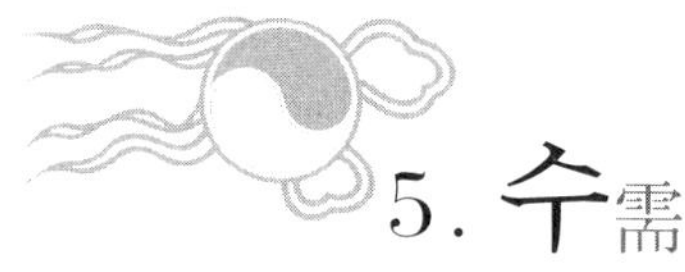

5. 수需

수. 나그네가 얻는 것이 있으니, 크게 형통하리라. 점은 길하다. 큰 내를 건너면 이로울 것이니라.

需. 有孚, 光亨. 貞吉. 利涉大川.

수괘는 윗괘가 감이고 아랫괘가 건이다. 감은 물이며 구름이고 건은 하늘이다. 수괘의 괘상은 구름이 하늘로 올라가는 것이다. 구름이 하늘로 올라가니, 때를 기다리면 비가 올 것이다. 수는 기다리다라는 뜻이다.

괘사에서, '수需'는 유濡의 본 글자이다. '우雨'와 '이而'로 되어 있는데, '이而'는 당연히 천天자가 예서隸書에서 변화된 것이다. 따라서 '수需'는 곧 천우天雨이며, 젖다라는 습濕의 뜻이다. '부孚'는 나그네가 얻은 것이 있다는 것이다. '광형光亨'은 대형大亨 혹은 원형元亨과 같다.

나그네가 얻은 것이 있고, 크게 형통하고, 길한 것은 길을 떠나기 때문
이다. 길을 떠난 나그네가 큰 장애물을 만나 이를 극복하면 이롭다.

점을 쳐 이 괘를 얻은 사람은 이 괘상과 괘명을 보고 지금은 아직 시
기가 무르익지 않았으니 서두르지 말고 참고 기회를 기다릴 때임을 알
아야 하리라. 구름이 하늘로 올라가니, 머잖아 비가 내리는 것처럼 참
고 기다리고 있으면 머지않아 반드시 좋은 결과가 있으리라. 느긋하게
때를 기다리지 못하고 조급하게 험한 것에 뛰어들어 모험을 감행한다
면 불행을 자초하는 일이다. 지긋이 때를 기다리며 다음 일을 준비한
다면 얻는 바가 있어 크게 형통하리니, 점에 묻고자 하는 일은 길하리
라. 어려운 일을 만나 정면 돌파하면 반드시 이루는 것이 있으리라.

처음 양효. 교외에서 젖으나, 그대로 가면 이로워 허물이 없으리라.
初九. 需于郊, 利用恒, 无咎.

'수需'는 젖다라는 뜻의 습濕이다. '교郊'는 고을 밖을 가리키며, 평평
하고 넓은 들이다. '이용利用'은 이어利於와 같다. '항恒'은 항상이라는
뜻의 상常이다.

나그네가 교외의 넓은 들을 걸어가다가 비를 만나 젖으니 비를 피할
곳이 없으나, 멈추지 말고 그대로 걸어가면 비 피할 곳을 만날 수 있으
니, 가는 그대로 가면 좋다.

점을 쳐 이 효를 얻은 사람은 지금 '나그네가 교외에서 비를 만나 젖
는' 상황이다. 비는 종일 오지 않으리니, 어려운 상황을 만나 해오던 그
대로 밀고 나가야 하리라. 점에 묻고자 하는 일은 이로워 허물이 없으

리라.

둘째 양효. 모래밭에서 젖으니, 작은 실수이나 마침내 길하리라.
九二. 需于沙, 小有言, 終吉.

'사沙'는 모래밭이다. '언言'은 건愆자를 빌려 쓴 것이며, 실수라는 뜻
이다. '소유언小有言'은 작은 실수를 저질렀다는 말이다.

나그네가 모래밭을 걸어가다가 모래밭에 고여 있는 물에 빠져 젖으
니, 조그마한 실수이나 아무런 문제가 없다.

점을 쳐 이 효를 얻은 사람은 지금 '나그네가 모래밭에서 젖는' 상황
이다. 작은 실수이나, 두 번 되풀이해서는 안 될 것이니, 점에 묻고자
하는 일은 마침내 길하리라.

셋째 양효. 진흙탕에 빠져 젖으니, 도적을 불러들인다.
九三. 需于泥, 致寇至.

'니泥'는 진흙탕이다. '치致'는 초래하다라는 뜻이다. '구寇'는 도적
이다.

나그네가 진흙탕 속으로 빠져 온몸이 젖었는데, 이런 어려운 환경에
처하여 도적을 불러들인다.

점을 쳐 이 효를 얻은 사람은 지금 '나그네가 진흙탕에 빠져 도적을
불러들이는' 상황이다. 참으로 어려운 환경에 처하리니, 스스로 재앙을

불러들일 것이다. 점에 묻고자 하는 일은 삼가고 또 삼가야 하리라.

넷째 음효. 피투성이가 되어 움혈에서 나오리라.
六四, 需于血, 出自穴.

'수우혈需于血'은 피에 젖는다는 말이다. '혈穴'은 움혈(穴居)이다.
나그네가 도적으로부터 해를 당하여 피투성이가 되어 움혈에서 도
망쳐 나와 마침내 화를 면할 것이다.
점을 쳐 이 효를 얻은 사람은 지금 '나그네가 피투성이가 되어 움혈
에서 나오는' 상황이다. 장차 매우 험하고 흉한 일을 만날 것이나, 다행
히 재난을 모면하리라. 결과가 길한가 흉한가 하는 것은 자신의 마음
을 보고 스스로 판단하라.

다섯째 양효. 술과 음식에 젖으니, 점은 길하리라.
九五. 需于酒食, 貞吉.

'수需'는 젖다라는 뜻의 습濕이다. '정길貞吉'은 '점길占吉과 같다.
나그네가 술과 음식을 취하게 마시고 배불리 먹어 옷이 모두 젖으
니, 자연히 길한 상이다.
점을 쳐 이 효를 얻은 사람은 지금 '나그네가 술과 음식에 젖는' 상
황이다. 진수성찬을 받고, 옷이 젖도록 배불리 먹고 취하게 마실 것이
니, 점에 묻고자 하는 일은 길하리라.

꼭대기 음효. 움혈에 들어가면 청하지 않은 손님 세 사람이 오리니,
이들을 경계하면 마침내 길하리라.
上六. 入于穴, 有不速之客三人來, 敬之, 終吉.

'혈穴'은 움혈(穴居)이다. '속速'은 청하다라는 뜻의 소召이다. '경敬'
은 경계하다라는 뜻의 경儆자를 빌려 쓴 것이다.

나그네가 움혈에 들어가 있는데, 달갑지 않은 손님 세 사람이 오니,
이들을 경계하면 아무 일이 없을 것이나, 경계하지 않으면 또 다시 피
투성이가 되어 움혈을 뛰쳐나가는 일이 일어날 것이다.

점을 쳐 이 효를 얻은 사람은 지금 '불청객 세 사람이 찾아와 이들을
경계해야 하는' 상황이다. 장차 예기치 않은 몇 가지 심각한 문제가 일
어날 것이니, 대수롭게 여기지 말라. 신중히 생각하고 최선을 다해 처
리한다면 마침내 길하나, 가볍게 여기고 경솔하게 처리한다면 문제는
더욱 어려워지리라.

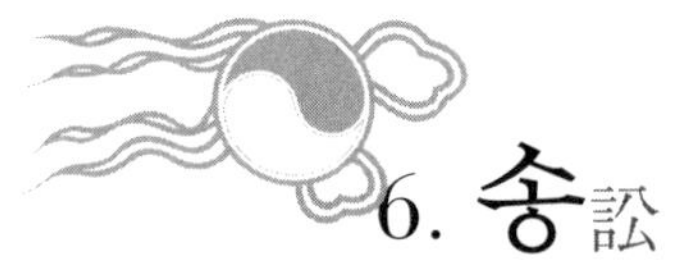

6. 송 訟

송. 송사에서 얻은 것이 있으나 두려워하고 경계해야 하니, 중간은 길하나 끝은 흉하리라. 대인을 만나보는 것이 이로울 것이니라. 큰 내를 건너면 이롭지 않으리라.

訟. 有孚, 窒惕, 中吉終凶. 利見大人. 不利涉大川.

송괘는 윗괘가 건이고 아랫괘가 감이다. 건은 하늘이고 감은 물이다. 송괘의 괘상은 하늘은 위에서 운행하고 물은 아래에서 흘러가니, 하늘과 물이 서로 어긋나게 행하는 것이다. 사람과 사람이 서로 어긋나게 행하면 다툼이 생겨나 송사가 일어난다. 송은 소송하다라는 뜻이다.

괘사에서, '부孚'는 송사에서 얻은 것이 있다는 것이다. '질窒'은 지怪자를 빌려 쓴 것이며, 두려워하다는 뜻의 구懼이다. '척惕'은 경계하다라는 뜻이다. 송사에서 얻은 것이 있으나 이를 두려워하고 경계해야 한다. 송사의 과정에서 중간은 길하나 마침내 흉하다. 대인을 만나 흉한 일에 도움을 청하면 이로울 것이나, 송사는 결국 이롭지 않다.

점을 쳐 이 괘를 얻은 사람은 이 괘상과 괘명을 보고 지금은 매사가 어긋나 다툼이 일어날 것이니 신중히 생각하여 일을 추진해야 할 때임을 알아야 하리라. 하늘과 물이 서로 어긋나게 행하고 있으니, 다른 사람과 의견이 맞지 않아 다툼이 일어날 것이므로 다투지 않도록 각별히 조심을 하되, 다툼이 일어나기 전에 미리 막는 것이 현명하리라. 다툼이 일어나면 서로의 의견에 일치점을 찾지 못해 해결하기가 어려우리라. 이미 운이 쇠하고 있으니 상대를 궁지에 몰아넣어 분노를 불러일으키도록 해서는 안 될 것이며, 다투어도 얻는 바가 없으니 자신을 죽이고 서로 타협하는 것이 현명하리라. 소송에서 내가 이긴다 해도 항상 두려워하고 경계해야 할 것이니, 그 과정에서 중간은 길하나 끝은 흉하리라. 윗사람을 만나 이 흉한 일에 대해 도움을 청하면 이로울 것이니라. 송사에서 이긴다 해도 흉할 것이니, 소송을 하면 결국 이롭지 않으리라.

처음 음효. 송사를 오래가지 않아 그만두니, 조금 과실이 있으나 마침내 길하리라.

初六. 不永所事, 小有言, 終吉.

'사事'는 송사를 가리킨다. '불영소사不永所事'는 송사를 오래가지 않아 중도에서 그만두는 것이다. '언言'은 건愆자를 빌려 쓴 것이며, 과실, 잘못, 실수라는 뜻이다.

한 읍주가 소송하여 결과가 이롭지 않음을 알기 때문에 곧 소송을 그만두니, 비록 조그마한 과실이 있으나 결국은 얻는 것이 있어 결과는 길하다.

점을 쳐 이 효를 얻은 사람은 지금 '송사를 오래가지 않아 그만두는' 상황이다. 승산이 없는 일은 그만두어야 할 것이니, 비록 조그마한 과실이 있으나, 점에 묻고자 하는 일은 마침내 길하리라.

둘째 양효. 소송에 이기지 못하여 돌아가 도망을 가니, 고을사람 삼백 호가 재앙이 없으리라.

九二. 不克訟, 歸而逋, 其邑人三百戶, 无眚.

'극克'은 이기다라는 뜻의 승勝이다. '극송克訟'은 지금의 승소勝訴와 같다. '포逋'는 도망가다라는 뜻의 도逃이다. '생眚'은 재앙이다.

삼백호의 고을사람들이 그 고을을 다스리는 읍주를 왕소王所에 소송을 하였는데, 그가 소송에 지자 고을을 그대로 둔 채 돌아서 도망을 가니, 고을사람 삼백호가 비로소 재앙을 면하게 되었다.

점을 쳐 이 효를 얻은 사람은 지금 '읍주가 소송에 이기지 못하여 도망을 가니, 고을사람 삼백호가 재앙이 없는' 상황이다. 쟁취할 것이니, 자신과 주위 사람들은 재앙을 면하게 되리라. 점에 묻고자 하는 일은 이룰 수 있으리라.

셋째 음효. 옛날의 덕을 꾸미니, 점은 위태로우나 마침내 길하리라.

어떤 사람은 왕의 일을 좇으나 이루는 것이 없으리라.

六三. 食舊德, 貞厲, 終吉. 或從王事, 无成.

'식食'은 식飾자를 빌려 쓴 것이며, 꾸미다라는 수修의 뜻이다. '구덕舊德'은 이전에 이루어놓은 덕을 말한다. '혹或'은 읍주를 가리킨다. '왕사王事'는 소송의 일을 가리킨다.

읍주가 자신이 쌓아놓은 옛 덕을 꾸미나, 점이 위태로운 것은 소송에 졌기 때문이요, 마침내 길한 것은 왕의 일을 따르기 때문이다. 왕의 일을 좇으나 소송에 이기지 못한다.

점을 쳐 이 효를 얻은 사람은 지금 '옛날의 덕을 꾸미고, 왕의 일을 좇으나 이루는 것이 없는' 상황이다. 자화자찬하지 말라. 위태로운 상황을 초래하리니, 머리를 낮추면 마침내 길하리라. 점에 묻고자 하는 일은 이루는 것이 없으리라.

넷째 양효. 소송에 이기지 못하여 돌아오니 왕명이 바뀌었다. 안전을 묻는 점은 길하리라.

九四. 不克訟, 復卽命渝. 安貞吉.

'극克'은 이기다라는 뜻의 승勝이다. '복復'은 돌아오다라는 뜻의 반返이다. '명命'은 왕명이다. '유渝'는 바뀌다, 변하다라는 뜻의 변變이다. '안정安貞'은 점에 안전을 묻는 것이며, 소송에 이기지 못한 자신의 안전에 대해 점을 친 기록이다.

읍주가 왕의 일을 좇았으나, 소송에 이기지 못하여 돌아오니 왕명이 바뀌었는데, 점을 치니 소송에 패하여도 무사하다는 길조를 얻었다.

점을 쳐 이 효를 얻은 사람은 지금 '소송에 이기지 못하였으나 무사한' 상황이다. 장차 위기에 처하나, 주위의 상황이 달라질 것이니, 점에 묻고자 하는 일은 길하리라.

다섯째 양효. 소송은 크게 길하리라.
九五. 訟, 元吉.

'원元'은 크다는 뜻의 대大이다.

읍주가 바뀐 왕명을 좇아 소송을 하여 크게 이겼다.

점을 쳐 이 효를 얻은 사람은 지금 '소송에 크게 이긴' 상황이다. 장차 모두 성취하리니, 점에 묻고자 하는 일은 크게 길하리라.

꼭대기 양효. 왕이 허리띠를 내려주었으나, 하루 동안에 세 번 빼앗아 가리라.
上九. 或錫之鞶帶, 終朝三褫之.

'혹或'은 왕을 가리킨다. '석錫'은 주다라는 뜻의 사賜자를 빌려 쓴 것이다. '반대鞶帶'는 가죽으로 만든 허리띠이다. 대부 이상이 이를 하사받아 사용하였다. '종조終朝'는 '종일終日'과 같다. '치褫'는 빼앗다라는 뜻의 탈奪이다.

읍주가 소송에 크게 이겨 왕이 허리띠를 하사하였으나, 그 공덕을 의심하여 하루 동안 세 번이나 빼앗아간다.

점을 쳐 이 효를 얻은 사람은 지금 '왕이 하사한 허리띠를 다시 빼앗아가는' 상황이다. 집착하지 말라. 기쁨도 잠시요 명예라는 것이 물거품과 같으리니, 점에 묻고자 하는 일은 허황한 물거품과 같으리라.

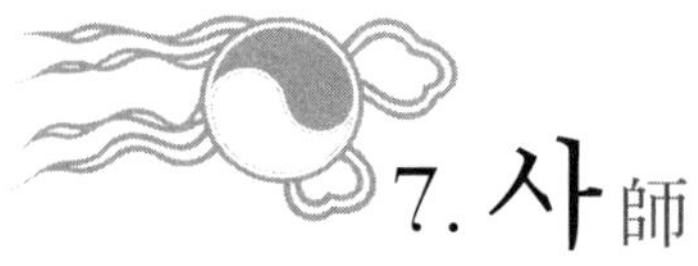

7. 사師

사. 군대를 통솔하는 사람의 점은 길하여 허물이 없으리라.

師. 貞丈人吉, 无咎.

사괘는 윗괘가 곤이고 아랫괘가 감이다. 곤은 땅이고 감은 물이다. 사괘의 괘상은 땅 가운데 물이 있는 것이다. 이것은 땅위에 많은 사람들이 모여 있는 것을 상징한다. 사는 군대, 무리라는 뜻이다.

괘사에서, '장인丈人'은 군대의 총지휘관, 군대를 통솔하는 사람을 가리킨다. 물이 땅 가운데에 모이듯 많은 군사들이 모여 따르니 장인의 점은 길하여 허물이 없다.

점을 쳐 이 괘를 얻은 사람은 이 괘상과 괘명을 보고 지금은 많은 사람들을 포용하고, 나를 도울 수 있는 힘 있는 협력자를 구하며, 항상 새로운 마음을 가지고 다음 일을 진행해야 하리라. 땅 가운데 물이 있

으니, 땅과 물이 서로 떨어지게 되면 제구실을 못하듯 많은 사람들을
모아 땅과 같이 넓은 덕으로 이들을 포용하고 길러야 하리라. 이렇게
하면 많은 사람들이 따르게 되리니, 무리를 이끄는 사람이 되어 길하
여 허물이 없으리라.

처음 음효. 출병은 기율로써 할 것이니, 기율을 지키지 않으면 흉하리라.
初六, 師出以律, 否臧凶.

'사師'는 군대이다. '율律'은 군대의 기율紀律을 말한다. 『백서주역』에
는 '부좀'를 불不로 하였다. '부좀'는 당연히 불不로 읽어야 한다. '장臧'
은 따르다, 지키다라는 뜻의 준遵으로 읽는다.

장인이 출병하는데, 군대는 엄한 군율을 지켜야 한다. 그렇지 않으
면 패한다.

점을 쳐 이 효를 얻은 사람은 지금 '기율을 준수하며 출병하는' 상황
이다. 자신에게 엄격하라. 천도와 인륜에 따라 정도로 행할 것이니, 그
렇지 않으면 흉하리라.

둘째 양효. 중군에 있으면 길하여 허물이 없으리니, 왕이 세 번 명령
을 내리리라.
九二. 在師中, 吉, 无咎. 王三錫命.

'사중師中'은 중군中軍이며, 주장主將, 즉 장인이 있는 곳이다. '삼三'

은 세 번이라는 구체적 횟수를 나타내는 것이 아니라 여러 번이라는 뜻이다. '석錫'은 주다라는 뜻의 사賜자를 빌려 쓴 것이다. '석명錫命'은 왕이 신하에게 내리는 명령이다.

장인이 중군에 있으면 길하여 허물이 없으리니, 왕이 여러 번 명령을 내려 출병을 격려할 것이다.

점을 쳐 이 효를 얻은 사람은 지금 '장인이 중군에 있어, 왕이 여러 번 명령을 내리는' 상황이다. 자신의 위치를 자각하고, 본분을 지켜라. 점에 묻고자 하는 일은 길하여 허물이 없으리라.

셋째 음효. 군대가 혹 수레에 시체를 실으니 흉하리라.

六三. 師或輿尸, 凶.

'여輿'는 수레에 싣는 것이다. '시尸'는 시체라는 뜻의 시屍로 읽는다. '여시輿屍'는 수레에 시체를 싣는 것이다.

군대가 출병하여 많은 사졸들의 시체를 수레에 실으니, 흉하다.

점을 쳐 이 효를 얻은 사람은 지금 '군대가 수레에 시체를 싣는' 상황이다. 신중하고 또 신중하라. 마음에 상처만 입은 채 실패로 끝날 것이니, 점에 묻고자 하는 일은 흉하리라.

넷째 음효. 군대가 왼쪽에 주둔하면 허물이 없으리라.

六四. 師左次, 无咎.

'차次'는 집이란 뜻의 사舍이며, 주둔하다라는 뜻이다.

군대가 주둔을 하되 왼쪽의 지형이 유리하므로 이곳에 주둔하면 허물이 없다. 군대가 왼쪽에 주둔한다는 것은 공간적으로 상대보다 좋은 위치를 점하였다는 말이다. 공간적 조건에서 상대보다 우위를 차지하고 있으니 싸움에 승산이 많으므로 당연히 허물이 없는 것이다.

점을 쳐 이 효를 얻은 사람은 지금 '군대가 왼쪽에 주둔하는' 상황이다. 공간적 조건(지리)이 유리하고, 시간적 조건(천시)이 돕고 있으니, 점에 묻고자 하는 일은 허물이 없으리라.

다섯째 음효. 사냥을 하여 새와 짐승을 잡았다. 왕의 명령을 집행하니 이로워 허물이 없으리라. 지휘관은 군대를 통솔하고, 부관은 수레에 시체를 실으니, 점은 흉하리라.

六五. 田有禽, 利執言, 无咎. 長子帥師, 弟子輿尸, 貞凶.

'전田'은 사냥하다라는 뜻의 엽獵이며, 전쟁에 비유하였다. '유有'는 얻다는 뜻의 득得과 같다. '금禽'은 새와 짐승의 통칭이다. '언言'은 둘째 양효(九二)의 '왕삼석명王三錫命'의 '명命'이다. '집언執言'은 집명執命과 같으며, 왕의 명령을 집행한다는 뜻이다. '장자長子'는 군대를 지휘하는 지휘관을 가리키고, '제자弟子'는 부관을 가리킨다. '수帥'는 거느리다, 통솔하다라는 뜻이다.

왕의 명령을 집행하여 전쟁에서 적을 사로잡았으니 이로워 허물이 없다. 지휘관은 군대를 통솔하여 열심히 싸우고, 부관은 다치고 죽은 사람을 운송하니, 흉하다.

점을 쳐 이 효를 얻은 사람은 지금 '삶과 죽음의 갈림길인 전쟁의 한복판에 있는' 상황이다. 자신의 능력을 과신도 착각도 하지 말라. 소용돌이 속으로 내던져져 내일의 운명을 예측할 수 없으리라. 얻은 것도 있거니와 잃은 바도 크리라.

꼭대기 음효. 대군의 명이 있어 나라를 받고 고을을 받으리라. 소인은 소용이 없다.
上六. 大君有命, 開國承家, 小人勿用.

'명命'은 제후와 대부로 봉하는 명이다. '개국開國'은 제후로 봉해져 나라를 받는 것이고, '승가承家'는 대부로 봉해져 고을을 받는 것이다. '소인小人'은 사졸들을 가리킨다. '물용勿用'은 별 소용이 없다는 말이다.

전쟁에 승리하여 왕이 논공행상을 하는데, '장인'이나 '장자'나 '제자' 등은 땅을 분봉받아 제후가 되거나 대부가 되는데, 사졸들에게는 돌아갈 것이 없다.

점을 쳐 이 효를 얻은 사람은 지금 '논공행상을 받는' 상황이다. 순풍에 돛을 달고 드넓은 바다를 항해하리라. 점에 묻고자 하는 일은 순조롭게 잘 이루어질 것이니라. 공을 세워 땅을 분봉받아 제후가 되고 대부가 되는 것처럼, 명예도 재물도 넉넉히 얻을 수 있으리라. 다만 소인의 위치에 있는 사람이라면 아무런 소득이 없으리라.

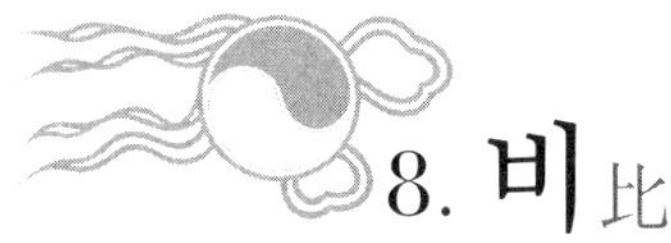

8. 비比

비. 길하리니, 원래의 점은 크게 형통하다. 오랜 기간의 점은 허물이 없으리라. 복속하지 않는 나라에서 조정에 오는데, 뒤에 오는 사람은 흉하리라.

比. 吉. 原筮元(亨). 永貞无咎. 不寧方來, 後夫凶.

비괘는 윗괘가 감이고 아랫괘가 곤이다. 감은 물이고 곤은 땅이다. 비괘의 괘상은 땅위에 물이 있는 것이다. 땅위에 물이 있는 것은 땅위에 많은 사람들이 있는 것이다. 천자는 제후를 분봉하여 이 많은 사람들을 다스리고 나라를 보필하게 해야 한다. 비는 보필하다라는 뜻이다.

괘사에서, '원서原筮'는 몽괘 괘사의 '초서初筮'와 같으며, 처음 점친 것, 즉 원래의 점이다. '서筮'는 시초점, 즉 주역점을 가리킨다. '원元'자 아래에 당연히 형亨자가 있어야 한다. 옮겨 쓰면서 빠뜨렸을 것이다.

'영정永貞'은 영점永占이며, 점에 오랜 기간의 길흉을 묻는 것이다. '녕寧'은 평안하다는 뜻의 안安이다. '방方'은 나라 방邦과 같다. '불영방不寧方'은 평온하지 않는 나라, 즉 복속하지 않는 제후의 나라를 가리킨다. '후부後夫'는 뒤에 오는 사람이다. 왕을 잘 보필하니 길하다. 원래의 점은 크게 형통하니 오랜 기간 동안 허물이 없다. 왕에게 복종하지 않는 제후의 나라에서 조정에 오는데, 늦게 온 사람은 잘 보필하지 못하므로 흉하다.

점을 쳐 이 괘를 얻은 사람은 이 괘상과 괘명을 보고 천하를 얻은 제왕과 같이 많은 사람들을 이끌어가는 자리에서 훌륭한 보필자를 얻어야 하리라. 땅위에 물이 있으니, 물이 땅을 적시어 풍요한 수확이 기대되듯 좋은 보필을 받아 결국 훌륭한 결실을 맺을 것이니, 화평한 내일을 기약할 수 있으리라. 땅과 물이 밀접하듯, 친근한 사람들의 보필을 받아 이들과 함께 화기롭게 힘을 합하여 일을 추진한다면 길하리라. 보필을 받아 더불어 추진하고자 하는 일은 크게 형통하리니 오랜 기간 동안 허물이 없으리라. 함께 일을 도모하면서 복종하지 않는 사람은 함께 보조를 맞추지 못하고 늘 뒤에 처져 따라올 것이니, 이런 사람은 잘 보필하지 못할 것이므로 흉하리라.

처음 음효. 포로를 사로잡으니, 왕을 보필함에 허물이 없다. 노획한 보물이 동이에 가득하고, 마지막에 뜻밖의 환난이 있으나, 길하리라.
初六. 有孚, 比之无咎. 有孚盈缶, 終來有它, 吉.

'부孚'는 부俘의 옛 글자이며, 적으로부터 사로잡은 포로와 노획한 재물을 말한다. '비比'는 보필하다라는 뜻의 보輔이다. '부缶'는 기와그릇이며, 오늘날의 동이이다. '래來'는 어조사이다. '타它'는 뜻밖의 환난을 가리켜 말한 것이다.

출정하여 포로를 사로잡고 노획한 보물이 동이에 가득하며, 뜻밖의 환난이 있으나 아무런 문제가 없으니, 왕을 보필하는 데 허물이 없다.

점을 쳐 이 효를 얻은 사람은 지금 '포로를 사로잡고, 왕을 잘 보필하는' 상황이다. 장차 큰공을 세울 것이니, 얻는 바가 적지 않을 것이니라. 한때 예상외의 위기가 있을 것이나, 별 문제 없으리라. 점에 묻고자 하는 일은 길하리라.

둘째 음효. 안에서 왕을 보필하니, 점은 길하리라.
六二. 比之自內, 貞吉.

'비지자내比之自內'는 신하가 조정 안에서 왕을 보필하는 것이다.

신하가 조정 안에서 왕을 보필하니, 길하다.

점을 쳐 이 효를 얻은 사람은 지금 '신하가 조정 안에서 왕을 보필하는' 상황이다. 안을 충실히 다질 것이니, 점에 묻고자 하는 일은 길하리라.

셋째 음효. 왕을 보필하는데, 그 사람이 아니니, 흉하리라.
六三. 比之匪人, (凶).

『백서주역』에는 '비匪'를 '비非'로 하였다. '비匪'는 아니다라는 뜻의 비非로 읽는다.『석문釋文』에 "'비인匪人'은 왕숙본王肅本에 '비인흉匪人凶'이라 하였다"고 하였는데, '흉凶'자가 있는 것이 맞다. '비인匪人'은 괘사의 후부後夫이며, '비인흉匪人凶'은 곧 후부흉後夫凶이다. '비지비인比之匪人'은 그 사람이 아니다라는 말이니, 즉 왕을 보필하는데, 뒤에 온 그 사람은 아니다라는 말이다.

왕을 보필하는데, 복속하지 않는 나라에서 늦게 온 그 사람은 왕을 잘 보필하는 사람이 아니니, 흉하다.

점을 쳐 이 효를 얻은 사람은 지금 '잘 보필하는 사람이 아닌 사람에게 보필을 받는' 상황이다. 장차 일을 그르칠 것이니, 점에 묻고자 하는 일은 흉하리라.

넷째 음효. 밖에서 왕을 보필하니, 점은 길하리라.
六四. 外比之, 貞吉.

'외비지外比之'는 신하가 조정 밖에서 왕을 보필하는 것이다.

신하가 조정 밖에서 왕을 보필하니, 길하다.

점을 쳐 이 효를 얻은 사람은 지금 '신하가 조정 밖에서 왕을 보필하는' 상황이다. 밖을 충실히 다질 것이니, 점에 묻고자 하는 일은 길하리라.

다섯째 양효. 밝게 보필하니, 왕이 삼면에서 몰아 사냥을 하는데, 앞
면으로 짐승을 놓쳐버렸다. 고을사람들이 놀라지 않으니 길하리라.
九五. 顯比, 王用三驅, 失前禽. 邑人不誡, 吉.

'현顯'은 밝다(光明)는 뜻이다. '현비顯比'는 신하가 왕을 밝게 보필하
는 것이다. '구驅'는 몰다라는 뜻이다. '삼구三驅'는 왼쪽 오른쪽 뒤쪽,
삼면에서 짐승을 모는 것이다. '실전금失前禽'은 열어놓은 앞면으로 짐
승이 도망갔다는 뜻이다. '계誡'는 해駭자를 빌려 쓴 것이며, 놀라다라
는 뜻의 경驚이다.

신하들이 왕을 잘 보필하여 왕이 삼면에서 몰아 짐승을 사냥하는데,
열어놓은 앞면으로 짐승이 도망을 갔다. 짐승을 놓쳐도 고을사람들이
놀라지 않으니, 길하다.

점을 쳐 이 효를 얻은 사람은 지금 '왕이 사냥을 하여 짐승을 놓쳐버
린' 상황이다. 상황 판단을 잘하여 현명하게 처신해야 하리라. 추진하
는 일은 이루기 어려울 것이나, 불똥은 또 다른 곳으로 튀지 않을 것이
니, 점에 묻고자 하는 일은 길하리라.

꼭대기 음효. 왕을 보필하다가 머리가 없으니, 흉하리라.
上六. 比之无首, 凶.

'비지무수比之无首'는 신하가 왕을 보필하다가 멸신의 화를 당하는
것이다.

신하가 왕을 보필하다가 머리가 날아가 화를 당하니, 흉하다.

점을 쳐 이 효를 얻은 사람은 지금 '왕을 보필하다가 머리가 없는' 상황이다. 신중하고 또 신중해야 하리라. 직장에서 퇴출당하거나, 가정에서 이혼 당할 운이다. 점에 묻고자 하는 일은 흉하리라.

9. 소축 小畜

소축괘는 윗괘가 손이고 아랫괘가 건이다. 손은 바람이고 건은 하늘
이다. 소축괘의 괘상은 바람이 하늘 위에서 불고 있는 것이다. 바람이
하늘 위에서 불고 있으니, 비가 오려면 아직 좀더 기다려야 한다. 그
영향이 아직 아래에 미치지 않으니 축적한 것이 적다. 소축은 축적한
것이 적다는 뜻이다.

  괘사에서, '밀운密雲'은 짙은 구름이라는 뜻이다. '서교西郊'는 서쪽
교외이며, 바로 주나라가 있는 곳이다. 당시 은나라는 동쪽에, 주나라
는 서쪽에 있었다. 짙은 구름이 일었으니, 아직 비가 오지 않으나 장차

비가 올 것이다. 주나라 농민이 주나라 하늘에서 짙은 구름이 일어나는 것을 보고 비 오기를 기다리고 있다.

점을 쳐 이 괘를 얻은 사람은 이 괘상과 괘명을 보고 지금은 아직 비가 오지 않아 하늘을 바라보며 비를 기다리듯, 아직 때가 오지 않았으니 때가 올 때까지 참고 견뎌야 하리라. 바람이 하늘 위에서 불고 있으니, 축적한 것이 적어 그 영향이 아직 아래에까지 미치지 않는다. 지금은 뜻대로 일이 잘 진행되지 않을 때이다. 서쪽들에서 짙은 구름이 일어나 이윽고 비가 쏟아질 것이니, 참고 기다리면 반드시 큰 뜻을 이룰 수 있으리라. 점에 묻고자 하는 일은 형통하리라.

처음 양효. 논밭 길에서 돌아오니 무슨 허물이 있겠는가. 길하리라.
初九. 復自道, 何其咎, 吉.

'복復'은 돌아오다라는 뜻의 반返이다. '도道'는 논밭 길이다.

농민이 농사일을 마치고 홀가분한 마음으로 논밭 길을 따라 집으로 돌아오니 허물이 없어 자연히 길하다.

점을 쳐 이 효를 얻은 사람은 지금 '농민이 논밭 길에서 돌아오는' 상황이다. 하루 일을 무사히 마쳤으니, 무슨 허물이 있겠는가! 점에 묻고자 하는 일은 길하리라.

둘째 양효. 끌면서 돌아오니, 길하리라.
九二. 牽復, 吉.

'견牽'은 끌다라는 뜻이다. '견복牽復'은 끌면서 돌아오는 것이다.

농민이 수확한 농작물을 소나 말 등이 끄는 수레에 싣고, 이를 끌면서 돌아오니 길하다.

점을 쳐 이 효를 얻은 사람은 지금 '농민이 수확한 농작물을 수레에 싣고 끌면서 돌아오는' 상황이다. 장차 한 수레 가득 실을 것이니, 점에 묻고자 하는 일은 길하리라.

셋째 양효. 수레에 바퀴살이 떨어져나가니, 부부가 반목하리라.
九三. 輿說輻, 夫妻反目.

'여輿'는 수레(車)이다. '열說'은 이탈하다라는 뜻의 탈脫로 읽는다. '복輻'은 수레의 바퀴살이다. '부처반목夫妻反目'은 남편과 아내가 서로 얼굴을 돌리고 보지 않는 것이다.

농민이 수확한 농작물을 수레에 싣고 이를 끌면서 돌아오다가 수레의 바퀴살이 떨어져나가 부부가 서로 원망한다.

점을 쳐 이 효를 얻은 사람은 지금 '농민이 수레의 바퀴살이 떨어져나가 부부가 반목하는' 상황이다. 떨어져나가고, 등을 돌리게 되고, 모든 것이 어긋나리라. 점에 묻고자 하는 일은 성사되기 어려울 것이니라.

넷째 음효. 포로를 사로잡으니, 근심은 없어졌으나 경계하면 허물이 없으리라.
六四. 有孚, 血去惕出, 无咎.

'부孚'는 사로잡은 포로이다. '혈血'은 휼恤자를 빌려 쓴 것이며, 근심이라는 뜻의 우憂이다. '척惕'은 경계하다(警惕)라는 뜻이다. '출出'은 '거去'의 짝으로 사용하였다.

도적이 와서 농민이 수확한 농작물을 약탈하려는데, 농민이 이들을 사로잡아 약탈당할 근심은 없어졌지만 여전히 도적을 경계해야 한다.

점을 쳐 이 효를 얻은 사람은 지금 '농민이 도적을 사로잡아 근심은 없어졌으나 경계해야 하는' 상황이다. 경계심을 늦추지 말라. 자신을 지키고 얻는 바가 있어 근심이 없어지리라. 점에 묻고자 하는 일은 허물이 없으리라.

다섯째 양효. 포로를 사로잡아 단단히 묶었으니, 이웃과 함께 복을 받는다.

九五. 有孚攣如, 富以其鄰.

'부孚'는 사로잡은 포로이다. '연攣'은 묶다라는 뜻의 계系이다. '연여攣如'는 단단히 묶는 모양이다. '부富'는 복福자를 빌려 쓴 것이다. '이以'는 함께, 더불어라는 뜻의 여與와 같다.

농민이 농작물을 약탈하려는 도적을 사로잡아 단단히 묶고, 이들을 함께 사로잡은 이웃과 더불어 기뻐한다.

점을 쳐 이 효를 얻은 사람은 지금 '농민이 도적을 사로잡아 묶고, 이웃과 더불어 기뻐하는' 상황이다. 더불어 얻는 것이 있어 더불어 기뻐하리니, 기쁨은 배가 되리라. 점에 묻고자 하는 일은 복을 받으리라.

꼭대기 양효. 비는 왔다가 이미 갰으니, 아직 수레에 실을 수 있다. 부
인의 점은 위태하리라. 보름이 지나 군자가 정벌한다면 흉하리라.

上九. 旣雨旣處, 尙德載. 婦貞厲. 月幾望, 君子征凶.

'처處'는 멈추다라는 뜻의 지止이다. 『백서주역』에는 '덕德'을 '득得'
으로 하였다. '덕德'은 '득得'으로 읽는다. '재載'는 싣다라는 뜻이다. 농
작물을 수레에 싣는 것이다. '기幾'는 기旣로 읽으며, 매달 16일에서 23
일까지를 '기망旣望'이라고 하였다.

부인이 농작물을 수레에 싣다가 비가 와서 중지했는데, 비가 갠 후
다시 수레에 농작물을 실었다. 부인의 점이 위태로운 것은 수레에 실
은 농작물을 도적에게 약탈당했기 때문이다. 군자가 약탈한 도적을 정
벌하려는데, 보름이 지난 후에 정벌한다면 흉하다.

점을 쳐 이 효를 얻은 사람은 지금 '부인이 수레에 실은 농작물을 도
적에게 약탈당하여 위태로운' 상황이다. 한순간 어려움에 직면하여 곤
란을 겪을 것이나, 행운이 뒤따를 것이니라. 잃은 것이 있을 것이나,
근심할 필요는 없으리라. 점에 묻고자 하는 일은 때에 맞게 추진하라.
때에 맞지 않게 추진한다면 흉하리라.

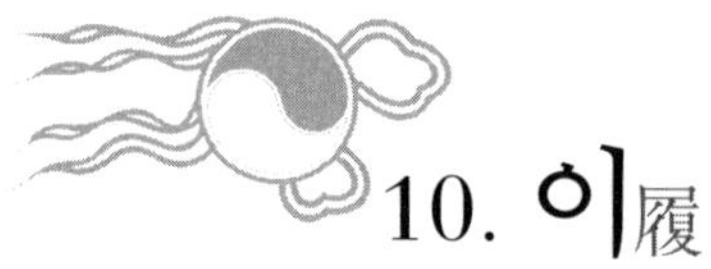

10. 이履

이괘는 윗괘가 건이고 아랫괘가 태이다. 건은 하늘이고 태는 못이다. 이괘의 괘상은 위에는 하늘이고 아래는 못이 있는 것이다. 유순하고 나약한 못이 강건한 하늘 아래에서 그 뜻을 순종하고 따르니 큰 문제가 없다. 이履는 밟는다는 뜻이다.

괘사에서, '이履'는 밟는다는 뜻의 천踐이다. 이것이 파생되어 실천하다, 행하다라는 뜻이 되었다. '호虎'는 곧 무왕을 가리킨다. '질咥'은 물다라는 뜻의 서噬이다. 은나라 주왕이 갈수록 혼란하고 더욱 포악하여 무왕의 출정을 초래하였다. 무왕은 첫 출정에서 천명은 아직 은에 있다고 여겨 군사를 돌려 주나라로 돌아가니, 주왕은 아무런 해를 당하지 않았다.

점을 쳐 이 괘를 얻은 사람은 이 괘상과 괘명을 보고 지금은 자신의 고집을 버리고 순순히 윗사람의 뜻에 따르면 만사가 형통하리라. 못이 하늘 아래에서 그 뜻을 따르고 있으니, 지금은 남보다 앞서 나가면 반드시 위험할 것이며, 자신보다 나은 사람의 뒤를 따르면 위험을 돌파할 수 있으리라. 앞사람들의 성공과 실패를 거울삼아 따르면 좋으리라. 호랑이 꼬리를 밟아 위험한 상황을 자초하였으나, 아무런 해를 당하지 않으니, 하고자 하는 일은 형통하리라.

처음 양효. 평소의 뜻을 행하니, 가면 허물이 없으리라.
初九. 素履, 往, 无咎.

'소素'는 평소, 본래라는 뜻이다. '이履'는 밟는다는 뜻의 천踐이다. '소이素履'는 평소의 뜻을 행한다는 말이다.

무왕이 아버지의 유업을 이어 은을 치겠다는 평소의 뜻을 행하니, 출정하면 은을 정벌할 수 있다.

점을 쳐 이 효를 얻은 사람은 지금 '무왕이 평소의 뜻을 행하는' 상황이다. 평소의 생각대로 추진하면 이룰 수 있을 것이니, 점에 묻고자 하는 일은 허물이 없으리라.

둘째 양효. 밟는 길이 거리낌 없으니, 갇힌 사람의 점은 길하리라.
九二. 履道坦坦, 幽人貞吉.

‘이도履道’는 밟는 길이다. ‘탄탄坦坦’은 거리낌이 없다는 뜻이다. ‘유幽’는 갇히다라는 뜻의 수囚이다. ‘유인幽人’은 갇힌 사람이며, 무왕을 가리킨다.

무왕이 출정하여 행군하는 것이 거리낌이 없으니, 무왕의 출정은 갇힌 호랑이가 산을 만난 것과 같아 길하다.

점을 쳐 이 효를 얻은 사람은 지금 ‘무왕이 행군하는 것이 거리낌이 없는’ 상황이다. 밟는 길이 탄탄하니, 점에 묻고자 하는 일은 길하리라.

셋째 음효. 눈먼 사람이 볼 수 있고, 절름발이가 걸을 수 있으니, 호랑이 꼬리를 밟아 호랑이가 사람을 물어, 흉하리라. 무인이 대군이 되리라.

六三. 眇能視, 跛能履, 履虎尾, 咥人, 凶. 武人爲于大君.

‘묘眇’는 눈먼 것(目盲)이다. ‘파跛’는 절름발이이다. ‘호虎’와 ‘무인武人’과 ‘대군大君’은 모두 무왕을 가리킨다. ‘눈먼 사람’과 ‘절름발이’는 모두 은의 제후국 혹은 신하 혹은 군사들에 비유한 것이다.

은의 제후국 혹은 신하 혹은 군사들이 무왕의 적수가 되지 못하면서 무왕과 싸움하려 하다가, 무왕의 심기를 건드려 궤멸되었다. 무왕이 천자가 되었다.

점을 쳐 이 효를 얻은 사람은 지금 ‘호랑이 꼬리를 밟아 호랑이가 사람을 물은’ 상황이다. 겁 없이 뛰어들다가 위험을 자초하리니, 장차 큰 화를 당하리라. 점에 묻고자 하는 일은 흉하리라.

넷째 양효. 호랑이 꼬리를 밟아 두려워하나, 마침내 길하리라.

九四. 履虎尾, 愬愬, 終吉.

'소愬'는 두려워하다라는 뜻의 구懼이다. '소소愬愬'는 놀라 두려워하는 모양이다.

은의 많은 유민들이 무왕의 심기를 건드려 두려워하나, 마침내 귀속하여 무왕의 환대를 받으니, 길하다.

점을 쳐 이 효를 얻은 사람은 지금 '호랑이 꼬리를 밟아 두려워하는' 상황이다. 두려운 줄 안다면 호랑이의 밥은 되지 않을 것이니, 장차 재앙은 면하리라. 점에 묻고자 하는 일은 길하리라.

다섯째 양효. 유쾌하게 행하나, 점은 위태하리라.

九五. 夬履, 貞厲.

'쾌夬'는 쾌快의 본 글자이며, 유쾌하다, 기뻐하다라는 뜻이다.

무왕이 은을 정벌하고 모든 것을 시원스럽게 처리하나, 좋을 때 자만하지 말고 경계해야 한다.

점을 쳐 이 효를 얻은 사람은 지금 '무왕이 유쾌하게 일을 처리하는' 상황이다. 장차 일을 통쾌하게 처리할 것이나, 자만하지 말고 경계심을 늦추지 말아야 하리라. 점에 묻고자 하는 일은 위태하리라.

꼭대기 양효. 살펴서 행하고, 주도면밀하게 고려하니, 돌아오는 것이
크게 길하리라.
上九. 視履考祥, 其旋元吉.

'시視'는 자세히 살피는 것이다. '고考'는 고려, 고찰하다라는 뜻이다.
'상祥'은 상詳자를 빌려 쓴 것이며, 주도면밀하다는 뜻이다. '선旋'은 돌
아오다라는 뜻의 환還이다.

무왕이 은을 평정한 후, 자세히 살펴서 행하고 주도면밀하게 고려하
여 은의 혼란을 수습한 후 군사를 거두고 주로 개선하였으니, 크게 길
하다.

점을 쳐 이 효를 얻은 사람은 지금 '무왕이 돌아오는 것이 크게 길
한' 상황이다. 장차 뜻한 바를 이루고, 금의환향하리라. 점에 묻고자 하
는 일은 크게 길하리라.

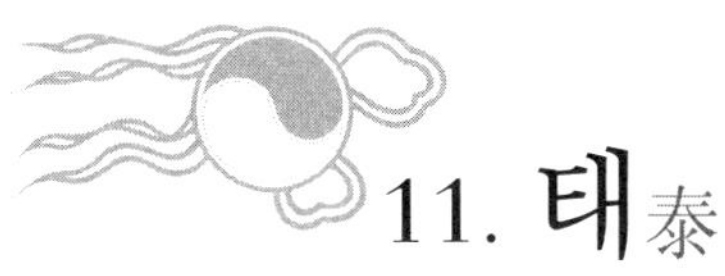

11. 태泰

태. 잃는 것은 적고 얻는 것은 크니, 길하고 형통하리라.

泰. 小往大來, 吉. 亨.

태괘는 윗괘가 곤이고 아랫괘가 건이다. 곤은 땅이고 건은 하늘이다. 땅의 기운(地氣)은 위로 올라가고 하늘의 기운(天氣)은 아래로 내려오니, 하늘과 땅이 서로 교합한다. 태괘의 괘상은 하늘과 땅이 서로 교합하는 것이다. 하늘과 땅이 서로 교합하면 만물은 통한다. 태는 형통하다라는 뜻이다.

괘사에서, '소왕대래小往大來'는 잃는 것은 적고 얻는 것은 크다는 말이다. 은의 군주인 제을이 딸들을 주의 문왕에게 시집보내니, 잃는 것은 적고 얻는 것은 크며, 길하고 만사가 형통하다.

점을 쳐 이 괘를 얻은 사람은 이 괘상과 괘명을 보고 하늘과 땅이 서로 조화를 이루듯 사람들과 좋은 조화를 이루도록 힘써 노력해야 하리라. 하늘과 땅이 교합하고 있으니, 사람들과 잘 화합을 이루면 만사가 형통하리라. 하늘과 땅이 통하는 때이라 잃는 것은 적고 얻는 것은 크니, 일은 제자리에서 안정되어 만족스럽고 길하며, 순풍에 돛을 달고 나아가는 배처럼 만사가 대통하리라.

처음 양효. 띠 뿌리와 그 동류의 것을 뽑으니, 정벌하면 길하리라.
初九. 拔茅茹以其彙, 征吉.

‘모茅’는 띠이다. ‘여茹’는 띠 뿌리이다. ‘모여茅茹’는 곧 띠 뿌리이며, 제을의 딸에 비유한 것이다. ‘이以’는 더불어라는 뜻의 급及이다. ‘휘彙’는 동류라는 뜻의 류類이며, 그 여동생에게 비유한 것이다.

제을이 딸을 문왕에게 시집보내는데 그 여동생도 함께 딸려 보내니, 시집을 보내면 길하다.

점을 쳐 이 효를 얻은 사람은 지금 ‘제을이 딸들을 문왕에게 시집보내는’ 상황이다. 경사스럽고 영광스러운 일이 일어날 것이니, 점에 묻고자 하는 일은 길하리라.

둘째 양효. 큰 박을 묶고 강을 건너니 물에 빠지지 않으며, 죽지 않으니, 도중에서 상을 얻으리라.
九二. 包荒, 用馮河, 不遐遺朋, 朋亡, 得尙于中行.

‘포包’는 포匏자를 빌려 쓴 것이며, 박이라는 뜻의 호瓠이다. ‘황荒’은 크다는 뜻의 대大이다. ‘풍馮’은 빙溤자를 빌려 쓴 것이며, 물에 떠서 강을 건너는 것이다. 큰 박을 허리에 묶어 물에 떠서 강을 건너면 비록 헤엄을 잘 치지 못해도 물에 빠질 염려는 없을 것이다. ‘불하不遐’는 어디에 이르지 않는다는 뜻이다. ‘유遺’는 떨어지다라는 뜻의 추墜이다. 『백서주역』에는 ‘붕망朋亡’을 ‘불망弗忘’으로 하였다. ‘망亡’과 ‘망忘’은 같은 발음 계열이며, 옛날에 통용되었다. ‘불망弗亡’은 죽지 않는다는 뜻이다. ‘상尚’은 상賞자를 빌려 쓴 것이다. ‘행行’은 길이라는 뜻의 도道이다. ‘중행中行’은 곧 중도中道이다.

제을의 딸들이 문왕에게 가는 혼행 도중에 강을 만났는데, 큰 박을 허리에 묶고 무사히 건너 아무 일이 없었다.

점을 쳐 이 효를 얻은 사람은 지금 ‘제을의 딸들이 큰 강을 만나 무사히 건너는’ 상황이다. 어려움과 직면할 것이나, 충분히 극복할 수 있으리라. 점에 묻고자 하는 일은 상을 얻으리라.

셋째 양효. 평평한 것은 기울지 않음이 없고, 간 것은 돌아오지 않음이 없으니, 어려움에 대한 점은 허물이 없다. 빼앗긴 것은 근심하지 말라. 먹음에 복이 있으리라.

九三. 无平不陂, 无往不復, 艱貞无咎. 勿恤其孚, 于食有福.

‘피陂’는 기울다라는 뜻의 파坡, 경傾이다. ‘복復’은 돌아오다라는 뜻의 반返이다. ‘간정艱貞’은 점에 어려움을 묻는 것이다. ‘휼恤’은 근심이라는 뜻의 우憂이다. ‘부孚’는 부俘의 옛 글자이며, 빼앗긴 것이다.

제을의 딸들이 문왕에게 가는 혼행 도중에 어려움을 만났는데, 그 어려움은 곧 해결되며, 이에 대해 점을 치니 허물이 없다. 그 어려움의 내용은 누구에게 무엇인가를 빼앗긴 것인데, 근심할 필요 없이 잘 해결되며, 혼행 도중 먹는 것은 아무런 문제가 없다.

점을 쳐 이 효를 얻은 사람은 지금 '제을의 딸들이 어려움을 만난' 상황이다. 자연의 법칙은 가면 돌아오고, 돌아오면 다시 간다. 어려움은 가고 곧 평탄함이 올 것이니, 점에 묻고자 하는 일은 허물이 없으리라.

넷째 음효. 잘난 체하다가, 이웃과 재난을 당하였으니, 경계하지 않아 빼앗긴 것이다.

六四. 翩翩, 不富以其鄰, 不戒以孚.

'편편翩翩'은 편편諞諞을 빌려 쓴 것이며, 호언장담하다, 잘난 체하다 라는 뜻이다. '부富'는 복福자를 빌려 쓴 것이며, '불복不福'은 곧 재난을 당하다라는 뜻이다. '이以'는 더불어라는 뜻의 여與와 같다. '인鄰'은 함께 혼행하는 사람들을 가리킨다. '부孚'는 빼앗긴 것이다.

제을의 딸들이 혼행 도중 누구에게 무엇인가를 빼앗겼는데, 이것은 일행이 방심하여 경계하지 않아 빼앗긴 것이다.

점을 쳐 이 효를 얻은 사람은 지금 '제을의 딸들이 자만하다가 함께 재난을 당한' 상황이다. 잘난 체하지 말라. 화를 당하리라. 자만은 금물 이니, 경계심을 늦추지 말라.

다섯째 음효. 제을이 딸을 시집보내는데, 복이 있으니, 크게 길하리라.

六五. 帝乙歸妹, 以祉, 元吉.

'제을帝乙'은 은의 마지막 왕인 주紂의 아버지이다. '귀歸'는 시집가다라는 뜻의 가嫁이다. '매妹'는 소녀의 통칭이다. '지祉'는 복福이다. '이지以祉'는 유복有福과 같다.

제을의 딸들이 혼행을 마치고 드디어 주나라 문왕에게 시집을 가서 그 비가 되었으니, 복을 얻어 크게 길하다. 당시 주는 은의 신하의 나라였으나, 문왕은 덕이 있어 천하가 그를 따랐다.

점을 쳐 이 효를 얻은 사람은 지금 '제을이 딸들을 문왕에게 시집보내어 복이 있는' 상황이다. 장차 일은 성사되어 복을 받을 것이니, 점에 묻고자 하는 일은 크게 길하리라.

꼭대기 음효. 성이 구덩이로 무너졌으나, 출병하지 말라고 고을에서 명을 알린다. 점은 어려울 것이니라.

上六. 城復于隍, 勿用師, 自邑告命, 貞吝.

'복復'은 복覆으로 읽으며, 기울어 넘어지다라는 뜻이다. '황隍'은 성 아래의 구덩이(溝)이다. 물이 없으면 황隍이라 하고, 물이 있으면 지池라 한다. '정린貞吝'은 점린占吝과 같다.

문왕에게 시집간 제을의 딸들이 무슨 연고로 친정으로 쫓겨났는데, 종주국이었던 은의 입장에서 성이 무너지는 것과 같은 충격이었다. 은 이 곧 군사를 일으켜 주를 치고자 하였으나 제을이 출병을 막았다. 이 후 은과 주의 관계는 어렵게 되었다.

점을 쳐 이 효를 얻은 사람은 지금 '혼사가 파경에 이르러 일촉즉발의 위태로운' 상황이다. 무너지고 막혀 있으니, 몸을 낮추고 근신하는 것이 좋으리라. 점에 묻고자 하는 일은 어려울 것이니라.

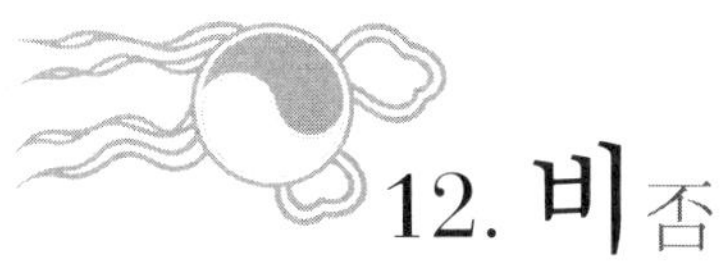

12. 비否

비. 막혀야 할 것은 그 사람이 아니니, 군자의 점은 이롭지 않으리라.
잃는 것은 크고 얻는 것은 적으리라.
否之匪人, 不利君子貞. 大往小來.

비괘는 윗괘가 건이고 아랫괘가 곤이다. 건은 하늘이고 곤은 땅이
다. 하늘의 기운(天氣)은 아래로 내려오지 못하고 땅의 기운(地氣)은 위
로 올라가지 않으니, 하늘과 땅이 서로 교합하지 않는다. 비괘의 괘상
은 하늘과 땅이 서로 교합하지 않는 것이다. 하늘과 땅이 서로 교합하
지 않으면 만물은 막힌다. 비는 막히다라는 뜻이다.

괘사에서, '비否'는 막히다라는 뜻의 폐閉, 색塞이다. '비匪'는 아니다
라는 뜻의 비非로 읽는다. '비지비인否之匪人'은 당연히 막혀야 하지 않
을 사람이 막혀 있다는 것이다. '군자'는 문왕을 가리키며, 바로 막혀

있는 사람이다. 제을의 딸들이 친정으로 쫓겨 간 후, 막혀야 할 사람은 문왕이 아닌데 문왕이 막혀 있으니, 문왕에게는 이롭지 않다. 제을과 문왕 모두가 잃는 것은 크고 얻는 것은 적다.

점을 쳐 이 괘를 얻은 사람은 이 괘상과 괘명을 보고 지금은 세상이 막혀 의기義氣가 통하지 않고 있으니 은인자중할 때임을 알아야 하리라. 하늘과 땅이 서로 교합하지 않으니, 만물은 막혀 있다. 만물이 막혀 통하지 않으니 운명도 막혀 통하지 않는다. 조용히 근신하며 때를 기다려 이 막혀 있는 시기를 무사히 넘겨야 하리라. 지금 막혀 있는 이 절박한 시기에 잃는 것은 크고 얻는 것은 적으니, 점에 묻고자 하는 일은 이롭지 않으리라.

처음 음효. 띠 뿌리와 그 동류의 것을 뽑으니, 점은 길하고 형통하리라.
初六. 拔茅茹以其彙, 貞吉, 亨.

'모茅'는 띠이다. '여茹'는 띠 뿌리이다. '모여茅茹'는 곧 띠 뿌리이며, 제을의 딸에 비유한 것이다. '이以'는 더불어라는 뜻의 급及이다. '휘彙' 는 동류라는 뜻의 류類이며, 그 여동생에게 비유한 것이다.

문왕이 제을의 딸들을 친정으로 쫓아 보내니, 길하고 형통하다.

점을 쳐 이 효를 얻은 사람은 지금 '문왕이 제을의 딸들을 친정으로 내치는' 상황이다. 달갑지 않은 요소는 당연히 제거해야 할 것이니, 점에 묻고자 하는 일은 길하고 형통하리라.

158

둘째 음효. 경계하는 마음을 품고 있으니, 소인은 길하나, 대인은 막힌다. 형통하리라.

六二. 包承, 小人吉, 大人否. 亨.

'포包'는 마음에 품다라는 뜻의 포抱이다. '승承'은 징懲자를 빌려 쓴 것이며, 경계하다라는 뜻의 계戒이다. '소인'은 문왕을, '대인'은 제을을 가리킨다. 당시 주나라는 은나라의 제후국이었고, 문왕은 제을의 신하였다. '비否'는 막히다라는 뜻의 폐閉이다.

문왕이 제을의 딸들을 친정으로 내치고 은나라에 대해 경계하는 마음을 품고 있으니, 문왕은 길하나 제을은 막힌다. 제을의 딸들을 내친 문왕은 형통하다.

점을 쳐 이 효를 얻은 사람은 '제을의 딸들을 내친 문왕이 경계하는 마음을 품고 있는' 상황이다. 경계하기를 게을리 하지 말라. 점에 묻고자 하는 일은 길하고 형통하리라.

셋째 음효. 수치스러운 마음을 품는다.

六三. 包羞.

'포包'는 마음에 품다라는 뜻의 포抱이다. '수羞'는 수치羞恥의 수羞로 읽는다.

딸들이 친정으로 쫓겨오니 제을이 가슴속에 수치심을 품고 있다.

점을 쳐 이 효를 얻은 사람은 '제을이 수치스러운 마음을 품고 있는'

상황이다. 장차 욕을 당하리니, 수치스러울 것이다. 점에 묻고자 하는
일은 이루기가 어려울 것이니라.

넷째 양효. 대군의 명이 있으니, 허물이 없으리라. 누가 복을 받겠
는가?
九四. 有命, 无咎, 疇離祉.

'유명有命'은 대군의 명, 즉 제을의 명이다. '주疇'는 누구라는 수誰의
뜻이다. '이離'는 라羅와 같으며, 받는다는 뜻이다. '지祉'는 복福이다.
　제을이 주나라를 치겠다는 명을 내렸으니 종주국인 은나라가 체면
을 세웠다. 누가 대군의 명을 받들어 주를 치겠는가?
　점을 쳐 이 효를 얻은 사람은 지금 '제을이 주를 치라는 명을 내린'
상황이다. 장차 일촉즉발의 위태로운 형국을 만날 것이나, 자존심은
찾을 것이다. 점에 묻고자 하는 일은 허물이 없으리라.

다섯째 양효. 막힐 것을 두려워하니, 대인은 길하리라. 주나라를 망하
게 할 것이라고 말하나, 무성한 뽕나무에 묶어놓은 것과 같이 견고하
리라.
九五. 休否, 大人吉. 其亡其亡, 繫于苞桑.

'휴休'는 두려워하다는 뜻의 출恤과 같다. '비否'는 막히다라는 뜻의
폐閉이다. '대인'은 제을을 가리킨다. '기其'는 주나라를 가리킨다. '기

망기망其亡其亡'은 주나라를 망하게 하겠다는 말이다. '계繫'는 묶어놓다라는 뜻이다. '포苞'는 무성하다라는 뜻의 무茂이다. '계우포상繫于苞桑'은 무성한 뽕나무에 묶어두었다는 말이며, 이것은 안정되고 견고한 것에 비유한 말이다.

제을이 비록 주나라를 정벌하겠다는 명을 내렸으나, 나라간의 관계가 막힐 것을 두려워하니 길하다. 제을이 주나라를 망하게 할 것이라고 말하나, 두 나라의 관계는 무성한 뽕나무에 묶어놓은 것과 같이 견고하다.

점을 쳐 이 효를 얻은 사람은 지금 '무성한 뽕나무에 묶어놓은 것과 같이 견고한' 상황이다. 비 온 후 땅은 더욱 굳어지리니, 생각과 현실은 서로 어긋날 것이나, 점에 묻고자 하는 일은 길하리라.

꼭대기 양효. 잠깐 막히니, 먼저 막히나 뒤에는 기쁘리라.
上九. 傾否, 先否後喜.

'경傾'은 아주 짧은 순간이라는 뜻의 경頃자를 빌려 쓴 것이다. '비否'는 막히다라는 뜻의 폐閉이다.

제을의 딸들이 친정으로 쫓겨 온 후, 두 나라 사이는 한순간 악화되었지만 곧 좋은 관계로 되돌아갔다.

점을 쳐 이 효를 얻은 사람은 지금 '막힌 것이 뚫린' 상황이다. 강풍은 아침나절 줄곧 불 수 없고, 폭우는 종일 퍼붓지 않으리라. 잠깐 막힐 것이나 곧 해결될 것이니, 점에 묻고자 하는 일은 기쁠 것이니라.

13. 동인同人

동인괘는 윗괘가 건이고 아랫괘가 리이다. 건은 하늘이고 리는 불이
다. 동인괘의 괘상은 하늘과 불이 함께 하는 것이다. 건은 임금이고 리
는 신하와 백성이다. 임금은 위에 있고 신하와 백성은 아래에 있으니,
임금이 신하와 백성들을 모으는 상이다. 동인은 많은 사람들을 모은다
는 뜻이다.

괘사에서, '동同'은 모으다라는 뜻의 취聚이다. '동인同人'은 많은 사
람들을 모으는 것(聚衆)이다. '야野'는 교외이다. 읍외邑外를 교郊라 하
고, 교외郊外를 야野라 한다. 적이 침입하여 왕이 많은 사람들을 들에

모으니 모두가 이를 따르므로 앞으로 전개되는 일은 형통하다. 적과
일전을 불사한다면 이롭다. 전쟁에서 결국 승리하므로 군자의 점은 이
롭다.

점을 쳐 이 괘를 얻은 사람은 이 괘상과 괘명을 보고 지금은 무슨 일
이든 혼자 행하지 말 것이며 뜻이 맞는 사람들을 모아 서로 협력하여
일을 추진해야 하리라. 하늘로 불길이 타올라 하늘과 불이 서로 호응
하고 있으니, 좋은 동업자를 모아 사심 없이 협력한다면 일이 번성하
여 분명히 성공할 수 있을 것이니, 만사가 형통하리라. 위기에 직면하
여 정면 돌파하라. 점에 묻고자 하는 일은 이로울 것이니라.

처음 양효. 많은 사람들을 왕문에 모으니, 허물이 없으리라.
初九. 同人于門, 无咎.

'동인同人'은 많은 사람들을 모으는 것(聚衆)이다. '문門'은 왕문王門
을 가리킨다. '동인우문同人于門'은 나라에 큰 일이 있어 왕이 백성들을
왕문에 불러 모은다는 말이다.

적이 침입하자 왕이 백성들을 왕문에 모아놓고 이 사실을 알리고,
물러서지 않고 싸우겠다는 의지를 밝히니, 백성들은 의기투합하여 전
의를 불태운다. 국난을 당해 상하가 하나로 뭉쳤으니 허물이 없다.

점을 쳐 이 효를 얻은 사람은 지금 '왕이 많은 사람들을 왕문에 모으
는' 상황이다. 뜻이 맞는 사람들과 의기투합하여 전의를 불태우니, 전
도는 양양하리라. 점에 묻고자 하는 일은 허물이 없으리라.

둘째 음효. 많은 사람들을 종묘에 모으나, 어려울 것이니라.

六二. 同人于宗, 吝.

'동인同人'은 많은 사람들을 모으는 것(聚衆)이다. '종宗'은 종묘이다. '인吝'은 어렵다는 뜻의 난難이다.

적이 침입하자 왕이 사람들을 종묘에 모아놓고, 조상에 제사를 올리며 출정을 고하나, 앞으로의 전쟁은 힘들 것이다.

점을 쳐 이 효를 얻은 사람은 지금 '왕이 많은 사람들을 종묘에 모으는' 상황이다. 비장한 각오를 다져야 할 것이니, 정면 돌파하는 것 외에 다른 방법이 없으리라. 점에 묻고자 하는 일은 어려울 것이니라.

셋째 양효. 복병을 풀숲에 숨겨두었으나, 높은 언덕에 올라갔으니, 삼년 동안 일어나지 못하리라.

九三. 伏戎于莽, 升其高陵, 三歲不興.

'복伏'은 매복埋伏이다. '융戎'은 병졸(兵)이다. '망莽'은 풀숲이다. '승升'은 오르다라는 뜻의 등登이다. '능陵'은 언덕이다. '삼三'은 구체적인 햇수를 말한 것이 아니라 오랫동안이라는 뜻이다.

출병하여 복병을 풀숲 속에 매복시켜두었는데, 어느 한 군졸이 높은 언덕에 올라가 적에게 발각되어 크게 패하니, 오랫동안 일어나지 못한다.

점을 쳐 이 효를 얻은 사람은 지금 '출병하여 적에게 크게 패한' 상황이다. 허술하고 얕은 수는 통하지 않을 것이니, 피해는 회복하기 힘들 것이니라. 점에 묻고자 하는 일은 오랫동안 일어나지 못하리라.

넷째 양효. 적이 성벽에 올라왔으나, 아직 성은 함락되지 않았으니, 공격하면 길하리라.

九四. 乘其墉, 弗克, 攻吉.

'승乘'은 오르다라는 뜻의 등登이다. '용墉'은 성벽(城墙)이다. '극克'은 성을 함락하는 것이다.

적이 이미 우리 성벽까지 올라왔지만 아직 성은 함락되지 않았으니, 적을 공격하면 길하다.

점을 쳐 이 효를 얻은 사람은 지금 '적이 우리 성벽에 올라오는 위급한' 상황이다. 결코 포기하지 말라. 최후의 일각까지 고전 분투해야 하리라. 점에 묻고자 하는 일은 장차 전화위복이 되어 길하리라.

다섯째 양효. 많은 사람들이 모여 먼저 울부짖다가 뒤에는 웃으리라. 대군이 적을 이겨 서로 만나게 되리라.

九五. 同人先號咷而後笑. 大師克, 相遇.

'호도號咷'는 큰 소리로 울부짖는 것이다. '대사大師'는 주력군, 즉 원병이다. '극克'은 이기다라는 뜻의 승勝이다. '상우相遇'는 원병과 서로 만나는 것이다.

성이 함락되어 많은 사람들이 모여 큰 소리로 울부짖다가, 원병이 때에 맞게 도착하여 적을 물리치고 서로 만나게 되었으니, 뒤에는 웃는다.

점을 쳐 이 효를 얻은 사람은 지금 '먼저 울부짖다가 뒤에는 웃는' 상황이다. 기사회생할 것이니, 괴로운 상황은 반드시 반전되리라. 점에 묻고자 하는 일은 먼저는 울다가 뒤에는 웃으리라.

꼭대기 양효. 많은 사람들을 교외에 모으니, 뉘우침이 없으리라.

上九. 同人于郊, 无悔.

'교郊'는 고을 밖의 땅이다. 옛날사람들은 교외에서 하늘에 제사를 지냈으므로, 이 제사 또한 '교郊'라고 하였다.

전쟁에 승리하여 왕이 많은 사람들을 교외에 모으고 승리를 자축하며 하늘에 감사의 제사를 올리니, 뉘우침이 없다.

점을 쳐 이 효를 얻은 사람은 지금 '왕이 많은 사람들을 교외에 모으는' 상황이다. 온갖 시련을 겪고 마침내 뜻을 이룰 것이니, 점에 묻고자 하는 일은 뉘우침이 없으리라.

14. 대유大有

대유괘는 윗괘가 리이고 아랫괘가 건이다. 리는 불이고 건은 하늘이다. 대유괘의 괘상은 불이 하늘에 있는 것이다. 리는 밝게 살피는 것이고 건은 임금이다. 불이 하늘에 있다는 것은 임금이 밝게 살핀다는 것이다. 임금이 밝게 살피면 나라의 모든 것이 반듯하게 제자리에 있게 되어 국가는 창성하고 문물은 풍성하게 된다. 대유는 소유하는 것이 많다는 뜻이다.

괘사에서, 옛날사람들은 풍년을 일러 '유有'라 하였고, 대풍년을 일러 '대유大有'라고 하였다. 하늘의 도를 밝게 살펴 사계절에 따라 알맞는 일을 행한다면 장차 대풍년이 들어 모든 것이 넉넉할 것이니 크게 형통하다.

점을 쳐 이 괘를 얻은 사람은 이 괘상과 괘명을 보고 지금은 기력이 강하고 운세가 왕성할 때이니 마침 찾아온 이 좋은 기회를 놓치지 말아야 하리라. 하늘에 태양이 빛나고 있으니, 하고자 하는 일들은 거의 뜻대로 이루어질 것이다. 그러나 태양은 머지않아 기우는 법, 내일이 있음을 믿지 말고 태양이 서산으로 넘어가기 전 강한 기력과 성한 운세를 가지고 적극적으로 행동한다면 사업은 번성하리라. 때는 사람을 기다려주지 않는다. 풍요로울 것이니, 점에 묻고자 하는 일은 크게 형통하리라.

처음 양효. 서로 해를 끼치는 것이 없으니, 허물이 아니다. 어려움에 처하여도 허물이 없으리라.

初九. 无交害, 匪咎. 艱則无咎.

'교해交害'는 서로 해치는 것(相害)이다. '비匪'는 아니다는 뜻의 비非자를 빌려 쓴 것이다. '간艱'은 어렵다는 뜻의 난難과 같다.

농민들이 농사를 지으면서 서로 해를 끼치는 일이 없으니, 어려움에 처한다 해도 서로가 도울 수 있어, 허물이 없다.

점을 쳐 이 효를 얻은 사람은 지금 '서로 해를 끼치는 것이 없는' 상황이다. 서로 피해를 주지 않고 도움을 주고받을 것이니, 점에 묻고자 하는 일은 허물이 없으리라.

둘째 양효. 큰 수레에 싣고, 갈 곳이 있으니, 허물이 없으리라.

九二. 大車以載, 有攸往, 无咎.

'대거大車'는 큰 수레이다. '재載'는 싣다라는 뜻이다. '유攸'는 곳이라는 뜻의 소所이다.

농민이 수확한 농작물을 큰 수레에 가득 싣고 이를 끌고 집으로 돌아가는 풍년의 풍경이다.

점을 쳐 이 효를 얻은 사람은 지금 '농민이 큰 수레에 가득 싣고 집으로 돌아가는' 상황이다. 장차 한 수레에 가득 기쁨을 싣고 집으로 돌아가리니, 점에 묻고자 하는 일은 허물이 없으리라.

셋째 양효. 공후가 천자의 향연을 받으나, 소인은 받을 수 없으리라.

九三. 公用亨于天子, 小人弗克.

'공公'은 신하를 가리킨다. '형亨'은 곧 '향享'자이다. '향享'은 당연히 향饗으로 읽어야 하며, 향연饗宴, 연회宴會라는 뜻이다. '소인小人'은 농민을 가리킨다. '불극弗克'은 '불능不能'과 같으며, 소인은 향연을 받을 수 없다는 뜻이다.

풍년이 들어 천자가 군신을 청하여 향연을 베푸는데, 농민들은 그 향연을 받을 수 없다.

점을 쳐 이 효를 얻은 사람은 지금 '공후가 천자의 향연을 받는' 상황이다. 장차 영광스런 일이 있을 것이니, 점에 묻고자 하는 일은 크게 형통하리라. 소인의 위치에 있는 사람은 이룰 수 없으리라.

넷째 양효. 절름발이를 배제하니, 허물이 없으리라.
九四. 匪其彭, 无咎.

'비匪'자는 비非자를 빌려 쓴 것이며, 배제하다라는 뜻이다. '팽彭'은
왕尪자를 빌려 쓴 것이며, 절름발이라는 뜻이다.

다리를 저는 사람은 다리가 바르지 못하며 걸음걸이 또한 바르지 못
하니, 힘든 농사일에는 적합하지 않으므로 이를 배제하면 좋다.

점을 쳐 이 효를 얻은 사람은 지금 '농사일에 절름발이를 배제하는'
상황이다. 사람을 적재적소에 부릴 것이니, 적합하지 않는 사람은 배
제해야 마땅하리라. 점에 묻고자 하는 일은 허물이 없으리라.

다섯째 음효. 포로를 단단히 묶었는데 기세가 등등하나, 길하리라.
六五. 厥孚交如威如, 吉.

'궐厥'은 기其와 같다. '부孚'는 부浮의 옛 글자이며, 사로잡은 포로나
노획한 재물을 가리킨다. '교交'는 묶다라는 뜻의 교絞와 같으며, '교여交
如'는 포로를 단단히 묶는 모양이다. '위여威如'는 기세가 등등한 모양
이다.

농작물을 약탈하려는 도적을 사로잡아 단단히 묶었는데, 그 포로의
기세가 등등하여 굴복하지 않으나, 도적을 사로잡아 약탈당한 것이 없

으므로 길하다.

점을 쳐 이 효를 얻은 사람은 '도적을 사로잡아 단단히 묶는' 상황이
다. 항상 미연에 방지하라. 피해당하지 않을 것이니라. 점에 묻고자 하
는 일은 길하리라.

꼭대기 양효. 하늘이 도우니, 길하여 이롭지 않음이 없으리라.

上九. 自天祐之, 吉, 无不利.

'우祐'는 우佑와 같으며, 돕다라는 조助의 뜻이다.

풍년이 든 것은 하늘이 내려준 복이니, 길하여 이롭지 않음이 없다.

점을 쳐 이 효를 얻은 사람은 지금 '하늘이 돕고 있는' 상황이다. 하
늘은 스스로 돕는 자를 돕는다. 점에 묻고자 하는 일은 하늘이 도우니
길하여 이롭지 않음이 없으리라.

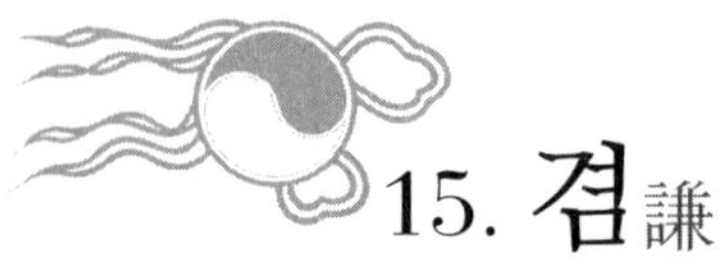

15. 겸謙

겸. 형통하리니, 군자는 좋은 결과가 있으리라.

謙. 亨. 君子有終.

겸괘는 윗괘가 곤이고 아랫괘가 간이다. 곤은 땅이고 간은 산이다. 겸괘의 괘상은 땅속에 산이 있는 것이다. 땅은 낮고 산은 높다. 땅속에 산이 있다는 것은 안으로는 높으나 밖으로는 낮다는 것이다. 재능은 높으나 스스로 찬양하지 아니하고, 덕은 높으나 스스로 자랑하지 아니하고, 공은 높으나 스스로 자처하지 아니하고, 명예는 높으나 스스로 칭찬하지 아니하고, 자리는 높으나 스스로 오만하지 아니하고, 부는 높으나 스스로 과시하지 아니하는 것들이 안으로는 높으나 밖으로는 낮다는 것이다. 겸은 겸허하다는 뜻이다.

괘사에서, '종終'은 좋은 결과가 있다는 것을 말한다. 사람이 겸허하면 만사가 형통하리니, 군자는 행함에 좋은 결과가 있으리라.

점을 쳐 이 괘를 얻은 사람은 이 괘상과 괘명을 보고 도덕과 예절을 숭상하여 한없이 겸허하고 낮은 곳에 처해야 할 것이니, 자신의 재능을 너무 과신하거나 욕심을 부리거나 교만해서는 안 되리라. 높은 산이 낮은 땅 아래에 있으니, 산의 겸허한 미덕을 본받아 한없이 머리를 숙이고 겸허하게 살아가야 할 때이다. 익은 벼가 고개를 숙이는 것은 속이 가득 차서 장차 그 결실을 사람들에게 나누어주기 위함이다. 익은 사람일수록 그 태도는 겸허해야 할 것이니, 산은 자신을 깎아 낮은 땅을 메워주듯 자신의 많은 것을 덜어내어 다른 사람들의 모자라는 것을 채워주도록 노력해야 하리라. 사람이 이와 같이 겸허하게 행한다면 만사가 형통하리니, 군자는 복을 받아 좋은 결과가 있으리라.

처음 음효. 겸허하고 또 겸허하니, 군자는 큰 내를 건너면 이롭고, 길하리라.

初六. 謙謙, 君子用涉大川, 吉.

'겸겸謙謙'은 겸허하고 또 겸허하다는 말이다. '용用'은 이利와 같다. '섭涉'은 물을 건너다(渡水)는 뜻이다.

군자가 겸허하고 또 겸허하니, 큰 내를 건너면 화를 당하지 않고 무사히 건널 수 있어 이롭고, 길하리라.

점을 쳐 이 효를 얻은 사람은 지금 '군자가 겸허하고 또 겸허한' 상황이다. 자신을 낮추어라. 교만하지 말라. 어려움에 처하여도 무사히 넘을 수 있을 것이니, 점에 묻고자 하는 일은 길하리라.

둘째 음효. 명성은 있으나 겸허하니, 점은 길하리라.

六二. 鳴謙, 貞吉.

'명鳴'은 명성이라는 뜻의 명名이다. '명겸鳴謙'은 명성이 있으나 겸허한 것이다.

이름을 널리 떨쳐 명성이 있으나, 스스로 감당할 수 없다고 여겨 겸허하니, 그 명성은 더욱 높아지고, 그 덕은 더욱 빛나며, 그 공적은 더욱 드러난다.

점을 쳐 이 효를 얻은 사람은 지금 '군자가 명성이 있으나 겸허한' 상황이다. 태양은 자신의 공적을 스스로 찬양하지 않는다. 그러므로 만물을 이롭게 하며 영원하다. 바다는 가장 낮은 곳에 처하므로 천하의 물을 모두 수용할 수 있다. 명성이 있으나 자신을 낮추어 겸허하니, 점에 묻고자 하는 일은 길하리라.

셋째 양효. 공로가 있으나 겸허하니, 군자는 좋은 결과가 있어 길하리라.

九三. 勞謙, 君子有終, 吉.

'노勞'는 공로功勞이다. '노겸勞謙'은 공로가 있으나 겸허한 것이다. '종終'은 좋은 결과를 말한다.

공로가 있어도 자랑하지 않으며, 업적이 있어도 덕이라 여기지 않으니 두터움이 지극한 것이다. 이것은 공덕이 있으면서도 자신을 낮추는 사람을 말한 것이다. 덕스러운 말은 성대하고, 예의바른 말은 공손하다. 겸허는 공손을 다함으로써 그 자리를 보존한다. 공이 높아도 자신의 공을 자랑하지 아니하고 오히려 겸허하니, 그 공은 도리어 높이 드러난다. 군자는 복을 받아 좋은 결과가 있어 길하다.

점을 쳐 이 효를 얻은 사람은 지금 '군자가 공로가 있으나 겸허한' 상황이다. 장차 공을 세우나 자만해서는 안 되리라. 참으로 강한 것은 그 강한 것을 내보이지 않으므로 약한 것과 같다. 큰 지혜는 그 지혜를 자랑하지 않으므로 어리석음과 같다. 참으로 가진 자는 그 가진 것을 과시하지 않으므로 없는 자와 같다. 정말 힘이 있는 사람은 그 힘을 드러내지 않으므로 힘이 없는 사람과 같다. 공이 높은 사람은 그 공을 내세우지 않으므로 공이 없는 사람과 같다. 공로가 있으나 자신을 내세우지 아니하고 겸허하니, 점에 묻고자 하는 일은 좋은 결과가 있어 길하리라.

넷째 음효. 이롭지 않음이 없으니, 사람에게 베푸나 겸허하다.
六四. 无不利, 撝謙.

'위撝'는 베풀다라는 뜻의 시施이다. '위겸撝謙'은 남에게 덕과 은혜를 베푸나 겸허한 것이다.

성인은 자신을 위해 쌓아놓지 않는다. 남을 위하여 모든 것을 주므로 도리어 자기에게 더 많이 있게 되고, 남을 위하여 모든 것을 베풀므로 도리어 자기에게 더 많게 된다. 사람에게 베푸나 겸허하면 사람들은 모두 은혜에 감사하고 덕을 공경하여 받들게 되니, 이롭지 않음이 없다.

점을 쳐 이 효를 얻은 사람은 지금 '군자가 사람에게 베푸나 겸허한' 상황이다. 사람들에게 베풀되 자신을 드러내지 아니하고, 덕으로 여기지도 아니하니, 점에 묻고자 하는 일은 이롭지 않음이 없으리라.

다섯째 음효. 이웃과 재난을 당하였으니, 정벌하면 이로우며, 이롭지 않음이 없으리라.

六五. 不富以其鄰, 利用侵伐, 无不利.

'부富'는 복福자를 빌려 쓴 것이며, '불복不福'은 곧 재난을 당하다는 뜻이다. '이以'는 더불어라는 뜻의 여與와 같다. '인鄰'은 이웃이다. '이용利用'은 이어利於와 같다.

겸허한 군자는 적의 침입으로 인하여 이웃과 더불어 재난을 당하였으니, 적을 정벌하여 물리치면 이롭다.

점을 쳐 이 효를 얻은 사람은 지금 '군자가 이웃과 재난을 당한' 상황이다. 장차 불이익을 당할 것이니, 분명히 응징하면 이로울 것이니라. 점에 묻고자 하는 일은 이롭지 않음이 없으리라.

꼭대기 음효. 명성이 있으나 겸허하니, 군사를 일으켜 읍국을 정벌하면 이로울 것이니라.

上六. 鳴謙, 利用行師征邑國.

'명鳴'은 명성이라는 뜻의 명名이다. '명겸鳴謙'은 명성이 있으나 겸허한 것이다. '행사行師'는 군사를 일으키는 것이다. '읍국邑國'은 대부가 다스리는 곳을 읍邑, 제후의 나라를 국國이라 하였다.

명성이 있으나 겸허한 군자는 침략을 당하였으니, 군사를 일으켜 적을 정벌하는 것이 이롭다.

점을 쳐 이 효를 얻은 사람은 지금 '군자가 군사를 일으켜 읍국을 정벌하는' 상황이다. 명성이 있으나 한없이 겸허하니, 장차 무슨 일을 하고자 하면 사람들이 앞장서 도와주어 이루어지지 않는 일이 없으리라. 겸허는 값없는 보배이다. 낮추고 또 낮추면 높아지고 또 높아진다. 겸허하라. 그러면 이루어지리라. 점에 묻고자 하는 일은 이로울 것이니라.

16. 예豫

예. 제후를 세우고 군사를 일으킴이 이로울 것이니라.

豫. 利建侯行師.

예괘는 윗괘가 진이고 아랫괘가 곤이다. 진은 우레이고 곤은 땅이다. 예괘의 괘상은 우레가 땅위에 나와 진동하는 것이다. 천기가 따뜻할 때는 우레가 땅위에 나오고, 추울 때는 땅속으로 다시 돌아간다. 우레가 땅위에 나와 만물을 진동하니 때는 봄이다. 봄에는 새 생명이 자라나므로 만물이 즐거워한다. 예는 즐거워하다는 뜻이다. 봄에 우레가 진동하고 있으니 만물이 생동하여 새롭게 출발하는 시기이다. 새 출발을 위한 준비를 해야 하는 때이므로 예는 미리 어떻게 한다는 뜻도 가지고 있다.

괘사에서, '건후建侯'는 제후를 세우는 것이다. '행사行師'는 군사를 일으키는 것이다. '이건후행사利建侯行師'의 주체는 주공이다. 주공이 여색을 즐기는 방탕한 제후를 치기 위해 '제후를 세우고 군사를 일으키는 것'이다.

점을 쳐 이 괘를 얻은 사람은 이 괘상과 괘명을 보고 지금은 새로 출발할 시기이니, 이에 맞는 마음의 각오와 만반의 준비를 갖추고, 조심해서 새 출발하는 것이 이로울 것이니라. 우레가 땅위에 나와 진동하고 있으니, 하늘의 기운(天氣)과 땅의 기운(地氣)이 화합하고 있는 때이다. 제후를 세우고 군사를 일으키는 것이 이롭듯, 어떤 일이든 적극적으로 추진한다면 만사는 순조롭게 잘 진행되리라. 세상만사가 그러하듯 일이 너무 순조로우면 자신의 능력을 과신하고 오만해져 패가망신할 우려가 있으니 조심해야 하리라.

처음 음효. 한낮에 즐기니, 흉하리라.
初六. 鳴豫, 凶.

'명鳴'은 명明자를 빌려 쓴 것이며, 밝다는 뜻이다. 이 뜻이 파생되어 한낮이라는 뜻을 갖게 되었다. '예豫'는 오娛자를 빌려 쓴 것이며, 즐기다라는 뜻이다.

방탕한 제후가 한낮에 여색을 즐기니, 흉측하다.

점을 쳐 이 효를 얻은 사람은 지금 '방탕한 제후가 한낮에 즐기는' 상황이다. 삼가고 조심해야 할 것이니, 욕망만 좇으면 패가망신하리라. 점에 묻고자 하는 일은 흉하리라.

둘째 음효. 돌처럼 단단하나, 종일을 가지 않으니, 점은 길하리라.

六二. 介于石, 不終日, 貞吉.

'개介'는 개岕자를 빌려 쓴 것이며, 단단하다라는 뜻의 견堅이다. '우于'는 여如와 같다. '개우석介于石'은 돌과 같이 단단하다는 뜻이다.

방탕한 제후의 성기가 돌처럼 단단히 발기가 되었으나, 하루 종일 여색을 즐기지는 않으니, 길하다.

점을 쳐 이 효를 얻은 사람은 지금 '방탕한 제후가 하루 종일 여색을 즐기지는 않는' 상황이다. 심호흡으로 마음을 가라 앉혀야 하리니, 본래 색이란 뜬구름과 같아서 종일을 갈 수 없는 것이다. 점에 묻고자 하는 일은 길하리라.

셋째 음효. 즐기는 것을 근심하니 뉘우치며, 더디나 또 뉘우치게 되리라.

六三. 盱豫, 悔, 遲有悔.

'우盱'는 근심하다, 걱정하다라는 뜻이다. '회悔'는 뉘우치다라는 뜻이며, 조그마한 불행이다. '지遲'는 더디다는 뜻의 완緩이다. '유有'는 우又로 읽는다.

방탕한 제후가 여색을 즐기기는 하나, 한편으로는 즐기는 것을 근심하니, 즐기는 것을 뉘우치고 이따금 또 뉘우친다.

점을 쳐 이 효를 얻은 사람은 지금 '방탕한 제후가 여색을 즐기는 것을 근심하여 뉘우치는' 상황이다. 분수에 맞게 처신하지 못하고 이를 지나치게 즐기니, 장차 뉘우침이 이르게 되리라. 점에 묻고자 하는 일은 뉘우치고 또 뉘우치게 되리라.

넷째 양효. 즐기는 것으로 말미암아 아들을 얻었다. 벗이 말이 많은 것을 나를 험담하는 것으로 의심하지 말라.
九四. 由豫, 大有得. 勿疑朋盍簪.

'유由'는 말미암다라는 뜻이다. '유예由豫'는 즐기는 것으로 인하여라는 말이다. '대유득大有得'은 크게 얻은 것이 있다는 것, 즉 아들을 얻었다는 말이다. '붕朋'은 벗(朋友), 즉 아들을 낳은 여자를 가리킨다. '합盍'은 합嗑자를 빌려 쓴 것이며, 말이 많다는 뜻이다. 『백서주역』에는 '잠簪'을 참讒으로 하였다. '잠簪'은 참讒자를 빌려 쓴 것이며, 나쁜 말로 남을 헐뜯는 것이다.

방탕한 제후가 여색을 즐기는 것으로 말미암아 아들을 얻었다. 아들을 낳은 여자가 말이 많은 것을 자신을 욕하는 것으로 의심할 필요가 없다.

점을 쳐 이 효를 얻은 사람은 지금 '방탕한 제후가 여색을 즐기다가 아들을 얻은' 상황이다. 약간의 실수가 있을 것이나, 이것으로 욕을 받는 일은 없으리라. 점에 묻고자 하는 일은 생각밖에 얻는 바가 크리라.

다섯째 음효. 병을 점치니, 병이 오래되어도 죽지 않으리라.

六五. 貞疾, 恒不死.

'정질貞疾'은 '점질占疾'과 같으며, 병을 점치는 것이다. '항恒'은 오래라는 뜻의 구久이다.

방탕한 제후가 여색을 과도하게 즐겨 병이 났는데, 점에 질병을 물으니, 병이 오래되어도 죽지 않는다는 징조를 얻었다.

점을 쳐 이 효를 얻은 사람은 지금 '방탕한 제후가 여색을 과도하게 즐겨 병이 난' 상황이다. 장차 어떤 난관에 부딪치게 될 것이나, 점에 묻고자 하는 일은 오랫동안 큰 피해는 없으리라.

꼭대기 음효. 밤에 즐기니, 이루어놓은 것이 혹 그르칠 수 있으나, 허물이 없으리라.

上六. 冥豫, 成有渝, 无咎.

'명冥'은 어둡다는 뜻이다. '명예冥豫'는 밤에 즐긴다는 뜻이다. 『백서주역』에는 '유有'를 '혹或'으로 하였다. '유有'는 '혹或'으로 읽는다. '유渝'는 떨어지다, 무너지다라는 뜻의 패敗이다.

방탕한 제후가 밤에 여색을 즐기다가, 주공이 군사를 일으켜 방탕한 제후를 쳤는데, 응징만 하였을 뿐 땅과 제후의 지위는 박탈하지 않았다.

점을 쳐 이 효를 얻은 사람은 지금 '방탕한 제후가 이루어놓은 것을 그르칠 수 있는' 상황이다. 이루어놓은 업적이 무너져 내릴 수 있을 것이나, 지난 과오를 뒷날의 교훈으로 삼아 다시 일어설 수 있을 것이니, 점에 묻고자 하는 일은 허물이 없으리라.

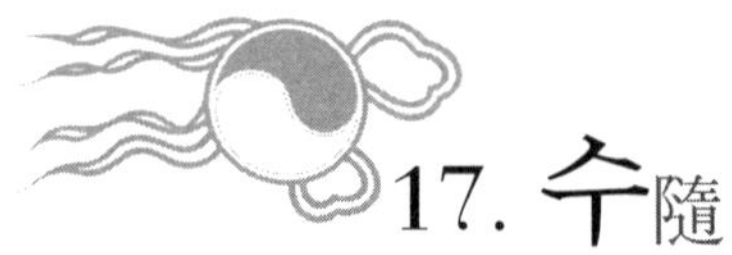

17. 수隨

수. 크게 형통하리니, 이롭다는 점이다. 허물이 없으리라.

隨. 元亨. 利貞. 无咎.

수괘는 윗괘가 태이고 아랫괘가 진이다. 태는 못이고 진은 우레이다. 수괘의 괘상은 못 속에 우레가 있는 것이다. 천기가 차가울 때 우레는 못 속으로 들어간다. 이것은 우레가 천시天時를 따라 휴식하는 것이다. 수는 따르다라는 뜻이다.

괘사에서, '원元'은 크다는 뜻의 대大이다. '형亨'은 통하다라는 뜻의 통通이다. '이利'는 이롭다는 뜻이다. '정貞'은 점에 묻는다(占問)는 뜻이다. 지금은 천기가 차가운 때, 조용히 휴식하며 내일을 위해 준비한다면 크게 형통하리니, 점에 묻고자 하는 일은 이롭고 허물이 없으리라.

점을 쳐 이 괘를 얻은 사람은 이 괘상과 괘명을 보고 지금은 이미 움직일 때는 지났으니 강한 운수에서 약한 운수로 넘어가고 있다는 사실을 알고, 천시를 따라 다음 기회를 위해 조용히 휴식을 취하는 것이 좋으리라. 못 속에 우레가 있으니, 여름에 크게 기승을 부리던 우레는 그 기운을 잃고 못 속으로 들어간 상이다. 지금은 자신이 나설 때가 아니라 남의 뜻에 따를 때이다. 때에 순종하고 남의 뜻을 따르며 조용히 다음 기회를 관망하여 앞날을 기다린다면 좋은 결과가 있으리라.

처음 양효. 관사에 혹 사고가 발생하였으나, 점은 길하니라. 문 밖을 나가면 모두 공이 있으리라.

初九. 官有渝, 貞吉. 出門交有功.

'관官'은 관館의 본래 글자이다. 『백서주역』에 '유有'를 '혹或'으로 하였다. '유有'는 '혹或'으로 읽는다. '유渝'는 사고, 변고라는 뜻이다. '교交'는 모두라는 뜻의 구俱이다.

가嘉나라 사람이 관사에 침범하였으나, 점이 길한 것은 적을 생포할 수 있고, 관사 밖을 나가 모두 포로를 잡는 공을 세우기 때문이다.

점을 쳐 이 효를 얻은 사람은 지금 '적의 침범을 받고 공을 세우는' 상황이다. 문제가 발생한다 해도 큰일은 없을 것이니, 장차 크게 이루는 것이 있으리라. 점에 묻고자 하는 일은 길하리라.

둘째 음효. 어린아이는 묶고, 어른은 잃으리라.

六二. 係小子, 失丈夫.

‘계係’는 계繫이며, 끈으로 묶는 것이다. ‘소자小子’는 어린아이이고, ‘장부丈夫’는 어른이다.

포로를 잡아서 도망가지 못하게 포승줄로 묶어놓았는데, 어린아이는 묶여 있지만 어른은 도망가 버렸다. 작은 것은 얻고 큰 것은 잃은 모습이다.

점을 쳐 이 효를 얻은 사람은 지금 ‘포로를 잡아 어린아이는 묶고 어른은 잃어버린’ 상황이다. 장차 얻는 바가 있을 것이나, 방심하면 작은 것은 얻고 큰 것은 잃어버릴 것이니, 점에 묻고자 하는 일은 이로울 것이 없느니라.

셋째 음효. 어른은 묶고, 어린아이는 잃으니, 뒤따라가서 구하면 얻게 되리라. 거주하는 곳의 점은 이로울 것이니라.

六三. 係丈夫, 失小子. 隨有求得. 利居貞.

‘계係’는 계繫이며, 끈으로 묶는 것이다. ‘장부丈夫’는 어른이고, ‘소자小子’는 어린아이이다. ‘수隨’는 쫓는다는 뜻의 축逐이다. ‘유有’는 이以와 같다. ‘거정居貞’은 점에 거주하는 곳을 묻는 것이다.

포로를 잡아 어른은 묶어놓았고 어린아이는 도망을 갔으니, 큰 것은 얻고 작은 것은 잃은 모습이다. 어린아이는 쉽게 잡을 수 있으니, 뒤쫓아가면 다시 잡을 수 있다. 거주하는 곳이 이로운 것은 적을 사로잡아 묶어놓을 수 있기 때문이다.

점을 쳐 이 효를 얻은 사람은 지금 ‘포로를 잡아 어른은 묶고 어린아이는 잃어버린’ 상황이다. 장차 얻는 바가 있을 것이나, 방심하면 큰 것

186

은 얻고 작은 것은 잃어버릴 것이다. 잃는다 해도 조금만 노력하면 다시 얻을 수 있을 것이니, 점에 묻고자 하는 일은 이로울 것이니라.

넷째 양효. 쫓아가면 덫이 있으니, 점은 흉하리라. 길에서 적을 사로잡아 맹약시키니, 무슨 허물이 있겠는가?
九四. 隨有獲, 貞凶. 有孚在道, 以明, 何咎.

'수隨'는 쫓는다는 뜻의 축逐이다. '획獲'은 획攫으로 읽으며, 짐승을 잡는 덫이다. '부孚'는 포로라는 뜻의 부俘이다. '명明'은 맹세라는 뜻의 맹盟으로 읽는다.

도망가는 가나라 사람을 뒤쫓아가면 적이 놓아둔 덫에 걸릴 수 있어 오히려 패하게 된다. 길에서 적을 사로잡아 그들로 하여금 도망가지 않을 것을 맹약시키니 허물이 없게 되었다.

점을 쳐 이 효를 얻은 사람은 지금 '도망가는 적을 뒤쫓아가면 덫에 걸리는' 상황이다. 일을 쉽게 이룰 수 있다고 여기지 말라. 덤벙대며 덤벼들다가 함정에 빠져 도리어 피해를 입을 것이니, 흉하리라. 그러나 결국 크게 얻는 바가 있을 것이니, 점에 묻고자 하는 일은 허물이 없으리라.

다섯째 양효. 가나라 사람을 포로로 잡으니, 길하리라.
九五. 孚于嘉, 吉.

'부孚'는 부俘의 옛 글자이며, 적으로부터 사로잡은 포로와 노획한 재물을 말한다. '가嘉'는 나라 이름이다.

침범한 가나라 사람을 포로로 잡으니, 길하다.

점을 쳐 이 효를 얻은 사람은 '가나라 사람을 포로로 잡은' 상황이다. 상황은 종료되어 유종의 미를 거둘 것이니, 점에 묻고자 하는 일은 길하리라.

꼭대기 음효. 잡아두었다가 놓아 보내주니, 왕이 서산에 제사를 지낸다.
上六. 拘係之, 乃從維之, 王用亨于西山.

'구拘'는 가두다라는 뜻의 수囚이다. '계係'는 계繫이며, 끈으로 묶는 것이다. '내乃'는 '우又'와 같다. '종從'은 놓아주다라는 뜻의 종縱으로 읽는다. '유維'는 유趡로 읽으며, 급히 달아나다라는 뜻이다. '왕王'은 문왕을 가리킨다. '형亨'은 향享으로 읽으며, 제사를 지내다라는 뜻이다. '서산西山'은 주나라 문왕의 할아버지 고공단보古公亶父가 정착하였던 기산岐山을 말한다. 주의 수도 호경鎬京의 서쪽에 있었으므로 '서산'이라 하였다.

효사는 문왕이 은의 주왕紂王에 의해 유리羑里에 구금되어 있다가 풀려나 주로 돌아와 서산에 제사를 지내는 것을 기록한 것이다.

점을 쳐 이 효를 얻은 사람은 지금 '문왕이 풀려나 서산에 제사를 지내는' 상황이다. 문왕처럼 재난을 당한다 해도 곧 그 재난은 면할 수 있을 것이니, 점에 묻고자 하는 일은 크게 형통하리라.

18. 고 蠱

고. 크게 형통하리라. 큰 내를 건너면 이로울 것이니, 갑일의 삼 일 전
과 갑일의 삼 일 후에 건너야 하리라.
蠱. 元亨. 利涉大川, 先甲三日, 後甲三日.

고괘는 윗괘가 간이고 아랫괘가 손이다. 간은 산이고 손은 바람이
다. 고괘의 괘상은 산 아래에 바람이 있는 것이다. 산 아래에 바람이
불고 있으니 세상이 평온무사하지 못하고 일이 일어난다. 고는 일이라
는 뜻이다. '고蠱'의 글자는 그릇(皿) 위에 벌레(虫)가 세 마리 있는 것
이다. 이것은 보통의 상황이 아니다. 고는 그릇 위의 음식이 썩어 구더
기가 기어 다니고 있다는 뜻이기도 하다.

괘사에서, '고蠱'는 고故이며, 곧 일이라는 뜻의 사事이다. '큰 내를
건너면 이롭다'는 것은 은의 정벌을 가리켜 말한 것이다. 갑일의 삼 일

전은 신일辛日이고, 삼 일 후는 정일丁日이다. 이 날이 출정의 길일이라는 말이다. 고괘가 크게 형통한 것은 무왕이 그 아버지 문왕의 유업을 잘 받들어 은을 정벌하기 때문이다. 큰 내를 건너면 이로운 것은 갑일의 삼 일 전과 갑일의 삼 일 후의 길일에 출정하기 때문이다.

점을 쳐 이 괘를 얻은 사람은 이 괘상과 괘명을 보고 지금 속이 썩어 구더기가 들끓고 있는 상황이니 자기반성을 통하여 썩은 것을 철저히 도려내야 하리라. 그릇 위의 음식은 먹음직하게 보이나 그 속은 썩어 구더기가 득실거리고 있으니, 겉모양은 보기 좋으나 안으로는 썩을 대로 썩어 있는 상황이다. 국가의 정치도 경제도 사회도 교육도, 나라 전체가 보기에는 온전하나 속으로는 부패할 대로 부패해 있다. 기업체도, 가정도, 남녀의 애정도, 개인의 건강도 겉으로는 화려하게 보이나 속으로는 썩을 대로 썩어 있다. 구더기가 어지럽게 돌아다니듯 모든 상황은 매우 복잡하고 혼란하게 얽히어 있다. 구더기를 제거하고 혼란을 수습하기 위해 특단의 조치가 필요한 때이니, 그 썩은 부분을 가려내고 어지러운 원인을 찾아내어 하루 빨리 과감히 제거해야 하리라. 잘못된 것은 일찍 제거하면 운세도 빨리 회복되리라. 썩은 부위를 완전히 도려내고 어지러운 원인을 철저히 제거하기 위해서는 자신의 아픔을 감수해야 할 것이니, 대단한 노력을 기울인다면 크게 형통하리라. 앞을 가로막고 있는 장애물은 정면 돌파한다면 이로울 것이니, 좋은 길일을 택하여 추진해야 하리라. 썩을 대로 썩은 다음에는 반드시 새로운 기운이 싹틀 것이니, 이것은 우주의 법칙이니라.

처음 음효. 아버지의 일을 계승하니, 아들은 효자이며, 허물이 없으리라. 위태로우나 마침내 길하리라.

初六. 幹父之蠱, 有子考, 无咎. 厲, 終吉.

'간幹'은 관貫자를 빌려 쓴 것이며, 습習의 뜻이다. 습習은 곧 계승의 뜻이다. '고蠱'는 일이라는 뜻의 사事이다. '고考'는 효孝자를 빌려 쓴 것이다. '여厲'는 위태롭다는 뜻의 위危이다.

무왕이 아버지 문왕의 유업을 계승하여 은을 정벌하니, 효자이며, 허물이 없다. 은의 정벌이 위험하나 마침내 성공하리라.

점을 쳐 이 효를 얻은 사람은 지금 '무왕이 아버지의 유업을 계승하는' 상황이다. 추진하고자 하는 일은 위태로우나 끝내 성공할 것이니, 점에 묻고자 하는 일은 길하리라.

둘째 양효. 어머니의 일을 계승하는 것은 불가하다는 점이다.

九二. 幹母之蠱, 不可貞.

'간幹'은 관貫자를 빌려 쓴 것이며, 습習의 뜻이다. 습習은 곧 계승의 뜻이다. '고蠱'는 일이라는 뜻의 사事이다. '불가정不可貞'은 점에 묻고자 하는 일은 해서는 안 된다는 뜻이다.

무왕이 아버지의 유업을 놓아두고 어머니의 일을 계승한다는 것은 불가하다.

점을 쳐 이 효를 얻은 사람은 지금 '무왕이 어머니의 일을 계승하는

것은 불가한' 상황이다. 해야 할 일은 놓아두고 해서는 안 될 일을 하는
것은 불가하니, 점에 묻고자 하는 일은 하지 않는 것이 좋으리라.

셋째 양효. 아버지의 일을 계승하니, 조금 뉘우침이 있으나, 큰 허물
은 없으리라.
九三. 幹父之蠱, 小有悔, 无大咎.

'간幹'은 관貫자를 빌려 쓴 것이며, 습習의 뜻이다. 습習은 곧 계승
의 뜻이다. '고蠱'는 일이라는 뜻의 사事이다. '회悔'는 뉘우치다라는 뜻
이다.

무왕이 아버지 문왕의 유업을 계승하여 은을 정벌하는데, 출병에는
위험이 따르기 마련이나, 그렇게 큰 위험을 감수하지 않고 은을 정벌
할 수 있다.

점을 쳐 이 효를 얻은 사람은 지금 '무왕이 아버지의 유업을 계승하
여 은을 정벌하는' 상황이다. 추진하고자 하는 일에 조금의 위험은 따
르나 이룰 수 있으리라. 점에 묻고자 하는 일은 조금 뉘우침이 있으나
큰 허물은 없으리라.

넷째 음효. 아버지의 일을 더욱 빛나게 하려 하나, 가면 어려움을 만
나리라.
六四. 裕父之蠱, 往見吝.

'유裕'는 광대의 뜻이며, 한층 더 빛나게 한다는 말이다. '고蠱'는 일이라는 뜻의 사事이다.

무왕이 아버지 문왕의 유업을 더욱 빛나게 하려 하나, 출병하여 은을 정벌하는 과정에 어려움이 있다.

점을 쳐 이 효를 얻은 사람은 지금 '무왕이 아버지의 유업을 더욱 빛나게 하려는' 상황이다. 의욕이 앞서 더 잘하고자 하나, 점에 묻고자 하는 일은 어려움을 만나리라.

다섯째 음효. 아버지의 일을 계승하니, 명예가 있으리라.

六五. 幹父之蠱, 用譽.

'간幹'은 관貫자를 빌려 쓴 것이며, 습習의 뜻이다. 습習은 곧 계승의 뜻이다. '고蠱'는 일이라는 뜻의 사事이다. '예譽'는 명예이다.

무왕이 아버지 문왕의 유업을 잘 계승하여 마침내 은을 정벌하였다.

점을 쳐 이 효를 얻은 사람은 지금 '무왕이 아버지의 유업을 잘 계승하여 명예가 있는' 상황이다. 하고자 하는 일은 마침내 이룰 수 있을 것이니, 점에 묻고자 하는 일은 명예가 있으리라.

꼭대기 양효. 왕을 섬기지 않으니, 그 덕이 고상하나, 흉하리라.

上九. 不事王侯, 高尙其事(德, 兇).

효사는 백이伯夷 · 숙제叔齊의 고사를 인용하여 점 풀이 글로 한 것이다. '왕후王侯'는 곧 무왕을 가리킨다. 『백서주역』에는 '고상기덕高尙其德, 흉兇'이라 하였다. '기덕其德'은 백이·숙제가 무왕을 섬기지 않고 수양산에 들어가 고사리를 캐먹으며 연명한 것을 가리킨다. '흉兇'은 흉凶으로 읽으며, 백이·숙제가 고사리를 캐먹으며 연명하다가 마침내 굶어 죽은 것을 가리킨다.

백이와 숙제는 주의 신하가 되어 무왕을 섬기지 않으니, 수양산에 들어가 고사리를 캐먹으며 연명한 그 절개와 지조는 매우 고상하나 결국 굶어 죽었으니 흉하다.

점을 쳐 이 효를 얻은 사람은 지금 '백이와 숙제가 무왕을 섬기지 아니하고 굶어 죽는' 상황이다. 상황 판단을 정확히 해야 하리니, 백이·숙제와 같은 올곧은 절개와 지조는 당연히 지닐 것이되, 시운時運을 읽고 대세를 파악하여 그 흐름에 순응해야 하리라. 점에 묻고자 하는 일은 흉하리라.

19. 임臨

임. 크게 형통하리니, 이롭다는 점이다. 팔월에 이르면 흉하리라.
臨. 元亨. 利貞. 至于八月有凶.

임괘는 윗괘가 곤이고 아랫괘가 태이다. 곤은 땅이고 태는 못이다. 임괘의 괘상은 못 위에 땅이 있는 것이다. 땅은 높고 못은 낮으니, 높은 곳에서 아래에 임하고 있다. 임은 임하다라는 뜻이다.

괘사에서, '원元'은 크다는 뜻의 대大이다. '형亨'은 통하다라는 뜻의 통通이다. '이利'는 이롭다는 뜻이다. '정貞'은 점에 묻는다(占問)는 뜻이다. 백성에 임하여 이를 포용하면 크게 형통하리니, 점에 묻고자 하는 일은 이로울 것이다. 양기는 1월에 발생하여 6월에 성하다가 8월에 이르러 점차 쇠퇴한다. 초목이 시들고 벌레들은 죽으니 어찌 흉하지 않겠는가? 백성에 임하여 그 덕을 닦지 않으면 쇠망의 운으로 들어갈 것이니 흉하리라.

점을 쳐 이 괘를 얻은 사람은 이 괘상과 괘명을 보고 아랫사람에 임하여 포용하고 이들의 말을 잘 참고하면 크게 형통하리니, 점에 묻고자 하는 일은 이로울 것이니라. 못 위에 땅이 있으니, 땅이 못을 포용하고 있다. 지금은 양기가 왕성하여 좋은 운을 만났지만 곧 양기가 쇠퇴하여 변화할 운명에 처해 있으니, 때의 변동에 따라 자신을 적응시키며, 계절(상황, 환경 등)이 바뀌면 생각도 따라 바뀌어야 하리라. 양기가 쇠퇴하고 있는 것을 자각하지 못하고 객기를 부린다거나 방심하면 곤경에 빠질 것이니, 위기에 봉착하면 과감한 결단을 내려 현명하게 처신해야 하리라.

처음 양효. 감화로 백성에 임하니, 점은 길하리라.
初九. 咸臨, 貞吉.

'함咸'은 감感자를 빌려 쓴 것이다. '임臨'은 백성에 임하는 것이다. '함림咸臨'은 감화로 백성에 임하는 것이다.

대군이 감화로 백성을 다스리니, 백성들은 스스로 우러러볼 것이므로 길하다.

점을 쳐 이 효를 얻은 사람은 지금 '대군이 감화로 백성에 임하는' 상황이다. 진실한 마음으로 사람을 대하고 감화로 임할 것이니, 만사는 순조롭게 진행되리라. 점에 묻고자 하는 일은 길하리라.

들째 양효. 온화하게 백성에 임하니, 길하여 이롭지 않음이 없으리라.

九二. 咸臨, 吉, 无不利.

'함咸'은 함誠자를 빌려 쓴 것이며, 온화하다는 뜻의 화和이다. '임臨'은 백성에 임하는 것이다. '함림咸臨'은 곧 함림誠臨이며, 온화하게 백성에 임하는 것이다.

대군이 온화하게 백성을 다스리니, 백성들이 모두 우러러볼 것이므로 길하여 이롭지 않음이 없다.

점을 쳐 이 효를 얻은 사람은 지금 '대군이 온화하게 백성에 임하는' 상황이다. 온화하게 사람을 대할 것이니, 만사는 순조롭게 진행되리라. 점에 묻고자 하는 일은 길하여 이롭지 않음이 없으리라.

셋째 음효. 강압으로 백성에 임하면, 이로울 것 없으나, 너그럽게 임하면 허물이 없으리라.

六三. 甘臨, 无攸利. 旣憂之, 无咎.

'감甘'은 겸拑으로 읽으며, 강제로 압박하다라는 뜻이다. '감림甘臨'은 강압으로 백성에 임하는 것이다. '기旣'는 약若과 같다. '우憂'는 우優로 읽으며, 너그럽고 온화하다(寬和)는 뜻이다.

대군이 강압으로 백성을 다스리면 백성들은 원망하게 될 것이니 이로울 것 없으나, 너그럽고 온화하게 다스린다면 다투어 따를 것이니, 허물이 없다.

점을 쳐 이 효를 얻은 사람은 지금 '대군이 강압이 아닌 너그럽게 백성에 임하는' 상황이다. 힘으로 대한다면 사람들은 등을 돌리고 멀리할 것이니 이로울 것 없으리라. 너그럽게 대하면 모두 좋아하여 따를 것이니, 만사는 순조롭게 진행되어 허물이 없으리라.

넷째 음효. 친히 백성에 임하니, 허물이 없으리라.
六四. 至臨, 无咎.

'지림至臨'은 친림親臨과 같으며, 친히 다스려 백성에 임하는 것이다. 대군이 친히 나라를 다스리니, 허물이 없다.

점을 쳐 이 효를 얻은 사람은 지금 '대군이 친히 백성에 임하는' 상황이다. 직접 챙겨야 할 것이니, 남을 믿고 맡겨둔다면 일을 그르치기 쉬우리라. 점에 묻고자 하는 일은 허물이 없으리라.

다섯째 음효. 지혜로 백성에 임하는 것은 대군의 마땅함이니, 길하리라.
六五, 知臨, 大君之宜, 吉.

'지知'는 지혜라는 뜻의 지智로 읽는다. '지림知臨'은 지혜로 백성에 임하는 것이다. '의宜'는 알맞음을 얻은 것이다.

대군이 지혜로 백성을 다스리는 것은 마땅한 것이니, 길하다.

점을 쳐 이 효를 얻은 사람은 지금 '대군이 지혜로 백성에 임하는' 상황이다. 임금이 지혜로우면 나라는 흥하나, 임금이 어리석으면 나라는 결단난다. 명석한 지혜로 매사를 올바르게 판단하고 처리해야 할 것이니, 점에 묻고자 하는 일은 길하리라.

꼭대기 음효. 돈후하게 백성에 임하니, 길하여 허물이 없으리라.
上六. 敦臨, 吉, 无咎.

'돈敦'은 돈惇과 같으며, 돈후하다는 뜻의 후厚이다. '돈림敦臨'은 돈후하게 백성에 임하는 것이다.

대군이 돈후하게 백성을 다스리니, 길하여 허물이 없다.

점을 쳐 이 효를 얻은 사람은 지금 '대군이 돈후하게 백성에 임하는' 상황이다. 돈후하게 사람을 대할 것이니, 만사는 순조롭게 진행되리라. 점에 묻고자 하는 일은 길하여 허물이 없으리라.

20. 관觀

관괘는 윗괘가 손이고 아랫괘가 곤이다. 손은 바람이고 곤은 땅이
다. 관괘의 괘상은 바람이 땅위에 부는 것이다. 바람이 땅위에 불고 있
으니 세상이 어수선하다. 어수선한 세상은 자세히 살펴야 한다. 관은
살피다라는 뜻이다.

괘사에서, '관盥'은 뿌리다라는 뜻의 관灌으로 읽으며, 제사를 지낼
때 술을 땅에 뿌려 귀신을 맞이하는 것이다. '천薦'은 올리다라는 뜻의
헌獻이며, 귀신에게 제물을 올리는 것이다. '부孚'는 부俘의 옛 글자이
며, 사로잡은 포로를 말한다. '옹약顒若'은 옹연顒然과 같으며, 신체가

큰 모양이다. 옛날의 제례는 먼저 술을 땅에 뿌려 귀신을 영접하고 그 다음에 제물을 올렸다. 지금 제사에 술을 땅에 뿌렸으나 아직 제물을 올리지 않은 것은 신체가 큰 포로가 있어 이를 제물로 올리려 하기 때문이다.

점을 쳐 이 괘를 얻은 사람은 이 괘상과 괘명을 보고 지금은 어수선한 때이니 자신의 주변을 잘 살피며 조용히 근신해야 하리라. 땅위에 바람이 불고 있으니, 먼지가 일어나고 마음은 흔들리고 있다. 어지러운 세상에 마음을 가라앉혀 태산같이 흔들림이 없어야 하리라. 바람이 멎으면 먼지도 가라앉고 마음도 조용해질 것이니, 바람이 멎을 때까지 자신을 반성하고 근신하여 냉철한 판단으로 깊이 살펴야 하리라. 제사에 제물로 올릴 큰 포로가 있다는 것은 수확한 것이 많다는 것이니, 노력하면 성취하여 얻는 것이 많으리라.

첫째 음효. 어리게 살피니, 소인은 허물이 없으나, 군자는 어려울 것이니라.
初六. 童觀, 小人无咎, 君子吝.

'동관童觀'은 어리게 살핀다는 뜻이며, 보는 것이 얕다는 것이다. '소인'은 백성을 가리키고, '군자'는 벼슬자리에 있는 사람이다.

어리게 살핀다는 것은 시야가 얕다는 말이다. 이것은 소인이나 하는 것이지, 군자가 하는 것이 아니다. 군자는 백관과 백성을 살피는 일을 한다. 소인은 작은 일을 하므로 시야가 얕아도 일을 함에 허물이 없으나, 군자는 큰일을 하므로 시야가 얕으면 이루기가 어렵다.

점을 쳐 이 효를 얻은 사람은 지금 '어리게 살피는' 상황이다. 깊이 살펴 일을 추진해야 하리라. 시야가 얕으면, 얕은 생각을 가진 사람은 앞뒤를 살피지 못하므로 일을 함에 허물이 없으나 결코 큰일을 이루지 못한다. 깊은 생각을 가진 사람은 살피는 바가 부족하므로 일을 이루기가 어렵다. 시야가 깊으면, 얕은 생각을 가진 사람은 생각을 감당할 수 없어 이루지 못하나, 깊은 생각을 가진 사람은 살피는 바가 넉넉하므로 마침내 이룰 것이다. 큰 그릇에 큰 물건을 담는다. 시야가 넓고 깊으면 생각하는 바도 넓고 깊으며 도모하는 바도 클 것이니, 큰일을 이룰 수 있으리라. 눈을 크게 뜨고 멀리 그리고 깊게 보라.

둘째 음효. 엿보니, 여자의 점은 이로울 것이니라.

六二. 闚觀, 利女貞.

'규闚'는 '규窺'와 같다. '규관闚觀'은 문틈이나 구멍으로 엿보는 것이며, 보는 것이 좁다는 말이다.

엿본다는 것은 보는 바가 아주 작은 것이니, 시야가 좁다는 말이다. 이것은 여자나 하는 것이니, 규방을 나서지 않고 외부 사물과 접촉이 없는 여자에게 이로울 것이다.

점을 쳐 이 효를 얻은 사람은 지금 '여자가 문틈으로 엿보는' 상황이다. 넓은 시야를 가지고 일을 추진해야 하리라. 대나무 구멍으로 하늘을 보고 표주박으로 바다를 되질하니 이 얼마나 좁은 식견인가. 식견이 좁으면 깊은 도리를 알지 못한다. 문틈으로 엿보듯, 보는 바가 넓지 못하면 규방에 갇혀 사는 여자와 같은 사람에게는 이로우나, 넓은 세상에서 큰일을 하고자 하는 사람에게는 이롭지 않을 것이니라.

셋째 음효. 우리 백관과 백성을 살펴서, 들이고 물리치리라.
六三. 觀我生, 進退.

'관觀'은 살피다, 고찰하다라는 뜻이다. '생生'은 옛말에서 백관百官
과 백성을 칭한 것이다. '진進'은 등용을, '퇴退'는 파면을 말한다.

군자가 백관과 백성들을 살펴보고, 사람을 부리고 정치를 베푸는 것
의 득실을 알아, 이들의 등용과 파면, 일의 진행과 멈춤을 단행해야 하
리라.

점을 쳐 이 효를 얻은 사람은 지금 '군자가 백관과 백성을 살피는'
상황이다. 현명하게 취사선택하여, 그 사람의 능력에 맞는 일을 맡길
것이니, 일을 추진함에 실수가 없으리라.

넷째 음효. 나라의 찬란함을 살피고, 왕의 빈객이 되니 이로울 것이
니라.
六四. 觀國之光, 利用賓于王.

'국지광國之光'은 주나라 문물의 찬란함을 말한다. '빈賓'은 손님이
되는 것이다.

제후가 주나라의 찬란한 문물을 보고 왕의 빈객이 되니 이롭다.

점을 쳐 이 효를 얻은 사람은 지금 '제후가 나라의 찬란함을 보고 왕

의 빈객이 되는' 상황이다. 왕의 빈객이 되어 융숭한 대접을 받을 것이
니, 점에 묻고자 하는 일은 이로울 것이니라.

다섯째 양효. 우리 백관과 백성을 살피니, 군자는 허물이 없으리라.
九五. 觀我生, 君子无咎.

'생生'은 백관百官과 백성이다.

군자가 백관과 백성의 상황을 살펴, 알맞게 사람을 부리고 올바른
정치를 베푸니, 허물이 없다.

점을 쳐 이 효를 얻은 사람은 지금 '군자가 백관과 백성을 살피는'
상황이다. 사람을 잘 살펴, 능력에 알맞게 부리고 올바르게 추진하리
니, 일은 이루어지리라. 점에 묻고자 하는 일은 허물이 없으리라.

꼭대기 양효. 다른 나라의 백관과 백성을 살피니, 군자는 허물이 없으
리라.
上九. 觀其生, 君子无咎.

'기其'는 저것(彼)과 같으며, 다른 나라를 가리킨다. '생生'은 백관百
官과 백성이다.

군자가 다른 제후의 나라의 백관과 백성을 살펴, 자신의 것과 비교
하며 좋은 것은 선택하고 나쁜 것은 버리니, 허물이 없다.

점을 쳐 이 효를 얻은 사람은 지금 '군자가 다른 나라의 백관과 백성

을 살피는' 상황이다. 다른 사람의 성공을 자신의 귀감으로 여기고, 다른 사람의 실패를 자신의 거울로 여겨, 실패의 길은 접어두고 성공의 길을 가야 할 것이니, 점에 묻고자 하는 일은 허물이 없으리라.

21. 서합 噬嗑

서합. 형통하리니, 감옥에 가는 것이 이로울 것이니라.

噬嗑. 亨. 利用獄.

서합괘는 윗괘가 리이고 아랫괘가 진이다. 리는 불이고 진은 우레이다. 서합괘의 괘상은 번개(불)와 우레가 더불어 일어나는 것이다. 번개와 우레가 함께 일어나니, 강한 힘이 마치 사람이 입 속의 음식물을 강하게 씹는 것과 같다. 괘 그림을 보면 다섯째 음효(六五)가 두 양기 사이에 있으니, 윗턱과 아랫턱 가운데에 있는 물건의 모습이다. 서합은 입 속의 음식물을 씹는다는 뜻이다.

괘사에서, '용用'은 우于와 같다. '옥獄'은 감옥이다. 서합괘가 형통한 것은 노예가 감옥에 가는 것이 죽임을 당하는 것보다 이롭기 때문이다.

점을 쳐 이 괘를 얻은 사람은 이 괘상과 괘명을 보고 지금은 의욕이

206

넘쳐흐르고 운세가 매우 강할 때임을 알아야 하리라. 번개와 우레가
서로 화합하여 동시에 일어나고, 음식을 씹으면 위아래의 이가 서로
조화를 이루고 있으니 그 위력은 대단히 강한 것이다. 일을 추진함에
어떤 장애물이 앞을 가로막고 있다 하더라도 좌절하지 말고, 번개와
우레가 일고 음식을 잘게 씹어 부수는 기세로 강하게 밀고 나가면 예
상외의 좋은 결과를 얻을 수 있으리라. 번개와 우레가 동시에 일어나
듯 운세가 너무 강하여 사회에서나 가정에서 치열한 싸움이 곧잘 일어
날 수 있을 것이나, 음식을 씹어 부수어 삼키듯 싸움이 끝나 화해하게
되면 비 온 뒤의 땅이 더욱 굳어지는 것과 같이 더욱 다정한 사이가 될
수 있으리라. 번개와 우레, 음식을 씹어 부수는 것과 같은 강한 기세로
목적을 향해 줄기차게 노력한다면 형통하리라.

처음 양효. 족쇄를 끌며 발이 잘려나가나, 허물이 없으리라.
初九. 履校滅趾, 无咎.

'구履'는 당연히 루屢로 읽으며, 끌다라는 뜻의 예曳이다. '교校'는 나
무로 만든 형구刑具의 일반적인 이름이며, 목에 사용하는 것은 칼(枷),
손에 사용하는 것은 수갑(梏), 발에 사용하는 것을 족쇄(桎)라고 하는
데, 이들을 통틀어 '교校'라고 한다. 효사에서는 족쇄(桎)를 가리킨다.
'멸滅'은 잘라내다라는 뜻이다. '지趾'는 발(足)이다.

노예가 족쇄를 끌며 발이 잘려나가는 형벌을 받으나, 이것은 죽음보
다 가벼운 형벌이다.

점을 쳐 이 효를 얻은 사람은 지금 '노예가 족쇄를 끌며 발이 잘려나

가는' 상황이다. 장차 매우 힘든 상황에 처하여, 육신의 고통을 감수해
야 하리라. 지난 과오를 두 번 다시 범하지 말라. 점에 묻고자 하는 일
은 허물이 없으리라.

둘째 음효. 고기를 먹다가 코가 잘려나가나, 허물이 없으리라.
六二. 噬膚滅鼻, 无咎.

'서噬'는 이로 씹는 것이며, 먹는다는 뜻의 흘吃과 같다. '부膚'는 고
기(肉)이다. '멸滅'은 잘라내다라는 뜻이다.

노예가 고기를 훔쳐먹다가 코가 잘려나가는 형벌을 받으나, 이것은
죽음보다 가벼운 형벌이다.

점을 쳐 이 효를 얻은 사람은 지금 '노예가 고기를 먹다가 코가 잘려
나가는' 상황이다. 즐기는 것만 찾다가 육신의 고통을 당할 것이니, 지
난 과오를 두 번 다시 범하지 말라. 점에 묻고자 하는 일은 허물이 없
으리라.

셋째 음효. 마른 고기를 먹다가 독을 만났으니, 조금 어려우나 허물은
없으리라.
六三. 噬腊肉, 遇毒, 小吝, 无咎.

'서噬'는 이로 씹는 것이며, 먹는다는 뜻의 흘吃과 같다. '석육腊肉'은
마른 고기(乾肉)이다. '독毒'은 벌레나 독소 등이다. '인吝'은 어렵다는

뜻의 난難이다.

마른 고기를 씹다가 해로운 것을 삼키게 되었으나, 큰 화는 입지 않았다.

점을 쳐 이 효를 얻은 사람은 지금 '마른 고기를 먹다가 독을 삼킨' 상황이다. 잘 되어나가는 일에 예상외의 어려운 일들을 만날 것이나, 치명적인 것이 아니니, 점에 묻고자 하는 일은 조금 어려우나 허물은 없으리라.

넷째 양효. 뼈가 있는 마른 고기를 먹다가 구리 화살촉을 얻었다. 어려움에 대한 점은 이로우며 길하리라.

九四. 噬乾胏, 得金矢, 利艱貞, 吉.

'서噬'는 이로 씹는 것이며, 먹는다는 뜻의 흘吃과 같다. '자胏'는 고기에 뼈가 있는 것이다. '금金'은 구리(銅)이다. '시矢'는 화살촉이다. '간정艱貞'은 점에 어려운 일을 묻는 것이며, 구리 화살촉을 얻은 것에 대해 점친 기록이다.

노예가 뼈가 있는 마른 고기를 먹다가 고기 속에 들어 있는 구리 화살촉을 얻게 되었는데, 이것은 고기를 먹다가 어려움을 만난 상이다. 이에 대해 점을 치니 이롭다는 길조를 얻었다.

점을 쳐 이 효를 얻은 사람은 지금 '뼈가 있는 마른 고기를 먹다가 구리 화살촉을 얻은' 상황이다. 잠시 의외의 어려움과 직면하나, 구리 화살촉을 얻고 고기는 그대로 먹을 수 있으니, 점에 묻고자 하는 일은 이로우며 길하리라.

다섯째 음효. 마른 고기를 먹다가 황금을 얻었으니, 점은 위태로우나
허물이 없으리라.
六五. 噬乾肉, 得黃金, 貞厲, 无咎.

'서噬'는 이로 씹는 것이며, 먹는다는 뜻의 흘吃과 같다. '황금黃金'은
황금 알갱이를 말한다.

노예가 마른 고기를 먹다가 황금 알갱이를 얻었는데, 이것을 삼키는
것은 위태로운 일이나, 발견하여 삼키지 않았으므로 아무 일도 없었다.

점을 쳐 이 효를 얻은 사람은 지금 '마른 고기를 먹다가 황금을 얻
은' 상황이다. 잠시 예기치 않은 위태로움에 봉착하나, 황금을 얻고 고
기는 그대로 먹을 수 있으니, 점에 묻고자 하는 일은 위태로우나 허물
이 없으리라.

꼭대기 양효. 형틀을 지고 귀가 잘려나가니, 흉하리라.
上九. 何校滅耳, 凶.

'하何'는 하荷로 읽으며, 지다라는 부負의 뜻이다. '교校'는 칼(枷)이
라는 형구이다. '멸滅'은 잘라내다라는 뜻이다.

노예가 어깨 위에 형틀을 지고 귀가 잘려나가니, 감옥으로 가거나
형장으로 가는 모습이다. 흉하다.

점을 쳐 이 효를 얻은 사람은 지금 '형틀을 지고 귀가 잘려나가는'
상황이다. 장차 위태로움이 이를 것이니 신중을 기하라. 악한 것은 보

지고 듣지도 말하지도 행하지도 말라. 악행이 쌓이면 가릴 수 없고, 죄
가 커지면 형틀을 지고 형장으로 갈 것이니, 점에 묻고자 하는 일은 흉
하리라.

22. 비貴

비. 형통하리니, 갈 곳이 있으면 조금 이로울 것이니라.
賁. 亨. 小利有攸往.

비괘는 윗괘가 간이고 아랫괘가 리이다. 간은 산이고 리는 불이다. 비괘의 괘상은 산 아래에 불이 있는 것이다. 산 아래에 불이 있다는 것은 해가 서산마루로 넘어가고 있다는 것이다. 석양은 온 세상을 황혼으로 물들이고 있으니 매우 아름답게 보인다. 비는 꾸미다라는 뜻이다.

괘사에서, '형亨'은 통하다라는 뜻의 통通이다. '유攸'는 곳이라는 뜻의 소所이다. 혼사가 성사되어 형통하리니, 혼사 도중 약간의 문제가 있어 이로움은 그다지 크지 않을 것이다.

점을 쳐 이 괘를 얻은 사람은 이 괘상과 괘명을 보고 지금 해지기 전의 아름다움에 처하여 화려한 겉치레보다는 속을 알차게 채우도록 노력하는 것이 좋으리라. 산 아래에 불이 있으니, 해는 서산으로 기울어 가고, 하는 일은 전성기를 지나 내리막길로 들어서고 있다. 겉은 화려하게 꾸미나 실상 속은 텅 비어 있으니, 유행을 좇거나 허례허식에 사로잡히지 말고, 냉철한 이성을 가지고 속을 알차게 채우도록 노력하는 것이 좋으리라. 지금은 해가 기울고 있는 때이니 어떤 일을 적극적으로 추진하는 것보다 작은 일, 눈앞의 일에 관심을 기울인다면 좋은 결과가 있으리라. 해는 저물고 갈 길은 먼데, 허황된 꿈만 꾸고 있다면 파멸을 자초하게 될 것이니, 허황된 꿈을 버리고 성실한 생활을 하도록 노력하면 형통하리라. 점에 묻고자 하는 일은 조금 이로울 것이니라.

처음 양효. 그 발을 꾸몄으니, 수레를 버리고 걸어서 간다.
初九. 賁其趾, 舍車而徒.

'비賁'는 꾸미다라는 뜻의 식飾이다. '지趾'는 발(足)이다. '비기지賁其趾'는 발에 꽃신 등을 신고 발을 꾸민 것이다. '사舍'는 버리다라는 뜻의 사捨자를 빌려 쓴 것이다. '도徒'는 걸어서 가는 것(步行)이다.

신랑이 신부집으로 혼인하러 가는데 많은 사람들이 따라가면서, 혹은 수레를 타고, 혹은 말을 타고, 혹은 걸어서 가기도 한다. 신랑은 발을 아름답게 꾸몄으므로 수레를 타지 않고 걸어서 간다.

점을 쳐 이 효를 얻은 사람은 지금 '신랑이 발을 아름답게 꾸미고 걸어서 신부집으로 혼인하러 가는' 상황이다. 맑은 하늘, 기쁜 마음, 아름다운 날들이 계속될 것이니, 점에 묻고자 하는 일은 길하리라.

둘째 음효. 그 수염을 꾸민다.
六二. 賁其須.

'비賁'는 꾸미다라는 뜻의 식飾이다. '수須'는 수鬚자를 빌려 쓴 것이
며, 턱수염이라는 뜻이다.

신랑이 신부집으로 혼인하러 가는데, 따라가는 사람 중에는 늙은 아
버지도 있어, 자신의 수염을 꾸미고 함께 간다.

점을 쳐 이 효를 얻은 사람은 지금 '신랑의 아버지도 수염을 꾸미고
신랑을 따라가는' 상황이다. 경사스런 일에 기쁨을 나누니, 기쁨은 배
가 되리라. 점에 묻고자 하는 일은 길하리라.

셋째 양효. 화려하게 꾸미고, 땀에 젖었다. 오랜 기간의 점은 길하리라.
九三. 賁如濡如, 永貞吉.

'비賁'는 꾸미다라는 뜻의 식飾이다. '비여賁如'는 꾸민 모양, 즉 신랑
이 화려하게 꾸민 모양을 말한다. '유濡'는 젖다라는 뜻이다. 땀에 젖은
것이다. '영정永貞'은 영점永占이며, 점에 오랜 기간의 길흉을 묻는 것
이다.

신랑이 화려하게 꾸몄는데, 신부집으로 가면서 땀을 흘려 옷이 젖었
다. 신랑에 대해 점을 치니, 혼인하여 오랜 세월 행복할 것이라는 길조
를 얻었다.

점을 쳐 이 효를 얻은 사람은 지금 '신랑이 화려하게 꾸미고 옷이 땀

에 젖은' 상황이다. 아름다운 순간에 옷이 땀에 젖은들 무슨 문제가 되 겠는가! 점에 묻고자 하는 일은 오랜 기간 길하리라.

넷째 음효. 화려하게 꾸미고, 날은 덥고, 백마는 나는 듯 달린다. 도적 이 아니라 혼인하는 것이다.

六四. 賁如皤如, 白馬翰如, 匪寇婚媾.

'비賁'는 꾸미다라는 뜻의 식飾이다. '비여賁如'는 꾸민 모양, 즉 신랑 이 화려하게 꾸민 모양을 말한다. '파皤'는 번燔 자를 빌려 쓴 것이다. 번 燔은 곧 분焚이니, 불사르다라는 뜻이다. '한翰'은 날개라는 뜻이며, 말 이 나는 듯 달리는 것을 가리킨다. '비匪'는 아니다라는 뜻의 비非로 읽 는다. '혼구婚媾'는 혼인婚姻과 같다.

신랑이 신부집으로 혼인하러 가면서 화려하게 꾸몄는데, 날은 불타 는 듯 덥고, 타고 가는 백마는 나는 듯 달린다. 신랑과 그를 따라가는 한 무리의 사람들은 약탈하려는 도적이 아니라 장가들러 가는 사람들 이다.

점을 쳐 이 효를 얻은 사람은 지금 '신랑이 한 무리의 사람들과 더불 어 신부집으로 혼인하러 가는' 상황이다. 날씨도 축복해주는 듯 화창하 게 맑고, 백마도 기뻐하여 나는 듯 달린다. 점에 묻고자 하는 일은 길 하리라.

다섯째 음효. 사는 집을 꾸미나, 폐백이 보잘것없으니, 어려우나 마침
내 길하리라.

六五. 賁于丘園, 束帛戔戔, 吝, 終吉.

'비賁'는 꾸미다라는 뜻의 식飾이다. '구원丘園'은 신부가 거주하는
집이다. '비우구원賁于丘園'은 폐백을 받아들이는 날에 신부 쪽에서 그
집을 아름답게 꾸미는 것을 말한다. '백帛'은 비단이다. 옛날 한 속백束
帛의 길이는 2백 자(尺)였다. '전전戔戔'은 작은 모양이다.

신부집 가까이 도착한 신랑이 먼저 신부 쪽에 폐백을 보냈는데, 폐
백을 받아들이는 날에 신부집에서 그 집을 아름답게 꾸몄으나 신랑 쪽
에서 예물로 보내온 비단이 보잘것없으니, 혼사가 어렵게 되었으나,
결과는 길하게 되었다.

점을 쳐 이 효를 얻은 사람은 지금 '신랑 쪽에서 보내온 폐백이 보잘
것없어 혼사가 어려운' 상황이다. 경사스런 일에 불미스러운 것을 경계
해야 하리니, 일이 어렵게 꼬이나 결국 잘 풀릴 것이다. 점에 묻고자
하는 일은 어려우나 마침내 길하리라.

꼭대기 양효. 아름답게 꾸미니, 허물이 없으리라.

上九. 白賁, 无咎.

'백비白賁'는 흰색으로 아름답게 꾸미는 것이며, 신부가 얼굴에 흰
분을 발라 예쁘게 꾸민 것을 나타낸 것이 아닌가 한다. 이것은 곧 혼사

216

가 훌륭히 치러졌다는 말이다.

혼사가 훌륭히 치러졌으니 허물이 없다.

점을 쳐 이 효를 얻은 사람은 지금 '신부가 아름답게 꾸민' 상황이다. 아름다운 날에 아름답게 꾸미고 아름다운 일을 치렀으니, 점에 묻고자 하는 일은 허물이 없으리라.

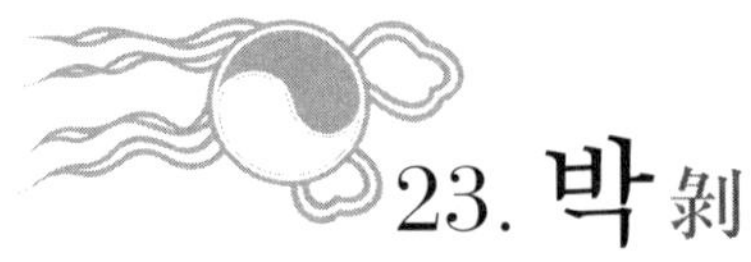

23. 박 剝

박. 갈 곳이 있으면 이롭지 않으리라.

剝. 不利有攸往.

박괘는 윗괘가 간이고 아랫괘가 곤이다. 간은 산이고 곤은 땅이다. 박괘의 괘상은 산이 땅에 붙어 있는 것이다. 산이 땅에 붙어 있어 햇볕을 받고, 바람과 비, 번개와 우레, 계곡물의 흐름, 대기의 침습 등에 의해 흙과 자갈이 벗겨 떨어져나가지 않는 날이 없다. 박은 떨어져나가다라는 뜻이다.

괘 그림을 보면 다섯 음효가 아래에 있고 하나의 양효가 꼭대기에 있다. 아래의 다섯 음이 꼭대기의 하나밖에 없는 양을 떨쳐내고 있는 모습이다. 자연계로 말하면 음기는 성하나 양기는 미약한 겨울이다. 음기가 양기를 압도하면 만물은 시들어 떨어진다. 인간계로 말하면 소

218

인의 세는 강하나 군자의 세는 약하다. 소인이 군자를 압도하면 나라는 나가떨어진다. 소인들이 활개를 치고 있는 시운을 만나 군자는 세상에 나가기를 꺼려하여 조용히 머물러 있어야 한다. 갈 곳이 있으면 이롭지 않으리라.

점을 쳐 이 괘를 얻은 사람은 이 괘상과 괘명을 보고 지금은 나가떨어질 운에 처해 있으니 하고 있은 일을 중단하고 조용히 물러나 후일을 기약하는 것이 좋으리라. 높은 산이 끊임없는 침식 작용에 의해 점차 무너져 내리고, 건전한 양이 간사한 뭇 음에 의해 나가떨어질 운에 처해 있으니, 운세는 이미 기울어 인간의 힘으로는 더 이상 어찌할 수 없는 때이다. 산이 무너져 내리고 양이 나가떨어지듯, 많은 재산을 갖고 있다 해도 갉아 먹힐 것이니라. 운세가 쇠한 이때 큰 야심을 품고 뛰어난 재능을 가졌다 하더라도 물러나 때를 기다려야 할 것이니, 경거망동하여 함부로 나아가서는 이롭지 않으리라. 차가운 겨울과 어두운 저녁때와 같은 시운을 맞이하였으니 조용히 물러나 새 봄과 새 아침을 맞이할 준비를 하는 것이 좋을 것이니라.

처음 음효. 수레의 바퀴를 만든다. 꿈을 점치니, 흉하리라.
初六. 剝牀以足, 蔑貞, 凶.

'박剝'은 치다, 두드리다라는 뜻의 격擊이다. 이 뜻이 파생되어 떨어져나가다, 무너뜨리다 등의 뜻으로 사용되었다. '상牀'은 상廂으로 읽으며, 수레의 차체(車廂)를 가리킨다. '이以'는 '지之'와 같다. '멸蔑'은 꿈이라는 뜻의 몽夢으로 읽는다. '멸정蔑貞'은 꿈을 점친다는 뜻이다.

소인이 궁중에 불려가 군자의 수레를 만들면서 먼저 수레바퀴를 만드는데, 이것은 자신이 원하는 바가 아니어서, 꿈에도 지긋지긋하다.

점을 쳐 이 효를 얻은 사람은 지금 '소인이 수레의 바퀴를 만드는' 상황이다. 장차 원하지 않는 일을 하게 되어 처음부터 어긋나게 되리니, 점에 묻고자 하는 일은 흉하리라.

들째 음효. 수레의 판을 만든다. 꿈을 점치니, 흉하리라.

六二. 剝牀以辨, 蔑貞, 凶.

'변辨'은 편牘으로 읽으며, 수레의 판이다. '멸蔑'은 꿈이라는 뜻의 몽夢으로 읽는다. '멸정蔑貞'은 꿈을 점친다는 뜻이다.

소인이 궁중에 불려가 군자의 수레를 만들면서 수레의 판을 만드는데, 이것은 자신이 원하는 바가 아니어서, 꿈에도 지긋지긋하다.

점을 쳐 이 효를 얻은 사람은 지금 '소인이 수레의 판을 만드는' 상황이다. 장차 원하지 않는 일을 하게 되어 갈수록 엇갈리게 되리니, 점에 묻고자 하는 일은 흉하리라.

셋째 음효. 수레의 몸체를 만드니, 허물이 없으리라.

六三. 剝之, 无咎.

'지之'는 수레의 몸체를 가리킨다.

수레의 몸체를 만들면 수레는 거의 완성이 되었으니, 허물이 없다.

점을 쳐 이 효를 얻은 사람은 지금 '소인이 수레의 몸체를 만드는' 상황이다. 추진하는 일은 거의 완성되어가니, 점에 묻고자 하는 일은 허물이 없으리라.

넷째 음효. 수레의 자리를 만드나, 흉하리라.
六四. 剝牀以膚, 凶.

'부膚'는 자리라는 뜻의 석席이다.

소인이 궁중에 불려가 수레를 만드는데, 마지막으로 몸체의 자리를 만든다. 수레를 만들어도 얻는 것이 없으니 흉하다.

점을 쳐 이 효를 얻은 사람은 지금 '소인이 수레의 자리를 만드는' 상황이다. 추진하는 일은 완성되어도 얻는 것이 없으리니, 점에 묻고자 하는 일은 흉하리라.

다섯째 음효. 활을 쏘아 물고기를 맞춰, 궁인의 총애를 받으니, 이롭지 않음이 없으리라.
六五. 貫魚, 以宮人寵, 无不利.

'관貫'은 맞추다라는 뜻의 중中이다. '관어貫魚'는 활을 쏘아 물고기를 적중시키는 것이다. '궁인宮人'은 궁중에 사는 사람이다. '총寵'은 사랑하다라는 뜻의 애愛이다.

궁중에 불려가 수레를 만드는 소인이 수레를 다 만든 후 왕이 치하하는 자리에서 활을 쏘아 물고기를 맞추니, 왕의 총애를 받아 매우 좋다.

점을 쳐 이 효를 얻은 사람은 지금 '소인이 활을 쏘아 물고기를 맞춰 궁인의 총애를 받는' 상황이다. 물고기도 잡고 궁인의 총애도 받으니, 장차 얻는 바가 크리라. 점에 묻고자 하는 일은 이롭지 않음이 없으리라.

꼭대기 양효. 큰 과실이 있어도 먹지 않으니, 군자는 수레를 얻고, 소인은 초가를 무너뜨린다.
上九. 碩果不食, 君子得輿, 小人剝廬.

'석碩'은 크다는 뜻의 대大이다. '과果'는 과실이다. '석과'는 소인이 수레를 만든 것에 대해 군자가 치하한 내용을 은유적으로 표현한 것이다. '여輿'는 수레(車)이다. '박剝'은 허물다라는 뜻이다. '려廬'는 초가집이다.

소인이 군자를 위해 열심히 수레를 만들어 군자가 이를 치하하였으나 소인이 사양하였으니, 군자는 소인이 만든 수레를 갖게 되었고, 소인은 수레를 만들면서 자신의 집안은 돌보지 못하였으므로 형편이 더욱 어려워졌다.

점을 쳐 이 효를 얻은 사람은 지금 '소인이 큰 과실이 있어도 먹지 않는' 상황이다. 일한 대가를 원치 않으니, 군자는 얻는 바가 있고, 소인은 잃는 것이 있으리라.

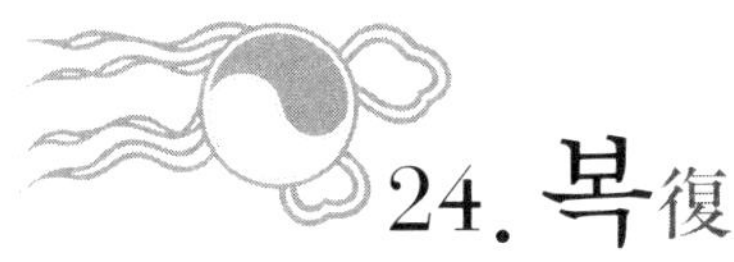

24. 복復

복. 형통하리니, 출정하고 돌아옴에 거리낌이 없으리라. 원병이 오니 허물이 없으리라. 그 길을 되돌아오는데 칠 일이면 돌아온다. 갈 곳이 있으면 이로울 것이니라.

復. 亨. 出入无疾. 朋來无咎. 反復其道, 七日來復. 利有攸往.

복괘는 윗괘가 곤이고 아랫괘가 진이다. 곤은 땅이고 진은 우레이다. 복괘의 괘상은 우레가 땅속에 있는 것이다. 천기가 차가울 때 우레는 땅속에 있다. 우레가 땅속에 있다는 것은 우레가 원래의 장소로 되돌아왔다는 것이다. 복은 돌아오다라는 뜻이다.

괘사에서, '출입出入'은 장수가 군사를 거느리고 출정하고 돌아오는 것을 말한다. '질疾'은 구체적인 질병을 말하는 것이 아니라 어떤 방해 요소를 가리킨다. '무질无疾'은 거리낌이 없다는 말이다. '붕朋'은 지원

군, 즉 원병을 가리킨다. '반反'은 돌아오다라는 뜻의 반返자를 빌려 쓴 것이다. '복復'은 갔다가 되돌아오는 것이다. 괘 그림을 보면 하나의 양이 다섯 개의 음 밑에서 다시 움직여 점차 위로 올라오고, 땅속의 우레가 다시 솟아오르는 모습이다. 양기가 점차 자라나 위를 향하여 서서히 그 기운을 펼쳐나가고, 군자가 본래의 자리로 돌아와 서서히 그 세를 펼쳐 나가고 있으니 형통하리라. 출정하고 돌아옴에 막혀 통하지 않음이 없고 원병이 오니 허물이 없으리라. 모든 사물은 극에 이르면 반드시 되돌아오고, 천지 자연의 운행 법칙은 반드시 반복된다. 그 길을 되돌아올 수 있으니 갈 곳이 있으면 이로울 것이다.

점을 쳐 이 괘를 얻은 사람은 이 괘상과 괘명을 보고 지금은 서서히 그 뜻을 펼쳐나갈 시기임을 알고 차분하게 준비해야 하리라. 우레가 땅속에서 다시 솟아오르고, 양은 되돌아와 음을 밀쳐내며 서서히 기운을 펼치고 있으니, 새 봄을 맞고 새 아침을 맞아 새로운 운세가 이제 바야흐로 시작된 것이다. 그러나 아직은 이른 봄, 이른 아침이어서 때는 무르익지 않았으니 성급히 나서서는 안 되리라. 때가 성숙되기를 기다리며 계획을 충분히 세워 한 걸음씩 차분히 시작하는 것이 좋으리라. 처음부터 심사숙고하여 일을 진행한다면 형통하리니, 막혀 통하지 않음이 없을 것이다. 원병도 올 것이고 재물도 넉넉히 들어올 것이니, 점에 묻고자 하는 일은 이로울 것이니라.

처음 양효. 멀리 가지 않고 돌아오니, 큰 뉘우침이 없으며 크게 길하리라.
初九. 不遠復, 无祇悔, 元吉.

'불원복不遠復'은 멀리 가지 않고 곧 돌아오는 것이다. '지祗'는 크다
는 뜻의 대大이다. '회悔'는 뉘우치다라는 뜻이며, 비교적 작은 불행이다.

장수가 군사를 거느리고 출정하여 멀리 가지 않고 곧 돌아오니, 이
것은 크게 승리하였다는 것이다. 아무런 문제 없어 크게 길하다.

점을 쳐 이 효를 얻은 사람은 지금 '장수가 출정하여 멀리 가지 않고
곧 돌아오는' 상황이다. 길은 막히지 않고 잘 통하며 장애물이 없어 뜻
대로 나아가리니, 장차 크게 성취하리라. 점에 묻고자 하는 일은 크게
길하리라.

들째 음효. 기뻐하면서 돌아오니, 길하리라.

六二. 休復, 吉.

'휴休'는 기쁘다는 뜻의 희喜이다. '휴복休復'은 기뻐하면서 돌아오
는 것이다.

장수가 출정하여 기뻐하면서 돌아오는 것은 승리하였기 때문이니,
길하다.

점을 쳐 이 효를 얻은 사람은 지금 '장수가 출정하여 기뻐하면서 돌
아오는' 상황이다. 일은 반드시 이루어질 것이니, 기뻐하리라. 점에 묻
고자 하는 일은 길하리라.

셋째 음효. 찡그리며 돌아오니, 위태로우나 허물이 없으리라.

六三. 頻復, 厲, 无咎.

'빈頻'은 빈顰자를 빌려 쓴 것이며, 찡그리다라는 뜻이다. '빈복頻復'
은 찡그리며 돌아오는 것이다.

장수가 출정하여 싸움에 패하여 찡그리며 돌아오니, 일은 위태롭게
되었으나 마침내 아무 문제가 없게 되었다.

점을 쳐 이 효를 얻은 사람은 지금 '장수가 출정하여 찡그리며 돌아
오는' 상황이다. 험한 것이 가로막고 있으니 물러서는 것이 좋으리라.
위기를 맞으나 다행히 모면하리라. 점에 묻고자 하는 일은 위태로우나
허물이 없으리라.

넷째 음효. 중도에서 혼자 돌아오게 되리라.
六四. 中行獨復.

'행行'은 길이라는 뜻의 도道이다. '중행中行'은 중도中道와 같다. '독
복獨復'은 혼자 돌아오는 것이다.

장수가 출정하였다가 중도에서 홀로 군사를 거느리고 돌아오는 것
은 서로 마음이 맞지 않았기 때문이다.

점을 쳐 이 효를 얻은 사람은 지금 '장수가 출정하여 중도에서 혼자
돌아오는' 상황이다. 다른 사람들과 호흡을 맞추지 못하고 결국 중도에
서 혼자 떨어지게 되리니, 점에 묻고자 하는 일은 첩첩산중, 망망대해
에 홀로 남게 되리라.

다섯째 음효. 급하게 돌아오니, 뉘우침이 없으리라.

六五. 敦復, 无悔.

'돈敦'은 촉박하다라는 뜻이다. '돈복敦復'은 급하게 돌아오는 것이다.

장수가 출정하였다가 군사를 거느리고 급하게 돌아오는 것은 무슨 일이 일어났기 때문이나 돌아왔으므로 큰 문제는 없다.

점을 쳐 이 효를 얻은 사람은 지금 '장수가 출정하여 급하게 돌아오는' 상황이다. 장차 예상치 않은 문제가 일어나 곤혹스러울 것이나, 점에 묻고자 하는 일은 뉘우침이 없으리라.

꼭대기 음효. 길을 잃고 돌아오니 흉하며 재앙이 있으리라. 출병하였으나 마침내 크게 패하여 임금에게도 영향을 미쳐 흉하다. 십 년이 되어도 정벌하지 못하리라.

上六. 迷復, 凶, 有災眚. 用行師, 終有大敗, 以其國君, 凶, 至于 十年, 不克征.

'미복迷復'은 길을 잃고 돌아오는 것이다. '생眚'은 재災와 같으며, 재앙이라는 뜻이다. '행사行師'는 출병하는 것이다. '이以'는 미치다라는 뜻의 급及이다. '극克'은 할 수 있다는 뜻의 능能이다.

장수가 출정하였다가 길을 잃고 돌아오니 흉하다. 출병하여 길을 잃은 것은 아주 큰 재앙이니, 크게 패하였을 뿐만 아니라 임금에게까지 영향을 미쳐 오랜 세월 동안 회복하지 못하는 치명적인 피해를 입었다.

점을 쳐 이 효를 얻은 사람은 지금 '장수가 출정하여 길을 잃고 대패하여 돌아오는' 상황이다. 장차 방향을 상실하고 갈팡질팡하다가 큰 화를 당할 것이니, 점에 묻고자 하는 일은 흉하리라.

25. 무망无妄

무망. 크게 형통하리니, 이롭다는 점이다. 하는 것이 바르지 못하면
재앙이 있을 것이니, 갈 곳이 있으면 이롭지 않으리라.
无妄. 元亨. 利貞. 其匪正有眚, 不利有攸往.

무망괘는 윗괘가 건이고 아랫괘가 진이다. 건은 하늘이고 진은 우레
이다. 무망괘의 괘상은 하늘 아래에 우레가 운행하는 것이다. 하늘 아
래에 음양 두 기가 화합하여 우레가 진동하면 만물은 나서 자라난다.
이것은 대자연의 필연적 현상이다. 자연 법칙은 도리에 어긋나는 것이
없다. 무망은 도리에 어긋남이 없다는 뜻이다.

괘사에서, '비匪'는 아니다라는 뜻의 비非로 읽는다. '생眚'은 재앙(災)
이다. 도리에 어긋남이 없고 터무니없이 행하는 것이 없으면 크게 형
통하리니, 점에 묻고자 하는 일은 이로울 것이다. 하는 것이 바르지 못

하면 재앙이 있을 것이니, 행하는 바가 있으면 이롭지 않으리라.

점을 쳐 이 괘를 얻은 사람은 이 괘상과 괘명을 보고 지금은 사사로운 욕망을 버리고 자연 법칙에 순응하여 도리에 어긋나는 일을 행해서는 안 될 때임을 알아야 하리라. 우레가 하늘 밑에서 진동하고 있으니, 지금은 적극적으로 나설 때가 아니며 또 억지로 뭔가 이루려고 애쓸 때도 아니다. 만사를 자연에 맡겨 하늘의 뜻에 순종할 때이다. 인위적 작위를 버리고 모든 것을 자연에 맡겨 경건한 마음으로 하늘에 순종하려고 노력한다면 도리에 어긋남이 없을 것이니, 성공과 행복을 얻을 수 있으리라. 하늘에 순종하지 못하고 하는 것이 바르지 못하면 화를 자초할 것이니, 일을 추구한다면 이롭지 않으리라.

처음 양효. 도리에 어긋남이 없으니, 가면 길하리라.
初九. 无妄, 往吉.

'무망无妄'은 도리에 어긋남이 없다는 뜻이다.

도리에 어긋남이 없이 행하니 길하다.

점을 쳐 이 효를 얻은 사람은 지금 '도리에 어긋남이 없는' 상황이다. 당연히 가야 할 길을 가고 있으니, 점에 묻고자 하는 일은 길하리라.

둘째 음효. 밭을 갈지 않으면서 수확하려 하고, 개간하지 않으면서 경작하려 하니, 어찌 갈 곳이 있으면 이롭겠는가?
六二. 不耕穫, 不菑畬, 則利有攸往.

'경耕'은 경작하다라는 뜻이다. '확穫'은 수확하다라는 뜻이다. '불경확不耕穫'은 경작하지 않으면서 수확하려 한다는 말이다. '치菑'는 황무지를 개간하는 것이다. '여畬'는 경작지이다. '불치여不菑畬'는 황무지를 개간하지 않으면서 경작하려 한다는 말이다. '즉則'은 어찌 기豈와 같다.

일하지 않고 수확만 바라는 도리에 어긋나는 생각을 가지고는 얻는 것이 없다.

점을 쳐 이 효를 얻은 사람은 지금 '노력하지 않고 얻기를 바라는' 상황이다. 노력하지 않는다면 얻는 것도 없을 것이니, 점에 묻고자 하는 일은 어찌 이롭겠는가?

셋째 음효. 도리에 어긋남이 없는 재앙이다. 어떤 사람이 매어둔 소를 행인이 얻으니, 고을사람의 재앙이다.

六三. 无妄之災, 或繫之牛, 行人之得, 邑人之災.

'무망지재无妄之災'은 도리에 어긋남이 없는 재앙이라는 뜻이다. '혹或'은 어떤 사람이다.

고을사람이 소를 어느 곳에 매어두었는데, 행인이 끌고 갔으니, 고을사람이 소를 잃은 것은 소를 소홀히 하여 그렇게 된 것이며, 이것은 도리에 어긋남이 없는 재앙이다.

점을 쳐 이 효를 얻은 사람은 지금 '고을사람이 매어둔 소를 잃어버린' 상황이다. 부뚜막 옆에 땔감을 쌓아놓으면 불을 지피지 않아도 불이 번져 큰 환난을 불러일으킬 것이니, 당연히 얻은 재앙이다. 점에 묻고자 하는 일은 재앙을 자초하리라.

넷째 양효. 소를 찾을 수 있다는 점이니, 허물이 없으리라.
九四. 可貞, 无咎.

'가정可貞'은 '가점可占'과 같으니, 점에 묻고자 하는 일이 좋다는 뜻
이다.

고을사람이 소를 잃고 점을 치니 소를 찾을 수 있어 별문제가 없다
는 길조를 얻었다.

점을 쳐 이 효를 얻은 사람은 지금 '고을사람이 소를 찾을 수 있는
길조를 얻은' 상황이다. 장차 얻을 수 있으니, 점에 묻고자 하는 일은
생각대로 행하여도 허물이 없으리라.

다섯째 양효. 도리에 어긋남이 없는 병이니, 약을 쓰지 않아도 나으리라.
九五. 无妄之疾, 勿藥有喜.

'무망지질无妄之疾'은 도리에 어긋남이 없는 병이라는 뜻이다. '유희
有喜'는 병이 낫는 것이다.

고을사람이 소를 잃고 병이 났는데, 이 병은 아무렇게나 생긴 병이
아니라 소를 소홀히 다룬 것에서 나온 것이니, 이런 병은 약을 쓰지 않
아도 소를 찾으면 절로 낫는다.

점을 쳐 이 효를 얻은 사람은 지금 '고을사람이 소를 잃고 병이 난'

상황이다. 자신의 부주의로 어려움을 자초할 것이나 그 원인을 제거하면 쉽게 해결할 수 있으리라. 점에 묻고자 하는 일은 약을 쓰지 않아도 나으리라.

꼭대기 양효. 도리에 어긋나게 행하지 말라. 재앙이 있어 이로울 것 없으리라.

上九. 无妄行, 有眚, 无攸利.

'무망행无妄行'은 도리에 어긋나게 행하지 말라는 뜻이다. '생眚'은 재앙이다.

도리에 어긋나게 행한다면 고을사람처럼 소를 잃고 병이 날 것이니, 재앙이 있어 이로울 것 없다.

점을 쳐 이 효를 얻은 사람은 지금 '도리에 어긋나게 행해서는 안 되는' 상황이다. 하고자 하는 일을 도리에 어긋나게 행한다면, 점에 묻고자 하는 일은 재앙이 있어 이로울 것 없으리라.

26. 대축 大畜

대축괘는 윗괘가 간이고 아랫괘가 건이다. 간은 산이고 건은 하늘
이다. 대축괘의 괘상은 하늘이 산 속에 있는 것이다. 하늘이 산 속에
있으니, 산 속에서 그 기를 축적한다. 대축은 축적한 것이 많다는 뜻
이다.

괘사에서, '이정利貞'은 이점利占과 같다. '섭涉'은 물을 건너다(渡水)
는 뜻이다. 가축을 기르니 점에 묻고자 하는 일은 이롭다. 가축을 돌보
며 밖에서 밥을 먹으니 길하다. 가축을 기르기 위해 때로 가축을 몰고
멀리 가면 이로울 것이니라.

점을 쳐 이 괘를 얻은 사람은 이 괘상과 괘명을 보고 지금은 자신의 뜻을 펼칠 수 있는 좋은 시기를 기다리며 힘을 축적하여 충분한 준비를 해두어야 하리라. 하늘이 산 속에 있으니, 하늘의 기운이 산 위로 올라가 산에는 온갖 초목이 무성하고 조수는 넉넉한 먹이를 축적하며 살아간다. 사람이 먼저 힘을 기르고 실력을 쌓아두면 어떤 어려움을 만나도 조금도 흔들리지 않고 안정된 마음으로 목표를 향해 나아갈 수 있으니 그 운세는 매우 좋으리라. 어려움을 만날지라도 그동안 축적된 능력으로 충분히 극복할 수 있을 것이니, 고생을 하면 고생한 만큼, 시간이 오래 걸리면 오래 걸린 만큼 결과도 클 것이다. 자기 수양에 힘쓰고 실력을 길러 때를 기다릴 것이니, 점에 묻고자 하는 일은 이로울 것이니라. 자신의 내면세계에만 갇혀 있지 말고 마음의 문을 활짝 열고 생각하고 있는 바를 추구하되 어려움을 만나면 정면 돌파하라. 길하리라.

처음 양효. 위태로움이 있으니, 멈추는 것이 이로울 것이니라.
初九. 有厲, 利已.

'여厲'는 위태롭다는 뜻의 위危이다. '이己'는 멈추다라는 뜻의 지止이다.

목축하는 사람이 가축을 몰고 멀리 갔다가 위태로움을 만났으니, 가는 것을 멈추는 것이 이롭다.

점을 쳐 이 효를 얻은 사람은 지금 '목축하는 사람이 위태로움을 만난' 상황이다. 장차 위태로울 것이니, 점에 묻고자 하는 일은 멈추는 것이 이로울 것이니라.

둘째 양효. 수레의 바퀴살이 떨어져나가리라.

九二. 興說輹.

'여興'는 수레(車)이다. '열說'은 이탈하다라는 뜻의 탈脫로 읽는다.
'복輹'은 바퀴살이다.

목축하는 사람이 가축을 몰고 멀리 갔다가 수레의 바퀴살이 떨어져
나갔으니, 위태롭게 되었다.

점을 쳐 이 효를 얻은 사람은 지금 '목축하는 사람의 수레의 바퀴살
이 떨어져나간' 상황이다. 조심하라. 일은 엇갈려 나아가기 어려울 것
이니, 점에 묻고자 하는 일은 위태로울 것이니라.

셋째 양효. 좋은 말을 교배시키니, 어려움에 대한 점은 이롭다. 매일
수레를 타고 가축을 지키는 것을 연습하니, 갈 곳이 있으면 이로울 것
이니라.

九三. 良馬逐, 利艱貞. 曰閑興衛, 利有攸往.

'축逐'은 교배라는 뜻이다. '간정艱貞'은 점에 어려움을 묻는 것이다.
'왈曰'은 일日로 읽으며, 매일이라는 뜻이다. '한閑'은 한嫺으로 읽으며,
연습하다라는 뜻이다. '여위興衛'는 수레를 타고 가축을 방위하는 것을
말한다.

목축하는 사람들이 좋은 말을 교배시켜 많이 번식시키는데, 말을 교
배시키는 일이 어려우나 이롭다. 매일 수레를 타고 가축을 지키는 것을

연습하여 가축을 보호하니, 가축을 몰고 멀리 가서 목축하여도 좋다.

점을 쳐 이 효를 얻은 사람은 지금 '목축하는 사람이 좋은 말을 교배시켜 많이 번식하는' 상황이다. 어려운 일을 하여도 문제될 것이 없으니 이로울 것이니라. 재물이 늘어나고 또 잘 지키니, 사업은 크게 번성하리라. 점에 묻고자 하는 일은 이로울 것이니라.

넷째 음효. 송아지의 뿔에 나무를 대어놓으니, 크게 길하리라.
六四. 童牛之牿, 元吉.

'동우童牛'는 송아지이다. '지之'는 '유有'와 같다. '곡牿'은 소의 뿔에 가로로 대어놓은 나무이다.

송아지의 뿔이 처음 생겨나면 받기를 좋아하는데, 이것을 방치해두면 사람이 다치고 물건이 깨지며 뿔 또한 부러지기 쉽다. 그 뿔에 가로로 나무를 대어놓으면 서로 다치지 않게 될 것이니 크게 길하다.

점을 쳐 이 효를 얻은 사람은 지금 '송아지의 뿔에 나무를 대어놓는' 상황이다. 앞을 내다보고 미리 준비해두어야 하리니, 다치지 않을 것이다. 점에 묻고자 하는 일은 크게 길하리라.

다섯째 음효. 거세한 돼지를 우리에 가두니, 길하리라.
六五. 豶豕之牙, 吉.

‘분豶’은 거세한 돼지이다. ‘지之’는 ‘유有’와 같다. ‘아牙’는 호梏자를 빌려 쓴 것이며, 가축의 우리이다.

돼지를 거세하면 살이 쪄 많은 고기를 얻게 된다. 거세한 돼지는 그곳이 매우 아프며, 회복될 때는 가려워 참지 못하고 내달리거나 혹은 거세한 곳을 문질러 상처가 찢어져 병들어 죽기도 한다. 우리에 가두어 이를 방지하면 길하다.

점을 쳐 이 효를 얻은 사람은 지금 ‘거세한 돼지를 우리에 가두는’ 상황이다. 앞을 내다보고 적절한 조치를 취해야 하리니, 얻는 것이 크리라. 점에 묻고자 하는 일은 길하리라.

꼭대기 양효. 하늘의 복을 받으니, 형통하리라.
上九. 何天之衢, 亨.

‘하何’는 메다라는 뜻의 하荷로 읽으며, 받는다라는 뜻의 수受와 같다. ‘구衢’는 휴休로 읽으며, 복이라는 뜻이다.

하늘의 복을 받아 가축을 기르는 일이 형통하다.

점을 쳐 이 효를 얻은 사람은 지금 ‘하늘의 복을 받는’ 상황이다. 장차 하늘의 복을 받아 사업은 번성하리라. 점에 묻고자 하는 일은 형통하리라.

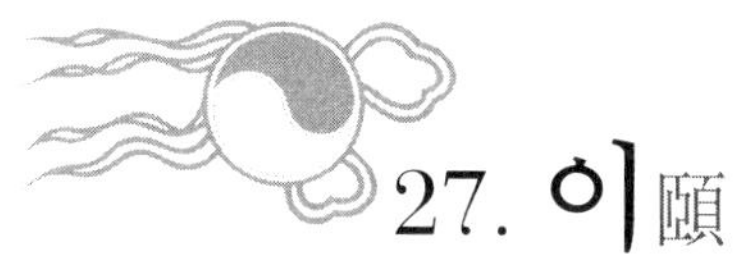

27. 이頤

이. 점은 길하리니, 먹을 것을 살펴보고, 스스로 식량을 구해야 하리라.

頤. 貞吉. 觀頤, 自求口實.

이괘는 윗괘가 간이고 아랫괘가 진이다. 간은 산이고 진은 우레이다. 이괘의 괘상은 산 아래 우레가 있는 것이다. 산 아래에 우레가 울리는 것은 천기가 따뜻할 때이고 천지가 만물을 기를 때이다. 이는 기른다는 뜻이다.

괘사에서, '이頤'는 볼, 뺨이며, 잘 먹고 못 먹고는 여기에 모두 나타나므로 먹고사는 문제를 가리킨다. '관이觀頤'는 먹을 것을 살펴본다는 뜻이다. '구실口實'은 식량이다. 괘 그림을 보면 위아래에는 턱이 있고 그 사이 이가 가지런히 있는 입과 같으니, 이괘는 또 입으로 음식물을 취해 씹는 턱의 모양이다. 입 안에 깨끗한 음식을 취하고, 또 머릿속에는 올바른 생각을 기른다면 점에 묻고자 하는 일은 길하리니, 먹을 것을 살펴보고 스스로 먹을 것을 구해야 한다.

점을 쳐 이 괘를 얻은 사람은 이 괘상과 괘명을 보고 지금은 입에서 나오는 말도 입으로 들어가는 음식도 조심해야 하리라. 산 아래 우레 소리가 진동하니 모든 생물들이 자라난다. 사람은 살아가면서 말을 삼가고 음식을 절제하여 자신의 몸을 보존한다. 입은 재앙의 문이다. 말이 많아도 없어도 잘해도 못해도, 음식을 많이 먹어도 먹지 않아도 잘먹어도 못 먹어도 화를 당하고 탈이 나기 쉽다. 말조심 음식 조심하면 점에 묻고자 하는 일은 길하리니, 먹을 것을 살펴보고 먹을 것은 자신이 해결해야 하리라.

처음 양효. 너의 영험한 거북을 버려두고 내가 먹는 것을 보고 있으니, 흉하리라.

初九. 舍爾靈龜, 觀我朶頤, 凶.

'사舍'는 버리다라는 뜻의 사捨자를 빌려 쓴 것이다. '영귀靈龜'는 영험한 거북이라는 뜻이다. 그 껍질은 점(卜)을 칠 때 사용하였고 고기는 먹었다. '아我'는 음식을 먹고 있는 사람을 가리킨다. '타朶'는 꽃봉오리이다. '타이朶頤'는 뺨이 꽃봉오리같이 움직인다는 말이다. 입 속에 음식물이 가득 있어 뺨이 터질 듯이 통통한 것이 마치 꽃봉오리 같으므로 '타이朶頤'라고 한 것이다.

자신의 귀한 것은 놓아두고 남의 음식을 탐내고 있으니 좋지 않다.

점을 쳐 이 효를 얻은 사람은 지금 '자신의 것은 놓아두고 남의 것을

탐내고 있는' 상황이다. 남의 떡이 더 커 보인다. 점에 묻고자 하는 일
은 흉하리라.

둘째 음효. 먹을 것을 해결하기 위해, 언덕에 황무지를 개간한다. 먹
을 것을 얻기 위해 정벌하면 흉하리라.
六二. 顚頤, 拂經于丘. 頤征, 凶.

'전顚'은 신愼자를 빌려 쓴 것이며, 잘하다라는 선善의 뜻이다. '이頤'
는 먹고사는 문제를 가리킨다. '전이顚頤'는 먹고사는 문제를 잘 해결한
다는 뜻이다. '불拂'은 불刜자를 빌려 쓴 것이며, 치다라는 뜻의 격擊, 자
르다라는 뜻의 작斫이다. '경經'은 경徑이며, 논밭 길을 가리킨다. '불경
拂徑'은 황무지를 개간한다는 뜻이다. '구丘'는 언덕이다.

먹는 문제를 잘 해결하기 위해 언덕에 황무지를 개간한다. 먹을 것
을 얻기 위해 다른 사람의 식량을 약탈한다면 좋지 않다.

점을 쳐 이 효를 얻은 사람은 지금 '먹을 것을 해결하기 위해 언덕에
황무지를 개간하는' 상황이다. 정당하게 문제를 해결하고 있으니, 점에
묻고자 하는 일은 길하리라. 정당하지 않게 문제를 해결하면 욕을 당
할 것이니, 하고자 하는 일은 흉하리라.

셋째 음효. 그릇되게 먹을 것을 해결하니, 점은 흉하리라. 십 년을 행
할 수 없으니, 이로울 것 없으리라.
六三. 拂頤, 貞凶. 十年勿用, 无攸利.

'불拂'은 거스르다라는 뜻의 역逆이다. '불이拂頤'는 그릇되게 먹을 것을 해결한다는 뜻이다.

정당한 방법이 아닌 그릇된 방법으로 먹을 것을 해결한다면 오랫동안 좋지 않으며 이로울 것이 없다.

점을 쳐 이 효를 얻은 사람은 지금 '그릇되게 먹을 것을 해결하는' 상황이다. 장차 커다란 치욕을 당해 오랫동안 행할 수 없을 것이니, 이로울 것 없으리라. 점에 묻고자 하는 일은 흉하리라.

넷째 음효. 먹을 것을 해결하니 길하리라. 호랑이가 노려보며 잡아채려고 하나, 허물이 없으리라.

六四. 顚頤, 吉. 虎視耽耽, 其欲逐逐, 无咎.

'전이顚頤'는 먹고사는 문제를 잘 해결한다는 뜻이다. '탐탐耽耽'은 눈을 부릅뜨고 노려보고 있는 모습이다. '축축逐逐'은 재빠르게 움직이는 것이다.

먹을 것을 잘 해결하였는데, 적이 식량을 약탈하기 위해 호시탐탐 노리고 있으니, 경계하면 아무런 문제가 일어나지 않는다.

점을 쳐 이 효를 얻은 사람은 지금 '적이 식량을 약탈하기 위해 호시탐탐 노려보고 있는' 상황이다. 장차 문제를 잘 해결하여 길할 것이나, 호시탐탐 노려보는 것이 있으니, 경계하고 조심해야 하리라. 점에 묻고자 하는 일은 허물이 없으리라.

다섯째 음효. 황무지를 개간하니, 거주하는 곳의 점은 길하리라. 큰
내를 건너서는 안 되리라.

六五. 拂經, 居貞吉. 不可涉大川.

'불경拂經'은 불경拂徑이며, 황무지를 개간한다는 뜻이다.

먹을 것을 해결하기 위해서는 황무지를 개간하여 농사를 지으며 한
곳에 거주하는 것이 길하지, 멀리 떠나가서는 안 된다.

점을 쳐 이 효를 얻은 사람은 지금 '한 곳에 정착하여 황무지를 개간
하는' 상황이다. 한 곳에 안주하여 새로운 세계를 개척하는 것이 좋을
것이니, 위험을 무릅쓰고 모험을 감행하지 말라. 화를 자초하게 되리
라. 점에 묻고자 하는 일은 길하리라.

꼭대기 양효. 바르게 먹을 것을 해결하니, 위태로우나 길하리라. 큰
내를 건너면 이로울 것이니라.

上九. 由頤, 厲, 吉. 利涉大川.

'유由'는 따르다라는 뜻이다. '유이由頤'는 올바른 방법을 따라 먹을
것을 해결한다는 뜻이다.

올바른 방법으로 먹을 것을 해결하니, 이런 일은 한동안 고통스러우
나 만족스러운 것이다.

점을 쳐 이 효를 얻은 사람은 지금 '바르게 먹을 것을 해결하는' 상
황이다. 정도를 걸으니 항상 위험이 따를 것이나 결국은 무사하리라.

어려움을 만나면 정면 돌파하라. 점에 묻고자 하는 일은 위태로우나 길하리라.

28. 대과大過

대과. 대들보가 굽었다. 갈 곳이 있으면 이롭고 형통하리라.

大過. 棟橈. 利有攸往, 亨.

대과괘는 윗괘가 태이고 아랫괘가 손이다. 태는 못이고 손은 바람이며 또 나무이다. 대과괘의 괘상은 못이 나무를 침몰시키는 것이다. 못이 나무를 침몰시키니, 크게 잘못되었다. 대과는 크게 잘못되었다는 뜻이다.

괘사에서, '동棟'은 대들보이다. '요橈'는 굽다라는 뜻의 곡曲이다. 은나라가 크게 잘못되어 망국의 길로 들어섰으니 주나라는 이를 정벌하면 이롭고 형통하다.

점을 쳐 이 괘를 얻은 사람은 이 괘상과 괘명을 보고 지금 크게 잘못되어 자신이 처해 있는 운명이 괴로움에 허덕이고 있을 때임을 알아야 하리라. 물이 너무 많이 흘러 넘쳐 나무가 괴로움을 당하고 있으니, 지나치게 무거운 짐을 짊어지고 일에 쫓겨 괴로움을 당하고 있는 상이다. 크게 잘못되었을 때는 마음의 짐을 가볍게 하고, 너그러운 마음으로 모든 악운이 지나가 버릴 때까지 기다려야 하리니, 강인한 인내력으로 위험한 상황을 슬기롭게 극복한 뒤에 오는 즐거움은 크리라.

처음 음효. 흰 띠 풀로 짠 자리를 깔았으니, 허물이 없으리라.
初六. 藉用白茅, 无咎.

'자藉'는 자리를 깔다라는 뜻의 천薦이다. '백모白茅'는 풀이름이며, 은나라를 상징한다.

은나라를 깔아뭉갤 때가 되었으니 은을 쳐도 주는 허물이 없다.

점을 쳐 이 효를 얻은 사람은 지금 '흰 띠 풀로 짠 자리를 깐' 상황이다. 좋은 때가 왔으니, 밀고 나가야 하리라. 점에 묻고자 하는 일은 허물이 없으리라.

둘째 양효. 마른 버드나무에 새잎이 나고, 늙은 사내가 젊은 처를 얻었으니, 이롭지 않음이 없으리라.
九二. 枯楊生梯, 老夫得其女妻, 无不利.

'제稊'는 이荑자를 빌려 쓴 것이며, 잎이 처음 나는 것이다. '부夫'는 남자를, '여女'는 어린 여자를 가리킨다.

246

은나라의 늙은 주왕이 젊은 달기를 총애하여 나라를 망치고 있으니, 주나라는 이롭지 않음이 없다.

점을 쳐 이 효를 얻은 사람은 지금 '늙은 사내가 젊은 처를 얻은' 상황이다. 어부지리를 얻어 인생에 행운이 뒤따를 것이니, 점에 묻고자 하는 일은 이롭지 않음이 없으리라.

셋째 양효. 대들보가 굽었으니, 흉하리라.

九三. 棟橈, 凶.

'동棟'은 대들보이다. '요橈'는 굽다는 뜻의 곡曲이다.

은나라가 멸망의 길로 접어들었으니, 흉하다.

점을 쳐 이 효를 얻은 사람은 지금 '대들보가 굽은' 상황이다. 장차 걷잡을 수 없는 해를 당할 것이니, 점에 묻고자 하는 일은 흉하리라.

넷째 양효. 대들보가 높이 솟아올랐으니, 길하리라. 뜻밖의 환난이 있으면 어려울 것이니라.

九四. 棟隆, 吉. 有它, 吝.

'동棟'은 대들보이다. '융隆'은 높다는 뜻의 고高이다. 옛말에 뜻밖의 환난을 '타它'라고 하였다. '유타有它'는 뜻밖의 환난이 있다는 말이다.

주나라가 융성하여 은을 정벌할 좋은 기회가 왔으니 길하다. 그러나 예상 밖의 환난이 일어난다면 문제는 심각해진다.

점을 쳐 이 효를 얻은 사람은 지금 '대들보가 높이 솟아오른' 상황이
다. 곧 성사되리니, 점에 묻고자 하는 일은 길하리라. 그러나 예기치 않
게 어려움을 만날 수도 있으니 만반의 준비를 갖추는 것이 좋으리라.

다섯째 양효. 마른 버드나무에 꽃이 피고, 늙은 여자가 젊은 남편을
얻었으니, 허물도 명예도 없으리라.
九五. 枯楊生華, 老婦得其士夫, 无咎无譽.

'화華'는 화花의 옛 글자이다. '부婦'는 이미 시집간 여자 혹은 시집
간 적이 있는 여자이다. '사士'는 아직 장가들지 않은 남자이다.

마른 버드나무에 꽃이 피듯, 늙은 여자가 젊은 남편을 얻은 것은 구
설수에 오를 수 있으니, 별로 기뻐할 일이 아니요, 은나라가 허물도 명
예도 없는 입장이다.

점을 쳐 이 효를 얻은 사람은 지금 '늙은 여자가 젊은 남편을 얻은'
상황이다. 욕도 될 수 없고 영광도 될 수 없으니, 점에 묻고자 하는 일
은 허물도 명예도 없으리라.

꼭대기 음효. 물을 잘못 건너다가 머리가 잠기니, 흉하다. 허물이 없
으리라.
上六. 過涉滅頂, 凶. 无咎.

'과過'는 잘못하다라는 뜻의 오誤이다. '섭涉'은 물을 건너다(渡水)는

뜻이다. '과섭過涉'은 물을 잘못 건너다라는 뜻이다. '멸정滅頂'은 머리가 물에 잠기다라는 뜻이다.

주왕이 잘못하여 은을 망하게 하였으니, 흉하다. 주가 은을 멸망시켰으나 아무런 허물이 없다.

점을 쳐 이 효를 얻은 사람은 지금 '물을 잘못 건너다가 머리가 잠기는' 상황이다. 선을 쌓은 집안에는 반드시 경사가 남고, 불선을 쌓은 집안에는 반드시 재앙이 남으리라. 점에 묻고자 하는 일은 흉하리라.

# 29. 감坎

감. 포로를 잡아 마음을 바꾸게 하니, 형통하리라. 가면 상이 있으리라.
習坎. 有孚維心, 亨. 行有尙.

감괘는 윗괘도 감이고 아랫괘도 감이다. 감은 물이다. 감괘의 괘상은 물이 거듭 흘러오는 것이다. 위아래가 물이니 매우 위험하다. 감은 험하다는 뜻이다.

괘사에서, '습감習坎'의 '습習'자는 잘못 들어간 것이다. '부孚'는 부俘의 옛 글자이며, 사로잡은 포로와 노획한 재물을 말한다. '유維'는 묶다라는 뜻의 계繫이다. '유심維心'은 마음을 잡는 것, 즉 포로의 마음을 바꾸게 하는 것이다. '상尙'은 상賞이다. 주나라 군사들이 은나라 군사들을 생포하여 투항하게 하니, 형통하며, 장차 상을 받는다.

점을 쳐 이 괘를 얻은 사람은 이 괘상과 괘명을 보고 지금 자신의 운명이 무섭게 소용돌이치며 흐르는 물속에 내던져져, 어찌할 바를 모르고 위험에 직면하여 있을 때임을 알아야 하리라. 위에도 물 아래에도 물이니 위험이 겹쳐 있어, 격류에 휩쓸리고 소용돌이 속에 끌려 들어가 헤어나지 못하고 괴로움에 시달리고 있을 때이다. 위험한 곳에서 억지로 빠져나오려고 하면 할수록 더욱 깊이 빠질 것이니, 물이 스스로 빠지듯 가만히 때를 기다리는 것이 상책일 것이니라. 격류를 헤쳐 나갈 수 있다는 확고한 신념과 헤쳐 나가고야 만다는 비장한 각오를 다지는 것이 좋으리라. 이렇게 한다면 위험한 운명 속에서도 형통하리니 크게 얻는 바가 있을 것이니라.

처음 음효. 구덩이가 겹쳐 있어, 구덩이 속에 들어가니 또 구덩이가 있다. 흉하리라.
初六. 習坎, 入于坎窞, 凶.

'습習'은 습襲으로 읽으며, 겹치다라는 뜻이다. '감坎'은 구덩이라는 뜻의 갱坑이다. '습감習坎'은 구덩이가 겹쳐 있다는 말이다. '담窞'은 역시 구덩이라는 뜻이다.

은의 패잔병들이 구덩이 속으로 숨어들었는데, 주의 군사들이 이들을 생포하기 위하여 구덩이 속으로 들어가니 또 구덩이가 있어 흉하다.

점을 쳐 이 효를 얻은 사람은 지금 '구덩이 속에 들어가니 또 구덩이가 있는' 상황이다. 장차 위험한 일에 빠져들어 헤쳐 나오기가 어려울 것이니, 점에 묻고자 하는 일은 흉하리라.

둘째 양효. 구덩이 속에 위험이 있으나, 구하면 조금 얻으리라.

九二. 坎有險, 求小得.

'감坎'은 구덩이라는 뜻의 갱坑이다. '소득小得'은 조금 얻는다는 뜻이다.

주의 군사들이 위험한 구덩이 속으로 들어가 은의 패잔병을 몇 명 생포하였다.

점을 쳐 이 효를 얻은 사람은 지금 '위험한 구덩이 속으로 들어가 조금 얻은' 상황이다. 장차 위험을 감수하고 얻고자 하리니, 점에 묻고자 하는 일은 구하면 조금 얻으리라.

셋째 음효. 구덩이에 오니 구덩이가 위험하고 또 깊다. 구덩이 속에 들어가니, 또 구덩이가 있다. 들어가지 말라.

六三. 來之坎, 坎險且枕. 入于坎窞, 勿用.

'지之'는 이르다라는 뜻의 지至와 같다. '침枕'은 침沈으로 읽으며, 깊다는 뜻의 심深이다. '담窞'은 역시 구덩이라는 뜻이다.

주의 군사들이 또 다른 구덩이 속으로 들어갔는데, 구덩이가 위험하고 깊어, 그 속에 들어가니 또 구덩이가 있다. 들어가지 못하여 은의 패잔병을 생포하지 못하였다.

점을 쳐 이 효를 얻은 사람은 지금 '위험하고 깊은 구덩이 속에 들어가니 또 구덩이가 있는' 상황이다. 갈수록 태산이요, 첩첩산중에서 헤

252

어나기 어려울 것이니라. 점에 묻고자 하는 일은 행하지 말라.

넷째 음효. 술병의 술과 그릇의 밥은 모두 기와 그릇을 사용하여, 창을 통해 들이고 받으니, 마침내 허물이 없으리라.

六四. 樽酒簋貳, 用缶, 納約自牖, 終无咎.

'준樽'은 술을 담는 그릇, 즉 술병이다. '궤簋'는 밥을 담는 그릇, 즉 밥그릇이다. '이貳'는 당연히 자資로 써야 한다. '자資'는 자粢를 빌려 쓴 것이며, 밥(米飯)이다. '부缶'는 기와 그릇(瓦器)이다. '납納'은 들여보내는 것(送入)이다. '약約'은 탁擢으로 읽으며, 받아내는 것(取出)이다. '유牖'는 집 벽 위의 창窓이다.

생포한 은의 패잔병을 감옥에 가두어놓고 술과 밥을 창으로 통하여 들이고 받으니, 감옥에 갇힌 포로는 배불리 먹고 마시게 되었다.

점을 쳐 이 효를 얻은 사람은 지금 '포로가 감옥에 갇혀 술과 밥을 배불리 먹는' 상황이다. 어찌할 수 없는 궁지에 몰리나 생명줄은 끝없이 이어지리니, 점에 묻고자 하는 일은 허물이 없으리라.

다섯째 양효. 구덩이는 가득 차지 않았는데, 작은 언덕은 이미 평평하게 되었으니, 허물이 없으리라.

九五. 坎不盈, 祇旣平, 无咎.

'지祇'는 저坁자를 빌려 쓴 것이며, 작은 언덕이다.

주의 군사들이 작은 언덕의 흙으로 구덩이를 메워 구덩이 속으로 숨어 들어간 은의 패잔병을 잡는데, 구덩이는 아직 가득 차지 않았으나 작은 언덕은 이미 평평하게 되었다. 은의 패잔병을 생포하였다.

점을 쳐 이 효를 얻은 사람은 지금 '구덩이가 가득 차지 않았는데 적을 생포한' 상황이다. 장차 고생할 것이나, 그 고생이 다 끝나기 전에 일은 이루어지리라. 점에 묻고자 하는 일은 허물이 없으리라.

꼭대기 음효. 밧줄로 단단히 묶어 감옥에 놓아두었는데, 삼 년이 되어도 풀려나지 않으니, 흉하리라.

上六. 係用徽纆, 寘于叢棘, 三歲不得, 凶.

'계係'는 묶다라는 뜻의 계繫이다. '휘묵徽纆'은 밧줄이며, 죄인을 묶을 때 사용하였다. '치寘'는 놓다라는 뜻의 치置이다. '총극叢棘'은 감옥이다. 감옥 주위에 가시나무를 심어 죄인이 도망가지 못하게 하였으므로 감옥을 '총극'이라 칭하였다. '득得'은 놓다라는 뜻의 치置자를 빌려 쓴 것이며, 석방하다라는 뜻이다.

은의 패잔병을 사로잡아 밧줄로 묶어 감옥에 가두어놓고 오랫동안 풀어주지 않으니 흉하다.

점을 쳐 이 효를 얻은 사람은 지금 '감옥에 갇혀 오랫동안 풀려나지 못하는' 상황이다. 정신은 얽매이고 육신은 구속당해, 괴로운 상황에서 벗어나려고 몸부림쳐도 오랫동안 벗어나지 못할 것이니, 점에 묻고자 하는 일은 흉하리라.

30. 리離

리괘는 윗괘도 리이고 아랫괘도 리이다. 리는 불이고 해이다. 리괘의 괘상은 해가 두 번 떠오르는 것이다. 해가 두 번 떠오르니, 서로 이어지는 것이 멈추지 않고 하늘에 붙어 있다. 리는 붙어 있다는 뜻이다.

괘사에서, '축畜'은 기르다라는 뜻의 양養이다. '빈牝'은 조수鳥獸의 암컷이다. '빈우牝牛'는 암소이다. 해와 달이 하늘에 붙어 있으니 점에 묻고자 하는 일은 이롭고 형통하다. 승전의 제사를 위해 암소를 길러 희생으로 하면 길하리라.

점을 쳐 이 괘를 얻은 사람은 이 괘상과 괘명을 보고 지금은 밝은 햇살이 눈부시게 빛나는 초여름에 두 개의 태양이 하늘에 붙어 번갈아

내리쬐는 것과 같이, 자신의 운세가 아주 강성할 때임을 알아야 하리라. 위에도 불 아래에도 불이니, 밝음이 겹쳐 있어 뜨거운 정열과 왕성한 의욕에 불타오르고 있는 대단히 좋은 때이다. 해가 하늘에 붙어 빛나고 있듯 자신이 속해 있는 곳에서 능력을 발휘하여 태양처럼 군림할 때가 온 것이다. 그러나 불은 위험한 것이기도 하니 자칫 잘못 다루면 모든 것이 잿더미가 될 수 있다. 좋은 운세를 만나 경솔하게 처신하지 말고 불을 다루듯 신중해야 하리라. 승전의 제사에 희생으로 사용하기 위해 미리 암소를 기르듯, 앞날에 필요한 것을 미리 준비해두면 길하리라.

처음 양효. 어지러운 발자국 소리를 들으니, 경계하면 허물이 없으리라.

初九. 履錯然, 敬之, 无咎.

'이履'는 밟다라는 뜻의 천踐이다. '착연錯然'은 어지럽게 뒤섞인 모양이다. '이착연履錯然'은 발자국 소리가 어지럽다는 뜻이며, 많은 적이 쳐들어오고 있는 것을 형용한 것이다. '경敬'은 경계하다라는 뜻의 경儆 자를 빌려 쓴 것이다.

가나라 사람들이 어지러운 발자국 소리를 내며 쳐들어오고 있으니, 이들을 경계해야 한다.

점을 쳐 이 효를 얻은 사람은 지금 '적이 어지럽게 쳐들어오고 있는' 상황이다. 숨막힐 듯한 상황이 이어지리니, 점에 묻고자 하는 일은 경계하면 허물이 없으리라.

둘째 음효. 꾀꼬리로 점을 치니, 크게 길하리라.

六二. 黃離, 元吉.

'황리黃離'는 황리黃鸝를 빌려 쓴 것이며, 꾀꼬리이다.

적이 쳐들어온 것을 알고 꾀꼬리로 점을 치니, 크게 길한 징조를 얻었다.

점을 쳐 이 효를 얻은 사람은 지금 '적침에 대해 점을 치는' 상황이다. 다급한 상황에 놓여 점을 치니, 점에 묻고자 하는 일은 크게 길하리라.

셋째 양효. 해가 기우는데 적이 침입하니, 북을 치지 않고 소리 지르고, 늙은이는 탄식하니, 흉하리라.

九三. 日昃之離, 不鼓缶而歌, 則大耋之嗟, 凶.

'일측日昃'은 일측日側이며, 해가 기우는 것이다. '리離'는 이罹와 같으며, 재난을 당하다는 뜻이다. 적의 침입을 가리킨다. '고鼓'는 두드리다라는 뜻의 격擊이다. '부缶'는 기와 그릇이며, 옛날에는 이것을 악기로 사용하였다. '대질大耋'은 늙은이이며, '차嗟'는 탄식하는 것이다.

해가 기우는데 적이 쳐들어와 사람들은 소리를 질러 저항을 하고, 늙은이는 한숨을 쉬며 탄식하니 흉하다.

점을 쳐 이 효를 얻은 사람은 지금 '적이 쳐들어와 무방비로 저항'하는 상황이다. 도적이 들어와도 어찌할 바를 모르고 있으니, 점에 묻고자 하는 일은 흉하리라.

넷째 양효. 적이 갑자기 쳐들어와, 불태우고 죽이고 내던져버린다.
九四. 突如其來如, 焚如死如棄如.

'여如'는 '지之'와 같다. '래來'는 적이 쳐들어온 것이다. '분焚'은 불에
태우는 것이다.

적이 갑자기 쳐들어와 집을 불태우고, 사람을 죽이고, 어린아이는
내던져버리니, 큰 재난을 당한 것이다.

점을 쳐 이 효를 얻은 사람은 지금 '적의 침입을 받아 일방적으로
당하는' 상황이다. 현실은 참담할 것이니, 점에 묻고자 하는 일은 흉하
리라.

다섯째 음효. 눈물을 줄줄 흘리며 슬퍼하고 탄식하나, 길하리라.
六五. 出涕沱若, 戚嗟若, 吉.

'체涕'는 눈물이다. '타沱'는 눈물을 많이 흘리는 것이다. '타약沱若'은
눈물을 많이 흘리는 모양이다. '척戚'은 근심하고 슬퍼하는 모양이다.
'차약嗟若'은 탄식하는 모양이다.

적이 물러간 후, 살아남은 사람들은 눈물을 흘리며 슬퍼하고 탄식하
나, 곧 보복할 것이므로 길하다.

점을 쳐 이 효를 얻은 사람은 지금 '적이 물러가고 난 뒤의 처참한'

상황이다. 슬프고 괴롭고 분하고 근심에 잠겨 한숨만 쉴 것이나 상황은 곧 반전될 것이니, 점에 묻고자 하는 일은 길하리라.

꼭대기 양효. 왕이 출정하여, 가나라의 왕을 참수하고, 적을 사로잡았으니, 허물이 없으리라.
上九. 王用出征, 有嘉折首, 獲匪其醜, 无咎.

'절수折首'는 참수斬首와 같다. '유가절수有嘉折首'는 가나라 왕의 목을 베었다는 말이다. '비匪'는 저것 피彼자로 읽는다. '추醜'는 적을 가리키며, 적에 대한 증오의 표현이다. '획추獲醜'는 적의 무리를 사로잡은 것을 말한다.

문왕이 출정하여 가나라 왕의 목을 베고 적의 무리를 사로잡았으니, 이로써 가나라는 멸망하였다.

점을 쳐 이 효를 얻은 사람은 지금 '문왕이 가나라를 정벌하여 멸망시키는' 상황이다. 추진하면 반드시 성취하여 얻는 바가 많을 것이니, 점에 묻고자 하는 일은 허물이 없으리라.

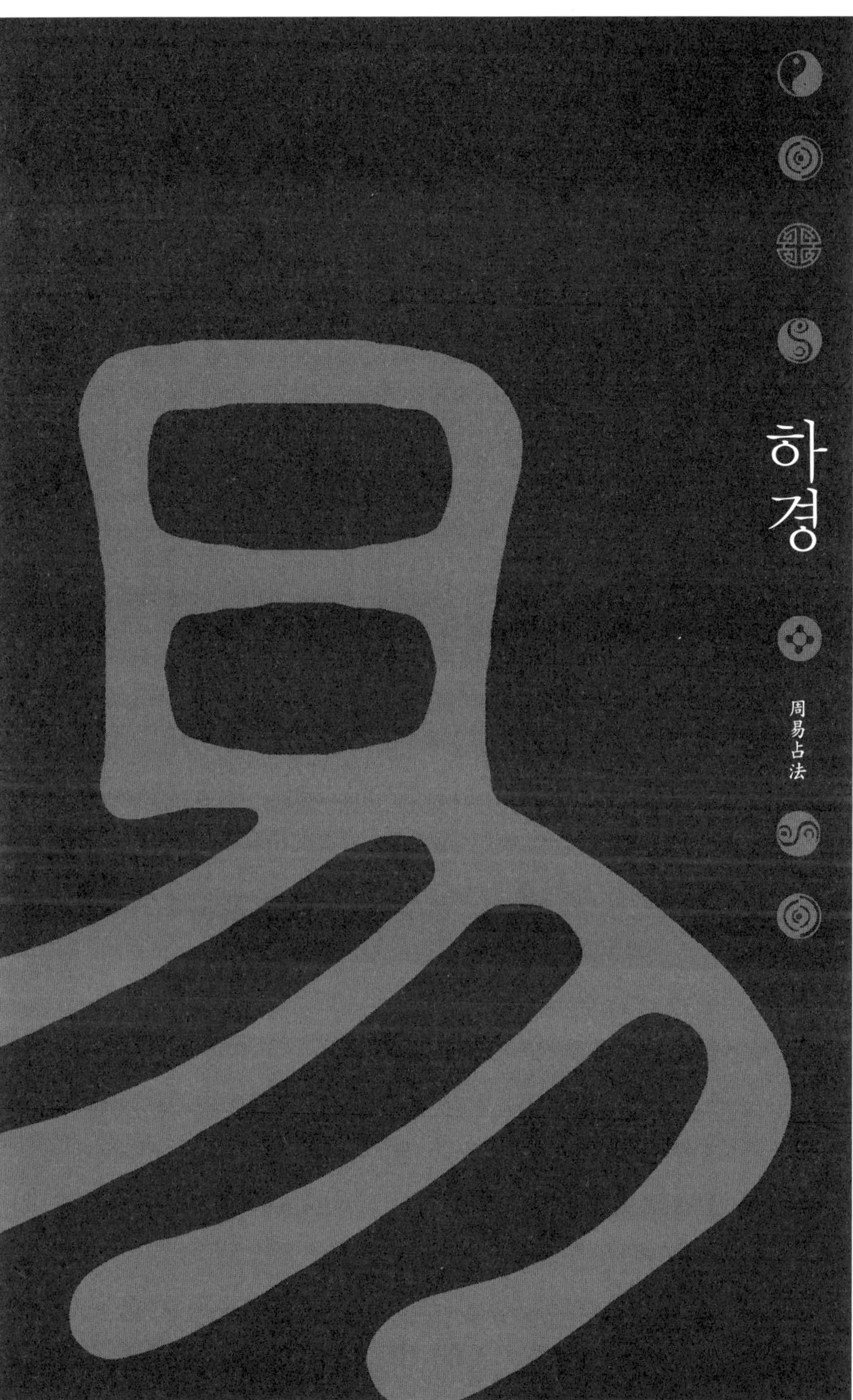
하
경

周易占法

31. 함咸

함. 형통하리니, 이롭다는 점이다. 장가들면 길하리라.

咸. 亨. 利貞. 取女吉.

함괘는 윗괘가 태이고 아랫괘가 간이다. 태는 못이고 간은 산이다. 함괘의 괘상은 산 위에 못이 있는 것이다. 산 위에 못이 있으니, 산과 못이 서로 감응한다. 함은 감응하다라는 뜻이다.

괘사에서, '취取'는 장가들다라는 뜻의 취娶자를 빌려 쓴 것이다. 서로 감응하면 형통하리니, 점에 묻고자 하는 일은 이로울 것이다. 남녀가 서로 감응하고 있으니 장가들면 길하리라.

점을 쳐 이 괘를 얻은 사람은 이 괘상과 괘명을 보고 지금은 사물에 잘 감응하여 이성적이기보다는 감성적으로 행동한다면 모든 일이 잘 해결되리라. 산 위에 못이 있어 서로 감응하고 있으니 음과 양, 남자와 여자가 어떤 느낌을 주고받는 상이다. 서로 감응하고 있어 형통하리니 점에 묻고자 하는 일은 이로울 것이니라. 남녀가 감수성이 풍부하고 감정이 섬세하여 서로 잘 감응하고 있으니 인연을 맺고 결혼이 성사되어 길하리라. 그러나 감정이 지나치면 이성을 잃기 쉽고, 또 마음을 쓰는 곳이 많아 신경이 피로하고 몸이 쇠약해질 수도 있을 것이니, 지나친 감정은 자제하는 것이 좋으리라.

처음 음효. 엄지발가락을 애무한다.
初六. 咸其拇.

'함咸'은 느끼다라는 감感의 뜻이며, 남자의 입장에서 표현하면 애무하다라는 뜻이다. '무拇'는 엄지발가락이다.
장가들고 시집간 남녀가 엄지발가락을 애무하며 성행위를 시작한다.
점을 쳐 이 효를 얻은 사람은 지금 '남자가 여자의 엄지발가락을 애무하는' 상황이다. 무아의 경지로 몰입하는 것이니, 점에 묻고자 하는 일은 길하리라.

둘째 음효. 장딴지를 애무하니, 흉하나, 머무르면 길하리라.
六二. 咸其腓, 凶. 居, 吉.

'비腓'는 장딴지이다. '거居'는 머무르다라는 뜻이다.
남자가 여자의 다리 뒷부분을 애무하니 좋지 않으며, 그냥 그대로

264

있는 것이 서로에게 좋다는 말이다.

점을 쳐 이 효를 얻은 사람은 지금 '남자가 여자의 장딴지를 애무하는' 상황이다. 별 쓸모 없는 일에 관심을 쏟고 있으니, 점에 묻고자 하는 일은 흉하리라. 그러나 힘쓰고 있는 바를 그만두면 길하리라.

셋째 양효. 다리를 애무하며, 그 살을 잡으니, 가면 어려울 것이니라.
九三. 咸其股, 執其隨, 往吝.

'고股'는 다리이다. '집執'은 잡다라는 뜻의 지持이다. '수隨'는 타隋 자를 빌려 쓴 것이며, 살(肉)이다.

남자가 여자의 다리를 애무하며, 손으로 그 살을 잡으니, 갈수록 애무가 깊어 여자는 숨이 막힌다.

점을 쳐 이 효를 얻은 사람은 지금 '남자가 여자의 다리를 애무하며 그 살을 잡는' 상황이다. 갈수록 무아지경이니, 점에 묻고자 하는 일은 숨이 막혀 어려울 것이니라.

넷째 양효. 점은 길하니 뉘우침이 없어지리라. 끊임없이 왕래하니, 벗이 너의 생각을 따르리라.
九四. 貞吉. 悔亡. 憧憧往來, 朋從爾思.

'동동憧憧'은 왕래가 끊이지 않는 모습이며, 남녀의 성행위에 비유한 것이다. '붕朋'은 벗, 즉 여자를 가리킨다. '이爾'는 너, 즉 남자를 가리킨다.

남녀가 성행위를 하는데 남자가 계속해서 반복 동작을 하니, 여자가 남자의 생각대로 느낌을 받으므로, 길하고 뉘우침이 없어진다.

점을 쳐 이 효를 얻은 사람은 지금 '성행위를 하니 여자가 남자의 생각대로 되는' 상황이다. 만사형통할 것이니, 점에 묻고자 하는 일은 길하여 뉘우침이 없어지리라.

다섯째 양효. 등살을 애무하니, 뉘우침이 없으리라.
九五. 咸其脢, 无悔.

'매脢'는 등살(背肉)이다.

성행위 후에 남자가 여자의 등을 부드럽게 애무하니, 남녀 모두가 만족하여 아무런 생각이 없다.

점을 쳐 이 효를 얻은 사람은 지금 '성행위 후 남자가 여자의 등을 애무하는' 상황이다. 만족하여 아무런 생각도 없으니, 모든 것이 순조로울 것이니라. 점에 묻고자 하는 일은 뉘우침이 없으리라.

꼭대기 음효. 뺨과 혀를 애무한다.
上六. 咸其輔頰舌.

'보輔'는 보酺자를 빌려 쓴 것이며, '보협輔頰'은 뺨이다. '설舌'은 혀이다.

성행위 뒤에 남자가 여자의 얼굴을 가볍게 애무하며 입맞춤을 한다.

점을 쳐 이 효를 얻은 사람은 지금 '성행위 후 남녀가 가볍게 입맞춤을 하는' 상황이다. 폭풍은 지나가고 평온한 상태에 이르렀으니, 이미 일은 이루어졌느니라. 점에 묻고자 하는 일은 크게 형통하리라.

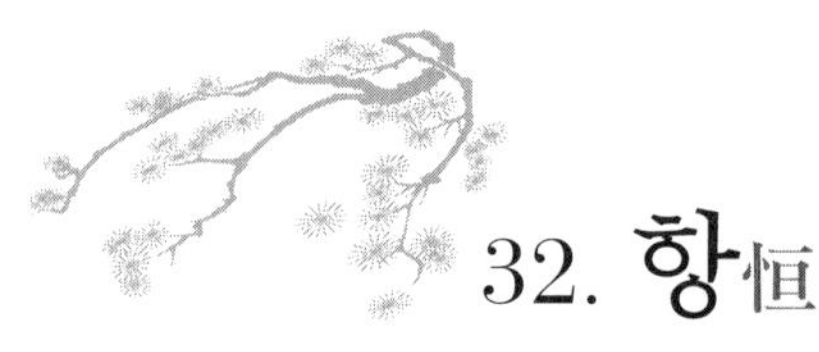

32. 항恒

항. 형통하리니, 허물이 없으리라. 이롭다는 점이다. 갈 곳이 있으면
이로울 것이니라.

恒. 亨. 无咎. 利貞. 利有攸往.

항괘는 윗괘가 진이고 아랫괘가 손이다. 진은 우레이고 손은 바람이
다. 항괘의 괘상은 우레는 위에 있고 바람은 아래에 있는 것이다. 이것
은 천지간 일종의 항구적인 현상이다. 항은 항구하다는 뜻이다.

괘사에서, '이정利貞'은 이점利占과 같다. 사람이 한결같을 수 있다면
형통하리니, 허물이 없으리라. 점에 묻고자 하는 일은 이로울 것이다.
갈 곳이 있으면 이로울 것이니라.

점을 쳐 이 괘를 얻은 사람은 이 괘상과 괘명을 보고 지금은 한결같
은 마음을 가지고 현상을 유지한다면, 별 어려움 없이 안정된 생활을

268

영위하여 평온무사할 것이니라. 우레는 위에 있고 바람은 아래에 있는 것이 한결같이 그러하듯, 지금 한결같은 생활로 담담한 그런 경지에 이른 상태이다. 이런 때에 권태로 인해 욕구불만에 빠지기 쉬우나, 한결같은 마음을 가지고 착실히 살아간다면 반드시 좋은 결과가 있으리라. 점에 묻고자 하는 일은 이로울 것이니라.

처음 음효. 함정을 파는 것이 오래되었으니, 점은 흉하여 이로울 것 없으리라.

初六. 浚恒, 貞凶, 无攸利.

'준浚'은 흙을 깊이 파는 것이다. '준항浚恒'은 짐승을 잡기 위해 함정을 파는데 함정이 무너지고 다시 파고 한 것이 오래되었다는 말이다.

사냥꾼이 짐승을 잡기 위해 함정을 파는 것이 오래되어 짐승을 잡을 수 없으니, 흉하여 이로울 것이 없다.

점을 쳐 이 효를 얻은 사람은 지금 '사냥꾼이 함정을 파는 것이 오래된' 상황이다. 구하고자 하는 것이 지나쳐 얻을 수가 없으니, 점에 묻고자 하는 일은 흉하여 이로울 것이 없으리라.

둘째 양효. 뉘우침이 없어지리라.

九二. 悔亡.

'회悔'는 뉘우친다는 뜻이고, '망亡'은 없어진다는 뜻이다.

사냥꾼이 짐승을 잡기 위해 함정을 완성하였으니, 뉘우침이 없어
진다.

점을 쳐 이 효를 얻은 사람은 지금 '사냥꾼이 함정을 완성한' 상황이
다. 장차 얻는 바가 있을 것이니, 점에 묻고자 하는 일은 뉘우침이 없
어지리라.

셋째 양효. 항상 잡을 수 있는 것은 아니니, 혹 수치스러움을 경계하
나, 점은 어려울 것이니라.
九三. 不恒其德, 或承之羞, 貞吝.

'덕德'은 얻다라는 뜻의 득得과 같으며, 사냥을 하여 짐승을 잡는다
라는 뜻이다. '승承'은 징懲자를 빌려 쓴 것이며, 경계하다라는 뜻의 계
戒이다. '수羞'는 수치羞恥의 수羞로 읽는다.

사냥꾼이 사냥을 하여 항상 잡을 수 있는 것이 아니니, 아무것도 잡
지 못하는 것은 있을 수 있는 일인데, 이를 수치스럽게 여기니 이것을
경계하나, 짐승을 잡지 못해 어렵다.

점을 쳐 이 효를 얻은 사람은 지금 '사냥꾼이 아무것도 잡지 못하고
수치스러워 하는' 상황이다. 항상 마음대로 되는 것이 아니니, 부끄럽
게 여기지 말라. 점에 묻고자 하는 일은 어려울 것이니라.

넷째 양효. 사냥을 해도 새와 짐승을 잡지 못하리라
九四. 田无禽.

'전田'은 사냥하다라는 뜻의 엽獵이다. '금禽'은 새와 짐승의 총칭이다.

사냥꾼이 사냥을 하여 아무것도 잡지 못하였다.

점을 쳐 이 효를 얻은 사람은 지금 '사냥꾼이 사냥을 해도 아무것도 잡지 못한' 상황이다. 추구해도 얻는 것이 없을 것이니, 점에 묻고자 하는 일은 이루는 것이 없으리라.

다섯째 음효. 항상 잡을 수 있으니, 점치면 부인은 길하나, 남편은 흉하리라.

六五. 恒其德, 貞婦人吉, 夫子凶.

'덕德'은 얻다라는 뜻의 득得과 같으며, 사냥을 하여 짐승을 잡는다라는 뜻이다. '항기득恒其得'은 사냥을 하면 항상 잡는 것이 있다는 말이다. '부자夫子'는 남편을 가리킨다.

사냥꾼이 사냥을 하여 항상 잡을 수 있으니, 부인은 배불리 먹을 수 있어 길하고, 남편은 날씨가 좋지 않아 사냥을 할 수 없어 흉하다.

점을 쳐 이 효를 얻은 사람은 지금 '사냥꾼이 사냥을 하여 짐승을 잡은' 상황이다. 장차 얻는 것이 있을 것이나, 부인은 그것으로 즐기니 길하고, 남편은 또 다시 얻기가 어려울 것이니 흉하리라.

꼭대기 음효. 우레와 비가 오래 되었으니, 흉하리라.

上六. 振恒, 凶.

'진振'은 진震이며, 우레가 울리고 비가 오는 것이다.

우레가 울고 비가 내리는 것이 오래되면, 사냥꾼은 사냥을 못 가 짐승을 잡을 수 없으므로 흉하다.

점을 쳐 이 효를 얻은 사람은 지금 '사냥꾼이 날씨가 좋지 않아 사냥을 못 하는' 상황이다. 객관적 조건이 주관적 신념을 무너뜨려, 결국 아무것도 얻는 것이 없을 것이니라. 점에 묻고자 하는 일은 흉하리라.

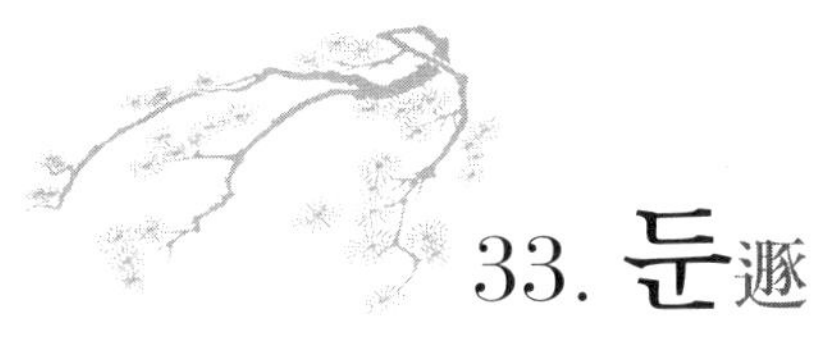

33. 둔遯

둔. 형통하리니, 조금 이롭다는 점이다.

遯. 亨. 小利貞.

둔괘는 윗괘가 건이고 아랫괘가 간이다. 건은 하늘이고 간은 산이다. 둔괘의 괘상은 하늘 아래에 산이 있는 것이다. 하늘은 조정이고 산은 현인이다. 하늘 아래에 산이 있다는 것은 조정 아래에 현인이 있다는 것이다. 현인이 조정에 있지 못하고 조정 아래에 있으니, 곧 초야에 묻혀 숨어산다라는 것이다. 둔은 숨는다는 뜻이다.

괘사에서, '형亨'은 통하다라는 뜻의 통通이다. '이정利貞'은 '이점利占'과 같다. 현인은 은둔하고 소인이 득세하는 천하무도한 때를 만나 은둔하면 형통하리니, 점에 묻고자 하는 일은 조금 이로울 것이다.

점을 쳐 이 괘를 얻은 사람은 이 괘상과 괘명을 보고 지금은 어두운 때이니 현실에서 멀리 떨어져 몸을 피하는 것이 좋으리라. 하늘 아래에 산이 있으니, 현인은 숨고 소인은 득세할 때이다. 천하무도한 때를 만나 운세는 이미 쇠하였으니 자신을 내세우기보다는 숨는 것이 상책이다. 시운은 이롭지 않고 말은 달리지 않네. 말이 달리지 않는데 내 어찌할 것인가! 만사가 뜻대로 되지 않을 것이니 뭔가 도모하지 말 것이며, 상대와 경쟁해보겠다는 생각도 갖지 말 것이며, 운이 쇠한 이 시기를 잠시 피하였다가 후일을 기약하는 것이 좋으리라. 물러서면 형통하리니, 점에 묻고자 하는 일은 조금 이로울 것이니라.

처음 음효. 꽁무니를 빼고 도망을 가니, 위태로울 것이니라. 갈 곳이 있어도 가지 말라.
初六. 遯尾, 厲. 勿用有攸往.

'둔遯'은 도망가다라는 뜻의 도逃, 숨다라는 뜻의 퇴退이다. '미尾'는 꼬리이다. '둔미遯尾'는 꽁무니를 빼고 도망을 간다는 뜻이다. '여厲'는 위태롭다는 뜻의 위危이다.

주나라에 대패한 가나라 사졸이 허겁지겁 도망을 가니, 위태롭다. 가나라 사졸은 도망가지 말고 투항하는 것이 좋다.

점을 쳐 이 효를 얻은 사람은 지금 '가나라 사졸이 꽁무니를 빼고 도망을 가는' 상황이다. 장차 절박한 상황에 봉착할 것이니, 할 것이 있어도 하지 말라. 점에 묻고자 하는 일은 위태로울 것이니라.

둘째 음효. 황소 가죽으로 묶어두니, 벗겨내지 못하리라.

六二. 執之用黃牛之革, 莫之勝說.

'집執'은 칩縶자를 빌려 쓴 것이며, 묶다라는 뜻의 반絆이다. '지之'는 생포한 가나라 사졸을 가리킨다. '혁革'은 짐승 가죽을 말한다. '황우지혁黃牛之革'은 황소의 가죽으로 만든 끈이며, 단단하여 끊기 어렵다. '열說'은 벗어나다라는 뜻의 탈脫로 읽는다.

도망가는 가나라 사졸을 생포하여, 단단한 황소 가죽으로 묶어두니, 포로는 그 끈을 벗겨내지 못하고 묶여 있다.

점을 쳐 이 효를 얻은 사람은 지금 '가나라 사졸을 황소 가죽으로 묶어두니, 벗겨내지 못하는' 상황이다. 무엇인가에 얽매여 정신도 육체도 속박당해 고통을 받을 것이니라. 점에 묻고자 하는 일은 벗어나지 못하리라.

셋째 양효. 도망가는 사람을 묶어두니, 병이 있어 위태롭다. 신첩을 기르면 길하리라.

九三. 係遯, 有疾厲. 畜臣妾吉.

'계係'는 묶다라는 뜻의 계繫이다. '둔遯'은 도망가는 가나라 사졸이다. '계둔係遯'은 도망가는 사람을 잡아 묶어둔다는 말이다. '축畜'은 기르다라는 뜻의 양養이다. '신첩臣妾'은 노예이다. 남자 노예를 신臣, 여자 노예를 첩妾이라 하였다.

도망가는 가나라 사졸을 잡아 묶어두니, 매우 고통스러워한다. 이
포로는 앞으로 노예로 삼으면 좋다.

점을 쳐 이 효를 얻은 사람은 지금 '도망가는 가나라 사졸을 잡아 노
예로 삼는' 상황이다. 포로를 잡아 노예로 기르니, 장차 얻는 바가 크리
라. 점에 묻고자 하는 일은 길하리라.

넷째 양효. 잘 도망가니, 군자는 길하나, 소인은 막힐 것이니라.
九四. 好遯, 君子吉, 小人否.

'호好'는 동사 앞에 쓰여 만족할 만큼 잘하였음을 나타낸다. '호둔好
遯'은 무사히 도망을 갔다, 즉 줄행랑을 치다라는 뜻이다. '군자'는 문왕
을, '소인'은 사졸들을 가리킨다. '비否'는 막히다라는 뜻의 폐閉이다.

가나라 사졸이 줄행랑을 치니, 군자는 이로써 싸움이 종결되어 길하
고, 소인들은 도망간 사졸을 찾아내어 잡아야 하니 막힌다.

점을 쳐 이 효를 얻은 사람은 지금 '가나라 사졸이 줄행랑을 치는'
상황이다. 장차 참으로 난감한 일에 봉착하리니, 점에 묻고자 하는 일
은 상급자라면 길하나, 하급자라면 막힐 것이니라.

다섯째 양효. 훌륭하게 도망가니, 점은 길하리라.
九五. 嘉遯, 貞吉.

'가嘉'는 훌륭하다, 근사하다라는 뜻이다. '가둔嘉遯'은 잡히지 않고

276

근사하게 도망을 갔다, 즉 흔적 없이 사라지다라는 뜻이다.

가나라 사졸이 적의 추격을 받으나, 잡히지 않고 무사히 도망을 가니, 길하다.

점을 쳐 이 효를 얻은 사람은 지금 '가나라 사졸이 흔적 없이 도망을 가는' 상황이다. 무사하리니, 점에 묻고자 하는 일은 길하리라.

꼭대기 양효. 나는 듯 도망을 가니, 이롭지 않음이 없으리라.
上九. 肥遯, 无不利.

'비肥'는 날다라는 뜻의 비飛자를 빌려 쓴 것이다. '비둔飛遯'은 나는 듯 도망을 갔다는 뜻이다.

가나라 사졸이 적의 추격을 받으나, 잡히지 않고 나는 듯 멀리 도망을 가니, 이롭지 않음이 없다.

점을 쳐 이 효를 얻은 사람은 지금 '가나라 사졸이 나는 듯 도망을 가는' 상황이다. 무사하리니, 점에 묻고자 하는 일은 이롭지 않음이 없으리라.

34. 대장大壯

대장. 이롭다는 점이다.

大壯. 利貞.

대장괘는 윗괘가 진이고 아랫괘가 건이다. 진은 우레이고 건은 하늘이다. 대장괘의 괘상은 우레가 하늘에 있는 것이다. 우레가 하늘에서 울고 있으니 그 소리는 커서 백 리를 진동하고 그 위엄은 웅장하여 사람을 놀라게 한다. 대장은 크게 왕성하다는 뜻이다.

괘사에서 '이정利貞'은 이점利占과 같다. 크게 왕성하니, 점에 묻고자 하는 일은 이로울 것이니라.

점을 쳐 이 괘를 얻은 사람은 이 괘상과 괘명을 보고 지금은 자신의 운세가 마치 경마장의 씩씩한 경마들이 막 출발하여 기세 있게 질주하는 상태와 같이, 크게 왕성하다는 사실을 알아야 하리라. 우레가 하늘에서 진동하고 있으니, 그 기세는 강하고 스케일은 웅장한 상이다. 지금은 대규모적인 일을 도모한다거나 사업을 더욱 확장한다거나 혹은 군대를 이끌고 적진으로 진격한다거나 할 때이다. 그러나 너무 운이 강하여 지나치게 나아가는 경향이 있으므로 속도를 알맞게 조절할 필요가 있다. 지나친 것은 모자란 것만 못하는 법이다. 젊은이는 혈기가 너무 왕성하여 넘어지고, 재주 있는 사람은 재주를 너무 부리다가 굴러 떨어지고, 돈 많은 사람은 돈이 너무 흘러 넘쳐 무너진다. 마른하늘에 날벼락이 떨어지는 위험이 따를 수 있으니, 강한 운세만 믿고 저돌적으로 추진하지 말아야 하리라. 점에 묻고자 하는 일은 이로울 것이니라.

처음 양효. 발을 다쳤으니 정벌하면 흉하리라. 양을 생포하였다.
初九. 壯于趾, 征凶. 有孚.

'장壯'은 장戕자를 빌려 쓴 것이며, 다치다라는 뜻의 상傷이다. '지趾'는 발(足)이다. '부孚'는 부俘의 옛 글자이며, 포로나 노획한 재물을 가리킨다. 여기에서는 양을 생포하였다는 뜻으로 사용하였다.

은의 선왕인 왕해王亥가 발을 다쳐 양을 생포하는 것이 어렵게 되었으나, 마침내 양을 생포하였다.

점을 쳐 이 효를 얻은 사람은 지금 '왕해가 발을 다쳤으나 양을 생포한' 상황이다. 중대한 결함을 지니고 있어 어려울 것이나, 점에 묻고자 하는 일은 마침내 이룰 수 있으리라.

둘째 양효. 점은 길하리라.

九二. 貞吉.

'정길貞吉'은 점길占吉과 같다.

양을 생포하였으니, 길하다.

점을 쳐 이 효를 얻은 사람은 지금 '왕해가 양을 생포하여 좋은' 상
황이다. 장차 얻는 것이 크리니, 점에 묻고자 하는 일은 길하리라.

셋째 양효. 소인은 힘을 쓰고 군자는 망을 사용하나, 점은 위태로울
것이니라. 숫양이 울타리를 받아 그 뿔을 매어놓는다.

九三. 小人用壯, 君子用罔, 貞厲. 羝羊觸藩, 羸其角.

'장壯'은 건장健壯하다는 뜻이다. '망罔'은 망网의 옛 글자이다. '저양
羝羊'은 숫양(牡羊)이다. '번藩'은 울타리(籬)이다. '리羸'는 루累자를 빌
려 쓴 것이며, 매다는 뜻의 계係와 같다.

소인은 힘을 쓰고 군자는 머리를 써서 양을 생포하나, 양을 생포하
는 일은 위험하다. 숫양이 마음대로 날뛰면서 뿔로 울타리를 받으므
로, 그 뿔을 매어놓기 위해 양을 생포하였다.

점을 쳐 이 효를 얻은 사람은 지금 '숫양이 울타리를 부수는 것을 막
기 위해 양을 생포하는' 상황이다. 낌새를 알고 미리 예방해야 할 것이
니, 재난의 불씨를 제거하지 않으면 장차 걷잡을 수 없게 되리라. 점에
묻고자 하는 일은 위태로울 것이니라.

넷째 양효. 점은 길하고 뉘우침이 없어지리라. 울타리가 부수어졌는
데 매어놓지 않으면, 큰 수레의 바퀴살을 부술 것이다.
九四. 貞吉, 悔亡. 藩決不羸, 壯于大輿之輹.

'번藩'은 울타리(籬)이다. '결決'은 부수어지다라는 뜻이다. '장壯'은 상
하다라는 뜻의 상傷이다. '여輿'는 수레(車)이다. '복輹'은 복輻자를 빌려
쓴 것이며, 수레의 바퀴살이다.

숫양이 날뛰면서 뿔로 울타리를 받아 그 양을 생포하여 뿔을 매어놓
으니, 길하고 뉘우침이 없어진다. 숫양이 울타리를 받아 울타리가 부
수어졌는데 양을 생포하여 매어놓지 않으면, 양은 장차 큰 수레의 바
퀴살을 부술 것이다.

점을 쳐 이 효를 얻은 사람은 지금 '숫양을 생포하여 뿔을 매어놓아
더 큰 일이 일어나지 않는' 상황이다. 재난의 불씨를 제거하리니, 더 이
상 문제는 없으리라. 점에 묻고자 하는 일은 길하고 뉘우침이 없어지
리라.

다섯째 음효. 역나라에서 양을 잃었으나, 뉘우침이 없으리라.
六五. 喪羊于易, 无悔.

'상喪'은 잃다(失)는 뜻이다. '역易'은 나라 이름이다.

왕해가 역나라에서 기르던 양을 잃었으나 목숨을 잃는 흉한 것까지
는 이르지 않았으니, 결과적으로 불행하게 된 것이 아니다.

점을 쳐 이 효를 얻은 사람은 지금 '왕해가 역나라에서 양을 잃어버 린' 상황이다. 장차 귀중한 것을 잃을 것이나, 상심하지는 않으리라. 점 에 묻고자 하는 일은 뉘우침이 없으리라.

꼭대기 음효. 숫양이 울타리를 받아 물러설 수도 나아갈 수도 없으니, 이로울 것 없으리라. 어려움은 길하리라.
上六. 羝羊觸藩, 不能退, 不能遂, 无攸利. 艱則吉.

'수遂'는 나아가다라는 뜻의 進이다. '간艱'은 어렵다는 뜻의 難과 같다.

숫양이 울타리를 받아 그 뿔이 울타리 사이에 끼여 물러설 수도 나 아갈 수도 없게 되었으니, 이로울 것이 없게 되었다. 왕해가 양을 잃고 진퇴양란의 어려움에 처해 있으나 죽음에 이르지는 않았으니 길하다.

점을 쳐 이 효를 얻은 사람은 지금 '숫양이 울타리를 받아 물러설 수 도 나아갈 수도 없는' 상황이다. 장차 진퇴양란에 빠져 어찌할 수 없는 어려움에 직면할 것이니, 이로울 것이 없으리라. 그러나 어려움은 그 렇게 큰 문제가 아닐 것이니, 점에 묻고자 하는 일은 마침내 길하리라.

35. 진晉

진. 강후가 다른 나라와 싸워 노획한 말이 많아 왕에게 바쳤는데, 하루에 세 번 이겼다.

晉. 康侯用錫馬蕃庶, 晝日三接.

진괘는 윗괘가 리이고 아랫괘가 곤이다. 리는 불이고 곤은 땅이다. 진괘의 괘상은 밝은 빛이 땅 위에 나오는 것이다. 해가 땅 위에 나오면 위로 올라간다. 진은 나아가다라는 뜻이다.

괘사에서, '강후康侯'는 주나라 무왕武王의 동생이다. '석錫'은 사賜자를 빌려 쓴 것이며, 바치다라는 뜻의 헌獻과 같다. '번서蕃庶'는 많다는 뜻이다. '접接'은 첩捷으로 읽으며, 전쟁에서 이기다라는 승勝의 뜻이다. 강후가 왕명을 받들어 출병하여 하루에 세 번 싸워 이겼는데, 노획한 말들이 많아 이것을 왕에게 바쳤다.

점을 쳐 이 괘를 얻은 사람은 이 괘상과 괘명을 보고 지금은 희망이 넘치는 밝은 새 아침을 맞이하여 목표를 향해 전심전력을 다하여 앞으로 나아가야 하리라. 해가 땅 위에 나오니, 광명천지에서 마음놓고 자신의 일을 추구할 수 있는 때가 온 것이다. 운세가 강성하여 매우 바쁘게 활동할 것이며, 사업은 번창하고 지위와 실적 및 성적 등은 위로 올라가리라. 일은 잘 나아가게 되어 있으니 적극적으로 추진하는 것이 좋으리라. 강후가 다른 나라와 싸워 세 번 이겼고 노획한 말이 많아 왕에게 바쳤듯, 일을 추구하면 막힘 없이 앞으로 나아갈 것이고 재물도 넉넉히 얻을 것이며 윗사람의 신임도 받으리라. 그러나 너무 잘 나아가므로 항상 주위의 시기와 질투가 심하게 따를 것이니, 타인의 방해 공작에 휘말려들지 않도록 주의해야 하리라.

처음 음효. 적을 공격하여 쳐부수니, 점은 길하리라. 노획한 것은 없으나 또한 허물이 없으리라.

初六. 晉如摧如, 貞吉. 罔孚, 裕无咎.

'진晉'은 나아가다라는 뜻의 진進이며, 적을 공격한다는 말이다. '여如'는 지之와 같다. '최摧'는 꺾다라는 뜻의 절折이다. '망罔'은 없다는 뜻의 무無이다. '부孚'는 부俘의 옛 글자이며, 적으로부터 노획한 재물이나 포로를 말한다. '유裕'는 유猶로 읽으며 또한, 더욱이라는 상尙의 뜻과 같다.

강후가 적을 공격하여, 비록 노획한 것은 없으나 적을 쳐부수었으니 허물이 없다.

점을 쳐 이 효를 얻은 사람은 지금 '강후가 적을 공격하여 쳐부순' 상황이다. 거리낌 없이 나아가 성취할 것이니, 점에 묻고자 하는 일은 길하리라. 설령 얻는 바가 없다고 해도 허물이 없을 것이니라.

둘째 음효. 적을 공격하여 압박하니, 점은 길하리라. 왕모로부터 큰 복을 받으리라.

六二. 晉如愁如, 貞吉. 受茲介福于其王母.

'수愁'는 주遒자를 빌려 쓴 것이며, 압박하다라는 뜻의 박迫이다. '개介'는 크다는 뜻의 대大이다. '왕모王母'는 조모, 곧 강후의 할머니이며 문왕의 어머니인 태임太任을 가리킨다.

강후가 적을 공격하여 적병을 위협하니, 그 할머니가 공로를 칭찬하여 작위와 복록을 내렸다.

점을 쳐 이 효를 얻은 사람은 지금 '강후가 적을 공격하여 압박하고, 할머니로부터 큰 복을 받는' 상황이다. 거리낌 없이 나아가 성취할 것이니, 점에 묻고자 하는 일은 길하리라. 장차 윗사람으로부터 공로를 인정받고 큰 상을 받으리라.

셋째 음효. 무리를 이끌고 적을 공격하니, 뉘우침이 없어지리라.

六三. 衆允, 悔亡.

'중衆'은 사졸들을 가리킨다. '윤允'은 윤㲦자를 빌려 쓴 것이며, 나아가다라는 뜻의 진進이다.

강후가 많은 군사를 이끌고 진격하여 적을 공격하니, 뉘우침이 없어진다.

점을 쳐 이 효를 얻은 사람은 지금 '강후가 많은 군사들을 이끌고 적을 공격하는' 상황이다. 거리낌없이 나아가 얻을 것이니, 점에 묻고자 하는 일은 뉘우침이 없어지리라.

넷째 양효. 적을 공격하는 것이 들쥐와 같으니, 점은 위태로울 것이니라.

九四. 晉如鼫鼠, 貞厲.

'석서鼫鼠'는 들쥐(田鼠)이며, 콩쥐(豆鼠)라고도 한다. 들쥐는 빠르고 출몰이 무상하나 담이 작다.

강후가 적을 공격하는 것이 담이 작은 들쥐와 같으니, 위태롭다.

점을 쳐 이 효를 얻은 사람은 지금 '강후가 적을 공격하는 것이 담이 작은 들쥐와 같은' 상황이다. 약삭스럽게 놀면 결코 성공하지 못하리니, 스스로 무덤을 파게 되리라. 점에 묻고자 하는 일은 위태로울 것이니라.

다섯째 음효. 뉘우침이 없어지리니, 승리를 놓쳤으나 근심하지 말라. 가면 길하여 이롭지 않음이 없으리라.

六五. 悔亡, 失得勿恤. 往吉, 无攸利.

'휼恤'은 근심이라는 뜻의 우憂와 같으며, 기가 죽다, 낙담하다라는 뜻이다.

강후가 적을 공격하는 것이 들쥐와 같이 하다가 승리를 놓쳤다. 그러나 낙심하지 말고 전열을 가다듬어 다시 출병한다면 길하여 이롭지 않음이 없다.

점을 쳐 이 효를 얻은 사람은 지금 '강후가 승리를 놓친' 상황이다. 곧 만회할 수 있어 뉘우침이 없어지리니, 근심할 필요 없이 그대로 밀고 나가라. 점에 묻고자 하는 일은 길하여 이롭지 않음이 없으리라.

꼭대기 양효. 예리한 군대를 앞세워 속읍을 정벌하니, 위태로우나 길하며, 허물이 없으나 점은 어려울 것이니라.
上九. 晉其角, 維用伐邑, 厲吉, 无咎, 貞吝.

'진기각晉其角'은 짐승이 그 뿔을 앞세워 물건을 떠받는 것이다. '읍邑'은 본국에 속해 있는 성읍城邑이다. '인吝'은 어렵다는 뜻의 난難이다.

단단하고 예리한 군대를 앞세워 속읍을 정벌하는 것은 짐승이 단단하고 예리한 뿔을 앞세워 물건을 떠받는 것과 같다. 이것은 비록 위태로우나 길하며, 허물이 없으나 반드시 적의 저항을 받을 것이니, 어려울 것이다.

점을 쳐 이 효를 얻은 사람은 지금 '강후가 예리한 군대를 앞세워 속읍을 정벌하는' 상황이다. 파죽지세로 밀고 나가라! 비록 위태로우나 길할 것이며, 또 허물이 없으나, 점에 묻고자 하는 일은 어려울 것이니라.

# 36. 명이 明夷

명이. 어려운 일의 점은 이로울 것이니라.

明夷. 利艱貞.

명이괘는 윗괘가 곤이고 아랫괘가 리이다. 곤은 땅이고 리는 불이다. 명이괘의 괘상은 밝은 빛이 땅속으로 들어가는 것이다. 밝은 빛이 땅 위에 나타나지 않고 땅속에 있으니, 밖은 어둡고 안은 밝다. 명이는 밝음이 없어진다는 뜻이다.

괘사에서, '간艱'은 어렵다는 뜻의 난難이다. '간정艱貞'은 간점艱占과 같다. 어려운 일의 점은 이로울 것이다.

점을 쳐 이 괘를 얻은 사람은 이 괘상과 괘명을 보고 지금은 불빛이 사라진 어두운 밤, 앞뒤를 분간할 수 없는 칠흑 같은 어둠 속에서, 함부로 움직일 때가 아니라 날이 밝을 때까지 기다려야 할 때임을 알아야 하리라. 해가 땅속으로 들어갔으니, 밝음은 사라지고 어둠이 천지를 뒤덮어 흑백을 분별하지 못하는 때가 된 것이다. 어두운 밤에 나서지 말라. 옥석은 가리기 어렵고 시비는 분간하기 어렵다. 내 말을 들어주는 사람도 내 능력을 알아주는 사람도 없고, 열심히 노력해도 생각대로 되는 일이 없으리라. 사업에도 이미 상처를 입고 기가 죽어 있으며, 나를 해치려는 사람은 어둠 속에 도사리고 있다. 어두운 밤에는 충분한 수면으로 기력을 축적해야 하리니, 마음속에 밝은 빛을 간직하고 내면을 충실히 다져 동이 틀 때를 기다리는 것이 상책일 것이다. 해는 반드시 떠오르고야 만다. 어둡고 어려운 현실이지만, 점에 묻고자 하는 일은 이로울 것이니라.

처음 양효. 우는 꿩이 날아가는데 왼쪽 날개를 드리운다. 군자가 가는데 삼 일을 먹지 못한다. 갈 곳이 있으니, 주인에게 잘못이 있다.
初九. 明夷于飛, 垂其(左)翼. 君子于行, 三日不食. 有攸往, 主人有言.

'명明'은 울다라는 뜻의 명鳴자를 빌려 쓴 것이다. '이夷'는 꿩이라는 뜻의 치稚자를 빌려 쓴 것이다. '명이明夷'는 곧 우는 꿩(鳴雉)이다. '우는 꿩'은 기울어져가는 은나라를 상징한다. 『백서주역』에는 익翼자 앞에 좌左자가 있다. '군자'는 기자는 가리킨다. 기자는 은나라 마지막 왕인 주왕의 숙부이다. '주인'은 곧 은의 주왕을 가리킨다. '언言'은 건愆자를 빌려 쓴 것이며, 잘못, 과실, 실수라는 뜻이다.

우는 꿩이 날아가는데 왼쪽 날개를 드리우는 것은 심각한 상처를 입었기 때문이며, 이것은 곧 은나라가 한쪽으로 기울어져가고 있다는 말이다. 기자가 주왕의 폭정을 피해 그의 곁을 떠나 숨는데, 며칠 동안 아무것도 먹지 못하였다. 기자가 주왕의 곁을 떠나 숨는 것은 주왕이 폭정을 하여 나라를 망치고 있기 때문이다.

점을 쳐 이 효를 얻은 사람은 지금 '은나라는 기울어져가고 있는데, 기자가 주왕의 곁을 떠나 숨는' 상황이다. 해는 저무는데, 갈 길은 아득하다. 점에 묻고자 하는 일은 어려울 것이니라.

둘째 음효. 우는 꿩이 왼쪽 다리를 다쳤는데, 타고 가는 말은 튼튼하니, 길하리라.

六二. 明夷夷于左股, 用拯馬壯, 吉.

'명이明夷' 아래의 '이夷'자는 다치다라는 뜻의 상상傷이다. '증拯'은 구하다라는 뜻의 구救, 구제하다라는 뜻의 제濟이다. '증마拯馬'는 곧 구제하는 말, 기자가 타고 피신하는 말을 가리킨다. '장壯'은 튼튼하다는 뜻이다.

우는 꿩이 왼쪽 다리를 다쳤다는 것은 심각한 상처를 입었다는 것이며, 이것은 곧 은나라가 심각한 문제를 안고 한쪽으로 기울어져가고 있다는 말이다. 기자가 주왕의 폭정을 피해 피신하는데, 타고 가는 말이 튼튼하여 무사히 피신하였으므로 길하다.

점을 쳐 이 효를 얻은 사람은 지금 '은나라는 기울어져가고 있는데, 기자가 튼튼한 말을 타고 무사히 피신하는' 상황이다. 모든 것이 사양길로 접어들었는데, 자신은 생명을 온전히 보존하여 안신처를 찾으리

라. 점에 묻고자 하는 일은 길하리라.

셋째 양효. 우는 꿩이 남쪽 사냥에서 다쳤는데, 큰 머리를 얻었다. 질병에 대한 점은 이롭지 않으리라.

九三. 明夷于南狩, 得其大首. 不可疾貞.

『백서주역』에는 '명이이우남수明夷夷于南守(狩)'라고 하였는데, 이것이 맞다. '이夷'는 다치다라는 뜻의 상상傷이다. '수狩'는 사냥하다라는 뜻의 엽獵이다. '수首'는 머리이며, '대수大首'는 큰 머리, 곧 큰 신하臣下를 가리킨다. '가可'는 이롭다는 이利의 뜻이다.

우는 꿩이 남쪽 사냥에서 다쳤다는 것은 은나라가 어떤 좋지 않은 일을 기점으로 하여 심각한 상처를 입고 기울어져가고 있다는 말이다. 그런데 주왕은 대신을 죽이고 있으니, 주왕의 폭정으로 인해 기울어져가는 은나라는 이제 어찌할 방도가 없다.

점을 쳐 이 효를 얻은 사람은 지금 '은나라가 심각한 상처를 입고 기울어져가고 있는데, 주왕은 대신을 죽이고 폭정을 하고 있으니, 이제 은나라는 어찌할 수 없는' 상황이다. 해는 저무는데, 아직 방향을 찾지 못하고 헤매고 있으니, 고난은 어찌할 수 없으리라. 점에 묻고자 하는 일은 이롭지 않으리라.

넷째 음효. 왼쪽 동굴로 들어가 우는 꿩을 잡았다. 문 앞뜰을 나갈 때 조심해야 하리라.

六四. 入于左腹, 獲明夷. 之心于出門庭.

'복복腹'은 복복竇으로 읽어야 하며, 동굴(山洞)이란 뜻이다. '지심之心'은 소심小心으로 읽어야 문장이 통한다. 조심하다라는 뜻이다.

왼쪽 동굴로 들어가 우는 꿩을 잡았다는 것은 은나라가 막다른 궁지에 몰렸는데, 기자가 이를 일으켜 세우려고 막다른 궁지에까지 들어갔다는 말이다. 기자가 동굴로 들어가 잡은 우는 꿩을 문 앞뜰에 놓아두었으니 마땅히 뜰을 나갈 때 조심해야 한다는 것, 즉 기자가 일으켜 세우려는 은나라를 조심하여 잘 이끌어가야 한다.

점을 쳐 이 효를 얻은 사람은 지금 '기자가 기울어져가는 은나라를 일으켜 세우기 위해 막다른 궁지에까지 들어간' 상황이다. 막다른 궁지까지 왔으니, 점에 묻고자 하는 일은 조심해야 하리라.

다섯째 음효. 기자가 우는 꿩을 잡으니, 이롭다는 점이다.

六五. 箕子之明夷, 利貞.

'지之'는 유有와 같으며, 얻었다는 뜻의 득得이다.

기자가 우여곡절 끝에 우는 꿩을 잡았다는 것, 즉 기자가 기울어져가는 은나라를 일으켜 세우려고 안간힘을 쏟고 있으니, 이롭다.

점을 쳐 이 효를 얻은 사람은 지금 '기자가 기울어져가는 은나라를 일으켜 세우려고 안간힘을 쏟는' 상황이다. 최후의 상황에서 최후의 일 각까지 최선을 다하라. 점에 묻고자 하는 일은 이로울 것이니라.

꼭대기 음효. 해가 지고 어둡다. 처음에는 하늘로 올라갔다가, 뒤에는 땅으로 들어갔다.
上六. 不明, 晦. 初登于天, 後入于地.

'회晦'는 어둡다는 뜻이다.

기자가 잡은 꿩이 해가 지고 어두울 때 날아가 버렸다. 꿩이 처음에 는 하늘로 날아올라갔다가, 뒤에는 다시 어둠 속으로 사라졌다. 이것 은 기자의 온갖 노력에도 불구하고 은나라는 멸망하였다는 말이다.

점을 쳐 이 효를 얻은 사람은 지금 '기자의 몸부림에도 불구하고 은 나라는 멸망한' 상황이다. 눈에 핏빛이 맺힐 정도로 노력해도 허망하게 끝날 운이니, 허탈할 것이니라. 점에 묻고자 하는 일은 흉하리라.

37. 가인家人

가인괘는 윗괘가 손이고 아랫괘가 리이다. 손은 바람이고 리는 불이다. 가인괘의 괘상은 위는 바람이고 아래는 불이니, 바람이 불에서 나오는 것이다. 여자는 가정에서 불이 꺼지지 않도록 불씨를 잘 지켜야 한다. 가인은 집안사람이라는 뜻이다.

괘사에서, '여정女貞'은 여점女占과 같다. 여자가 가정에서 가족을 위해 따뜻한 불을 잘 지켜야 할 것이니, 여자의 점은 이롭다.

점을 쳐 이 괘를 얻은 사람은 이 괘상과 괘명을 보고 지금은 내부를 충실히 다져야 할 때임을 알아, 여성답게 차분히, 불처럼 따뜻하게, 집 안일부터 잘 보살펴 주위를 정비하는 것이 좋으리라. 바람 아래에 불이 붙고 있으니, 작은 불씨가 바람을 타고 큰불로 번질 수 있는 때이다. 가정에서 작은 일에 조심하여 큰 화가 미치지 않도록 삼가야 할 것이니, 여자가 가정에서 가족을 위해 불처럼 따뜻하게 한다면 이로울 것이니라.

처음 양효. 가정을 방비하니, 뉘우침이 없어지리라.
初九. 閑有家, 悔亡.

'한閑'은 막다라는 뜻의 란闌, 방비하다라는 뜻의 방防이다. '유有'는 우于와 같다.

여자가 가정에서 일어날 수 있는 재난을 미리 방비하니, 뉘우침이 없어진다.

점을 쳐 이 효를 얻은 사람은 지금 '여자가 가정을 방비하는' 상황이다. 항상 미리 방비하라. 후회할 일이 없으리라. 점에 묻고자 하는 일은 뉘우침이 없어지리라.

둘째 음효. 잃은 것 없이, 집안에서 음식을 하여 사람에게 주니, 점은 길하리라.
六二. 无攸遂, 在中饋, 貞吉.

'수遂'는 타墮자를 빌려 쓴 것이며, 잃다라는 뜻의 실失이다. '궤饋'는 음식을 갖추어 사람에게 주는 것이다. '중궤中饋'는 집안에서 음식을 하여 사람에게 주는 것이다.

여자가 가정에서 음식을 하여 가족에게 먹이는데, 잃은 것이 없으니, 길하다.

점을 쳐 이 효를 얻은 사람은 지금 '여자가 집안에서 음식을 하여 가족에게 먹이는' 상황이다. 자신의 직분에 충실해야 하리라. 음식을 먹는 가족은 배가 부를 것이니, 점에 묻고자 하는 일은 길하리라.

셋째 양효. 집안사람들이 슬피 우니, 뉘우치고 위태로우나, 길하리라. 부녀자가 웃음소리를 내나, 마침내 어려울 것이니라.

九三. 家人嗃嗃, 悔, 厲, 吉. 婦子嘻嘻, 終吝.

'학학嗃嗃'은 오오嗷嗷와 같으며, 많은 사람들이 근심하는 것이다. '희희嘻嘻'는 웃음소리이다.

가정에 나쁜 일이 있을 때는 집안사람들이 슬피 울며 근심에 잠기나 결국 좋아지며, 좋은 일이 있으면 웃음소리를 내다가 마침내 어려움을 만난다.

점을 쳐 이 효를 얻은 사람은 지금 '가정에 좋은 일과 나쁜 일이 끊임없이 일어나는' 상황이다. 나쁜 일이 있을 때는 슬퍼하며 근심에 잠기나 언젠가는 좋아지며, 좋은 일이 있을 때는 기뻐하며 웃음소리를 내나 마침내 어렵게 된다. 인생은 희비가 교대로 찾아오니, 한순간의 감정에 얽매이지 말라.

넷째 음효. 행복한 가정이니, 크게 길하리라.

六四. 富家, 大吉.

'부富'는 복福자를 빌려 쓴 것이다.

행복한 가정은 자연히 길하다.

점을 쳐 이 효를 얻은 사람은 지금 '가정이 행복한' 상황이다. 가정의 행복은 가족들이 함께 만드는 것이다. 가족 모두가 건강하고 하는 일마다 복이 있으니, 점에 묻고자 하는 일은 크게 길하리라.

다섯째 양효. 왕이 집에 왔으니, 근심하지 말라. 길하리라.

九五. 王假有家, 勿恤, 吉.

'가假'는 이르다는 뜻의 지至이다. '유有'는 우于와 같다. '가家'는 괘사의 '여자' 집이다. '휼恤'은 근심하다라는 뜻의 우憂이다.

왕이 집에 왔으니 당연히 길하다.

점을 쳐 이 효를 얻은 사람은 지금 '왕이 집에 온' 상황이다. 귀인이 찾아올 것이니, 장차 영광을 얻으리라. 점에 묻고자 하는 일은 근심하지 말라. 길하리라.

꼭대기 양효. 포로를 잡았는데 기세가 등등하나, 마침내 길하리라.

上九. 有孚威如, 終吉.

'유부有孚'는 가정에 침입한 도적을 가리킨다. '위여威如'는 화를 내며 반항하는 모습이다.

가정에 침입한 도적을 잡았는데, 화를 내며 기세가 등등하나, 마침내 복속시켜 길하다.

점을 쳐 이 효를 얻은 사람은 지금 '가정에 침입한 도적을 잡은' 상황이다. 한순간 힘들고 어려우나 오히려 얻을 것이니, 점에 묻고자 하는 일은 마침내 길하리라.

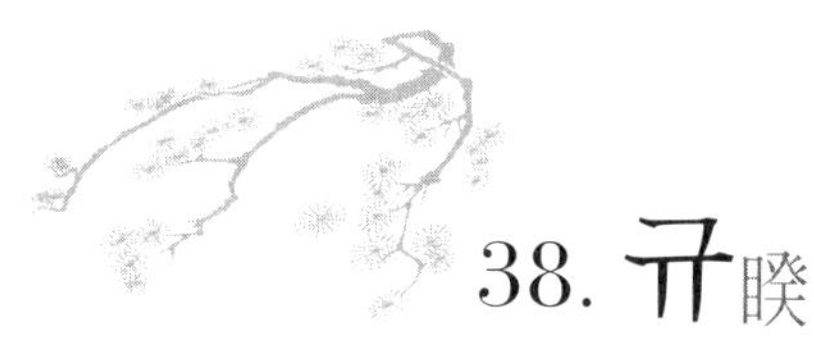

38. 규睽

규. 작은 일은 길하리라.

睽. 小事吉.

규괘는 윗괘가 리이고 아랫괘가 태이다. 리는 불이고 태는 못이다. 규괘의 괘상은 위에는 불이 있고 아래에는 못이 있는 것이다. 불은 움직여 위로 올라가고 못은 움직여 아래로 내려오니, 두 가지는 서로 어긋난다. 규는 어긋나다라는 뜻이다.

괘사에서, 서로 등져 어긋날 때는 큰 일을 이룰 수 없으니, 작은 일을 하면 길하다.

점을 쳐 이 괘를 얻은 사람은 이 괘상과 괘명을 보고 지금은 가정에서나 직장에서나 심각한 내면적 갈등을 겪으며, 가족 혹은 동료들과 반목하여 생각이 서로 어긋나 있을 때임을 알아야 하리라. 불은 위로

타오르고 못은 아래로 흘러가고 있으니, 불과 물은 상반되며 성질도
지향하는 바도 서로 다르다. 가정에서나 직장에서나 의견이 일치하지
못하여 내부적으로 분열되고, 서로 적대 관계가 되어 세력 다툼을 하
고 있으니, 하고자 하는 일은 뜻과 어긋나 차질이 생기리라. 이러한 때
에 큰 일을 하면 이룰 수 없으니, 작은 일을 하는 것이 길하리라.

처음 양효. 뉘우침이 없어지리니, 잃은 말은 뒤쫓지 않아도 스스로 돌
아오리라. 나쁜 사람을 만났으나 허물이 없으리라.
初九. 悔亡. 喪馬, 勿逐, 自復. 見惡人, 无咎.

'복復'은 돌아오다라는 뜻의 반返이다. '악惡'은 흉악하다는 뜻이다.
나그네가 길을 떠나면서 타고 갈 말을 잃었으나 뒤쫓지 않아도 스스
로 돌아오고, 나쁜 사람을 만났으나 아무런 문제가 일어나지 않았으
니, 뉘우침이 없어진다.
점을 쳐 이 효를 얻은 사람은 지금 '나그네가 말을 잃고 나쁜 사람을
만났으나 아무런 문제가 없는' 상황이다. 순풍에 돛을 단 듯 만사가 형
통하고 아무런 문제가 없을 것이니, 점에 묻고자 하는 일은 뉘우침이
없어지리라.

둘째 양효. 주인을 골목에서 만나니, 허물이 없으리라.
九二. 遇主于巷, 无咎.

'우遇'는 만나다라는 뜻이다. '주主'는 주인이다. '항巷'은 골목이다.

나그네가 길을 떠나 투숙하려는데 마침 골목에서 나그네를 접대하는 주인을 만나 좋게 되었다.

점을 쳐 이 효를 얻은 사람은 지금 '나그네가 주인을 골목에서 만난' 상황이다. 때에 맞게 일이 맞물려 잘 풀려 나갈 것이니, 점에 묻고자 하는 일은 허물이 없으리라.

셋째 음효. 수레를 끌고 가는 것을 보았는데, 소는 힘들게 당기고, 사람은 이마에 새기고 코가 잘린 죄인이었다. 처음에는 당겨지지 않았지만 뒤에는 마침내 끌고 갔다.

六三. 見輿曳, 其牛掣, 其人天且劓, 无初有終.

'여輿'는 수레이다. '예曳'는 끌다라는 뜻의 랍拉이다. '체掣'는 당기다라는 뜻이며, 매우 힘들게 당기는 모양이다. '천天'은 전顚으로 읽어야 하며, 이마이다. '의劓'는 코를 베는 형벌이다.

나그네가 길을 가다가 수레를 끌고 가는 것을 보았는데, 소는 힘들게 당기고, 수레를 끄는 사람은 이마에 묵형墨刑을 새기고 코가 잘린 죄인이었다. 수레가 처음에는 당겨지지 않았지만 마침내 끌고 갔다.

점을 쳐 이 효를 얻은 사람은 지금 '나그네가 죄인이 수레를 힘들게 끌고 가는 모습을 본' 상황이다. 온몸이 땀에 흠뻑 젖은 후에 얻을 것이니, 점에 묻고자 하는 일은 처음에는 어려우나 마침내 이룰 것이니라.

넷째 양효. 나그네가 홀로 가다가, 큰 사내를 만나 함께 사로잡히게
되어, 위태로우나 허물이 없으리라.

九四. 睽孤, 遇元夫, 交孚, 厲, 无咎.

'규고睽孤'는 나그네가 홀로 길을 가는 것이다. '원부元夫'는 큰 사내
이다. '교交'는 함께라는 뜻의 구俱이다.

나그네가 길을 가다가 큰 사내를 만났는데, 두 사람 모두 사로잡히
게 되었다. 상황은 위태로우나 마침내 위기에서 벗어나 허물이 없게
되었다.

점을 쳐 이 효를 얻은 사람은 지금 '나그네가 큰 사내를 만나 함께
사로잡히게 된' 상황이다. 예기치 않은 일을 만날 것이니, 한순간 위험
에 직면하나 곧 벗어나리라. 점에 묻고자 하는 일은 위태로우나 허물
이 없으리라.

다섯째 음효. 뉘우침이 없어지리라. 종묘에 가서 고기를 먹으니, 가면
무슨 허물이 있겠는가.

六五. 悔亡. 厥宗噬膚, 往, 何咎.

『백서주역』에는 '궐厥'을 오르다라는 뜻의 등登으로 하였다. '종宗'은
조상을 모신 사당이다. '서噬'는 먹다라는 뜻의 흘吃이다. '부膚'는 고기
라는 뜻의 육肉이다.

나그네가 사로잡혔다가 풀려나니 뉘우침이 없어진다. 조상을 모신

사당에서 고기를 먹으니, 가면 아무런 문제가 없다.

　점을 쳐 이 효를 얻은 사람은 지금 '나그네가 종묘에 가서 고기를 먹는' 상황이다. 조상의 은덕으로 고기를 먹으니, 추구하면 성취할 수 있으리라. 점에 묻고자 하는 일은 무슨 허물이 있겠는가!

　꼭대기 양효. 나그네가 홀로 가다가, 돼지를 실어 나르는 것과 한 수레 가득 귀신이 실려 있는 것을 보았는데, 먼저 활을 당겨 쏘려고 하다가 뒤에 활을 내려놓으니, 도적이 아니라 혼인하는 것이다. 가다가 비를 만났으나 길하리라.

上九. 睽孤, 見豕負塗, 載鬼一車, 先張之弧, 後說之弧, 匪寇婚媾. 往遇雨則吉.

　'규고睽孤'는 나그네가 홀로 길을 가는 것이다. '시豕'는 돼지이다. '부도負塗'는 부타負拖이며, 실어 나르다라는 뜻이다. '재귀일거載鬼一車'는 한 수레 가득 귀신과 같은 기괴한 형상을 한 사람들을 실었다는 말이다. '장張'은 활을 당기다라는 뜻이다. '지之'는 기其와 같다. '호弧'는 활(弓)이다. '열說'은 탈脫로 읽으며, 내려놓다라는 뜻이다. '비匪'는 아니다라는 뜻의 비非로 읽는다. '혼구婚媾'는 혼인婚姻과 같다.

　나그네가 홀로 길을 가다가, 수레에 돼지를 실어 나르는 것을 보았고, 뒤이어 한 수레 가득 귀신과 같은 괴상한 형상을 한 사람들을 싣고 있는 것을 보았다. 이들은 나그네에게 먼저 활을 쏘려고 하다가 활을 내려놓으니, 도적이 아니라 얼굴에 분장을 하고 혼인하러 가는 사람들이다. 나그네는 그대로 길을 가다가 비를 만났으나 아무 일 없이 길하다.

점을 쳐 이 효를 얻은 사람은 지금 '나그네가 홀로 가다가 돼지를 실어 나르는 것과 얼굴에 귀신과 같은 분장을 하고 혼인하러 가는 사람들을 본' 상황이다. 어둠 속에서 긴장을 풀고 현실을 직시하라. 궁하면 궁할수록 귀신이 보인다. 돼지도 보고 혼인하러 가는 광경도 보고 또 비를 만났으니, 점에 묻고자 하는 일은 길하리라.

39. 건蹇

건. 서남쪽은 이롭고 동북쪽은 이롭지 않으리라. 대인을 만나보는 것
이 이로울 것이니, 점은 길하리라.
蹇. 利西南, 不利東北. 利見大人. 貞吉.

건괘는 윗괘가 감이고 아랫괘가 간이다. 감은 물이고 간은 산이다. 건
괘의 괘상은 산 위에 물이 있는 것이다. 산 위에 물이 있으면 겹겹이 쌓
인 바위나 나무의 방해를 받아 흘러가기가 어렵다. 건은 어렵다는 뜻이다.
　괘사에서, '대인'은 무왕을 가리킨다. 무왕이 서남쪽의 우방들과 함
께 은을 정벌하니, 제후들은 무왕을 만나보는 것이 이로울 것이다. 점
에 묻고자 하는 일은 길하다.
　점을 쳐 이 괘를 얻은 사람은 이 괘상과 괘명을 보고 지금은 자신이
처해 있는 운명이 참으로 어렵고 어려운 때임을 알아야 하리라. 산 위

에 물이 있으니, 험한 산이 앞을 가로막고 위험한 물이 가로놓여 있어 어려운 고비를 하나 넘기면 또 어려운 일을 만나게 되리라. 갈수록 태산이라는 말이 여기에 해당된다. 행하기 어려운 상이니 조금도 움직이지 말라. 사사건건 어려움만 겪게 되리라. 이런 때에는 조용히 사태의 변화를 관망하며 때를 기다리는 것이 상책이리라. 서남쪽은 평탄하고 걷기 쉬운 곳이요, 동북쪽은 험한 길이다. 어려운 때를 만나 험한 길을 피하고 평탄하고 걷기 쉬운 길을 택한다면 이로울 것이니라.

처음 음효. 갈 때는 어려우나, 올 때는 편안하다.

初六. 往蹇來譽.

'건蹇'은 어렵다는 뜻의 난難이다. '예譽'는 여趣로 읽는다. 편안히 천천히 걷는 것이며, 일을 이룬 것이 있기 때문이다.

무왕이 은을 정벌하기 위해 출병하여 행군할 때는 어려웠지만, 은을 정벌하고 돌아올 때는 마음이 홀가분하고 편안하다.

점을 쳐 이 효를 얻은 사람은 지금 '무왕이 출병할 때는 어려웠지만, 정벌하고 돌아올 때는 편안한' 상황이다. 일을 시작할 때는 힘들지만 이룬 후에는 편안하리라. 점에 묻고자 하는 일은 이룰 수 있을 것이니라.

둘째 음효. 왕과 신하가 어렵고 또 어려우나, 자신으로 말미암은 것이 아니니라.

六二. 王臣蹇蹇, 匪躬之故.

306

'건건蹇蹇'은 어렵고 또 어렵다는 뜻이다. '비匪'는 아니다라는 뜻의 비非이다. '궁躬'은 자신을 가리킨다.

무왕과 신하가 은을 정벌하는 과정에서 매우 어려운 어떤 일에 처하였는데, 이것은 자신들로부터 말미암은 것이 아니라 다른 어떤 것으로부터 연유한 것이다.

점을 쳐 이 효를 얻은 사람은 지금 '무왕이 신하와 더불어 어렵고 또 어려운' 상황이다. 장차 난감한 일에 부딪치게 되리니, 이것은 자신의 잘못으로 말미암은 것이 아니다. 점에 묻고자 하는 일은 어려울 것이니라.

셋째 양효. 갈 때는 어려우나, 올 때는 매우 좋으리라.

九三. 往蹇來反.

'반反'은 반반反反과 같으며, 매우 좋은 모양이다.

무왕이 은을 정벌하기 위해 출병하여 행군할 때는 어려웠지만, 은을 정벌하고 돌아올 때는 매우 보기 좋은 모습니다.

점을 쳐 이 효를 얻은 사람은 지금 '무왕이 출병할 때는 어려웠지만, 정벌하고 돌아올 때는 매우 좋은' 상황이다. 일을 시작할 때는 어렵지만 이룬 후에는 매우 좋으리라. 점에 묻고자 하는 일은 매우 좋으리라.

넷째 음효. 갈 때는 어려우나, 올 때는 수레를 타고 오리라.

六四. 往蹇來連.

'연連'은 연輦으로 읽으며, 수레라는 뜻이다.

무왕이 은을 정벌하기 위해 출병하여 행군할 때는 어려웠지만, 은을 정벌하고 돌아올 때는 수레를 타고 온다.

점을 쳐 이 효를 얻은 사람은 지금 '무왕이 출병할 때는 어려웠지만, 정벌하고 돌아올 때는 수레를 타고 오는' 상황이다. 일을 시작할 때는 어렵지만 이룬 후에는 금의환향하리라. 점에 묻고자 하는 일은 크게 길하리라.

다섯째 양효. 크게 어려우나, 벗들이 오리라.
九五. 大蹇朋來.

'대건大蹇'은 크게 어렵다는 뜻이다.

무왕이 은을 정벌하였으나 아직 정벌해야 할 은의 제후국이 많이 남아 있었는데, 은의 제후국과 백성들이 복속하여왔다.

점을 쳐 이 효를 얻은 사람은 지금 '무왕이 정벌할 곳이 많이 남아 있는데, 은의 제후국과 백성들이 복속하여오는' 상황이다. 어려운 상황에 처해 동조하며 따르는 사람들이 많을 것이니, 점에 묻고자 하는 일은 길하리라.

꼭대기 음효. 갈 때는 어려우나 올 때는 얻는 것이 있으니, 길하리라.
대인을 만나보는 것이 이로울 것이니라.
上六. 往蹇來碩, 吉. 利見大人.

『백서주역』에는 '석碩'을 석石으로 하였다. '석碩'과 '석石'은 모두 척撫자를 빌려 쓴 것이며, 습득하다, 취하다라는 취取의 뜻이다.

무왕이 은을 정벌하기 위해 출병하여 행군할 때는 어려웠지만, 은을 정벌하고 돌아올 때는 얻은 것이 있어 길하다. 은의 제후국과 백성들은 무왕을 만나 귀속하는 것이 이롭다.

점을 쳐 이 효를 얻은 사람은 지금 '무왕이 출병할 때는 어려웠지만, 정벌하고 돌아올 때는 얻는 것이 있는' 상황이다. 일을 시작할 때는 어렵지만 이룬 후에는 얻는 것이 많으니라. 도움을 줄 사람을 만나보는 것이 이로울 것이니, 점에 묻고자 하는 일은 길하리라.

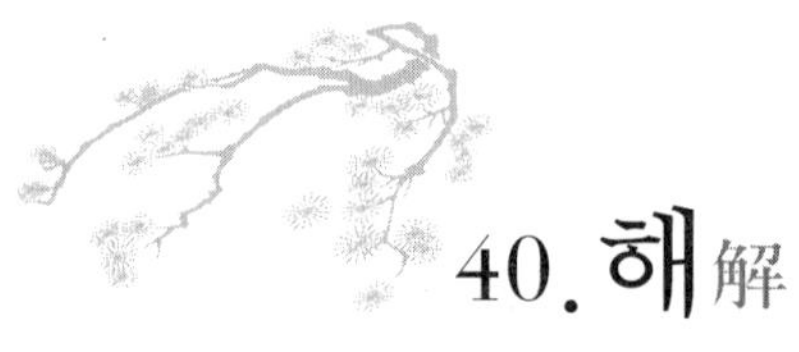

40. 해解

해. 서남쪽이 이로울 것이니, 갈 곳이 없다면 돌아오는 것이 길하리라. 갈 곳이 있다면 일찍 가는 것이 길하리라.
解. 利西南. 无所往, 其來復, 吉. 有攸往, 夙吉.

해괘는 윗괘가 진이고 아랫괘가 감이다. 진은 우레이고 감은 물이다. 해괘의 괘상은 우레와 비가 일어나는 것이니, 우레는 위에서 울고 비는 아래에서 내린다. 천지가 풀린 이후에 우레와 비가 일어난다. 해는 풀리다라는 뜻이다.

괘사에서, '복復'은 돌아오다라는 뜻의 반返이다. '숙夙'은 이르다는 뜻의 조무이다. 천지가 풀려 봄을 맞이한 이때에 주의 우방들이 있는 서남쪽으로 가서 사냥을 하면 이로울 것이니, 사냥하러 갈 곳이 없다면 돌아오는 것이 길하며, 갈 곳이 있다면 일찍 가는 것이 길하리라.

점을 쳐 이 괘를 얻은 사람은 이 괘상과 괘명을 보고 지금은 그동안 굳게 얼어붙었던 천지가 풀리고 화창한 봄날을 맞아, 한 해의 일을 새롭게 시작해야 할 때임을 알아야 하리라. 위에서 우레가 진동하고 아래에서 물이 흐르고 있으니, 겨울 동안 잠자던 삼라만상이 깨어나 따뜻한 봄을 맞이하여 서서히 활동을 시작할 때이다. 지난날의 잘못된 것은 풀어버리고 새로운 일을 시작하는 희망의 새 아침이 밝았으니, 그동안 묶어두었던 배의 닻줄을 풀고 희망을 안고 목적을 향해 적극적인 활동을 개시해야 하리라. 움직이면 모든 것이 반드시 잘 풀릴 것이니라. 그러나 좋은 운수만 믿고 마음까지 풀려서는 안 되리니, 꽃 피는 새 봄이나 봄을 시샘하는 꽃샘추위는 아직 다 가시지 않았다. 천지가 풀려 새 봄을 맞이하여 따뜻한 서남쪽이 이로울 것이니, 갈 곳이 없다면 돌아오는 것이 길할 것이고, 갈 곳이 있다면 일찍 가는 것이 길하리라.

처음 음효. 허물이 없으리라.
初六. 无咎.

서남쪽으로 가서 사냥을 하고, 사냥하러 갈 곳이 없다면 돌아오고, 갈 곳이 있다면 일찍 가므로 허물이 없다.

점을 쳐 이 효를 얻은 사람은 지금 '군자가 사냥을 하는데 올바르게 판단하고 행하는' 상황이다. 처한 위치에서 정확한 판단과 올바른 행동을 할 것이니라. 점에 묻고자 하는 일은 허물이 없으리라.

둘째 양효. 사냥을 하여 여우 세 마리를 잡고, 누런 구리 화살촉을 얻었으니, 점은 길하리라.

九二. 田獲三狐, 得黃矢, 貞吉.

'전田'은 사냥하다라는 뜻의 엽獵이다. '황시黃矢'는 곧 금시金矢이며, 화살촉을 황동으로 만든 것이다.

군자가 사냥을 하여 여우 세 마리를 잡고, 그 위에 누런 구리 화살촉을 얻었으니, 길하다.

점을 쳐 이 효를 얻은 사람은 지금 '군자가 사냥을 하여 여우 세 마리를 잡고, 누런 구리 화살촉을 얻은' 상황이다. 장차 목표한 바를 달성하고 소득이 좋을 것이니, 점에 묻고자 하는 일은 길하리라.

셋째 음효. 여우를 담은 망을 지고 말을 탔으니, 도적을 불러들인다. 점은 어려울 것이니라.

六三. 負且乘, 致寇至, 貞吝.

'부負'는 등에 물건을 지는 것이다. '차且'는 이而와 같다. '승乘'은 말을 타는 것이다. '치致'는 초래하다라는 뜻이다.

군자가 사냥을 하여 잡은 여우 세 마리를 망 속에 넣고, 이를 등에 지고 말을 탔으니, 도적이 진귀한 물건인 줄 여기고 강탈하려고 하므로, 어렵다.

점을 쳐 이 효를 얻은 사람은 지금 '군자가 여우를 담은 망을 등에

지고 말을 타 도적을 불러들이는' 상황이다. 장차 오해를 받아 화를 자초하게 되리니, 행동에 신중을 기해야 하리라. 점에 묻고자 하는 일은 어려울 것이니라.

넷째 양효. 여우를 잡은 망을 끌어 벗기는데, 벗이 와서 잡은 것을 도와주리라.

九四. 解而拇, 朋至斯孚.

'해解'는 풀다, 벗기다라는 뜻의 탈脫이다. 『백서주역』에는 '이而'를 '기其'로 하였다. '무拇'는 모罟자를 빌려 쓴 것이며, 짐승을 잡는 망이다. '붕朋'은 벗이다. '사斯'는 이것(此)이라는 뜻이다. '부孚'는 사냥하여 잡은 여우 세 마리를 가리킨다.

군자가 여우를 담은 망을 지고 말을 타고 돌아와 그 망을 끌어 벗기는데, 벗이 와서 이것을 도와주었다.

점을 쳐 이 효를 얻은 사람은 지금 '군자가 여우를 잡은 망을 끌어 벗기는데, 벗이 와서 도와주는' 상황이다. 얻는 것도 있거니와 도움을 받을 것이니, 점에 묻고자 하는 일은 당연히 길하리라.

다섯째 음효. 군자는 여우를 묶었다가 풀어주니 길하리라. 잡은 여우는 소인이 가져갔다.

六五. 君子維有解, 吉. 有孚于小人.

'유維'는 묶다라는 뜻의 계繫이다. '유有'는 우又와 같다. '해解'는 풀어주다라는 뜻의 석釋이다. '유유해維有解'는 묶었다가 다시 풀어준다는 말이다. '부孚'는 사냥하여 잡은 여우 세 마리이다. '소인'은 백성을 가리킨다.

군자가 사냥하여 잡은 여우 세 마리를 묶었다가 풀어주었는데, 잡은 여우는 소인이 가져갔다.

점을 쳐 이 효를 얻은 사람은 지금 '군자가 여우를 묶었다가 풀어주니, 소인이 가져간' 상황이다. 심성이 깨끗하고 향기로워야 할 것이니, 심성이 더러우면 악취가 나리라. 점에 묻고자 하는 일은 길하리라.

꼭대기 음효. 공公이 높은 성벽 위에서 매를 쏘아 잡으니, 이롭지 않음이 없으리라.

上六. 公用射隼于高墉之上, 獲之, 无不利.

'준隼'은 매(鷹)다. '용墉'은 성벽이다. '획獲'은 얻다는 뜻이다.

공公이 높은 성벽 위에서 매를 쏘았는데, 화살이 명중하여 매를 잡으니, 이로운 일이다.

점을 쳐 이 효를 얻은 사람은 지금 '공이 높은 성벽 위에서 매를 쏘아 잡는' 상황이다. 원하는 바를 단숨에 얻을 것이니, 점에 묻고자 하는 일은 이롭지 않음이 없으리라.

41. 손괘損卦

손. 포로를 잡으니, 크게 길하여 허물이 없으리라. 행하여도 좋다는
점이다. 갈 곳이 있으면 이로울 것이니라. 두 그릇의 밥을 보내주니,
제사를 지낼 수 있으리라.

損. 有孚, 元吉, 无咎. 可貞. 利有攸往. 曷之用二簋, 可用享.

손괘는 윗괘가 간이고 아랫괘가 태이다. 간은 산이고 태는 못이다.
손괘의 괘상은 산 아래에 못이 있는 것이다. 산 아래에 못이 있으면,
산은 더욱 높아 보이고 못은 더욱 낮게 보이니, 못은 자신을 낮추어 산
의 위엄을 더 높인다. 손은 덜어내다라는 뜻이다.

괘사에서, '부孚'는 부俘의 옛 글자이며, 포로라는 뜻이다. '가정可貞'
은 가점可占과 같다. '갈曷'은 망匃자를 빌려 쓴 것이며, 주다, 베풀다라
는 뜻이다. '궤簋'는 밥을 담는 둥근 그릇이다. '향享'은 제사를 지내다라

는 뜻이다. 포로를 사로잡으니 크게 길하여 허물이 없다. 사로잡은 포로를 제물로 하여 제사를 지내도 좋으리라. 갈 곳이 있으면 이롭다. 어떤 사람이 두 그릇의 밥을 보내주어 제사를 지낼 수 있다.

점을 쳐 이 괘를 얻은 사람은 이 괘상과 괘명을 보고 지금은 자신을 덜어내어 남에게 보태주는 때이니, 자신을 희생하여 남을 위해야 할 것이다. 산 아래에 못이 있으니, 못은 한껏 제 몸을 낮추어 산의 위엄을 더욱 돋보이게 한다. 못이 산을 위해 희생하고 있는 상이다. 남을 위하여 자신을 희생하면 그 대가는 반드시 돌아올 것이니, 만족하는 것은 상대보다 더욱 크리라. 수중의 돈은 남을 위해 지출하라. 반드시 이익이 되어 되돌아올 것이요, 외부에 투자하면 수익은 더욱 올라갈 것이니, 크게 길하여 허물이 없으리라. 가정에서도 부부가 서로 양보하여 상대를 위한다면 가정은 화목하여 만사가 형통할 것이니라. 점에 묻고자 하는 일은 행하여도 좋으리라.

처음 양효. 제사를 지내는 일은 빨리 가야 허물이 없으니, 제품을 헤아려 덜어낼 수 있으리라.
初九. 巳事遄往, 无咎. 酌損之.

'사巳'는 제사라는 뜻의 사祀자를 빌려 쓴 것이다. '천遄'은 빠르다는 뜻의 속速이다. '작酌'은 헤아리다, 고려하다는 뜻이다. '손損'은 덜어내다라는 뜻이다.

조상에게 제사를 지내는 일은 빨리 가야 허물이 없으며, 제사에 올리는 제품祭品을 헤아려 덜어낼 수 있다.

점을 쳐 이 효를 얻은 사람은 지금 '제사를 지내는 일은 빨리 가야 허물이 없는' 상황이다. 조상에 관계되는 일은 빨리 처리해야 할 것이니, 점에 묻고자 하는 일은 허물이 없으리라.

둘째 양효. 이롭다는 점이다. 정벌하면 흉하리라. 덜어내지 말고 더해주어야 하리라.
九二. 利貞. 征凶. 弗損, 益之.

'불弗'은 아니다라는 뜻의 불不과 같다. '손損'은 덜어내다라는 뜻이다. '익益'은 더하다라는 뜻이다.

제사를 지내면 이롭고, 정벌하면 흉하다. 제사를 지내는데 제품을 덜어내지 말고 더해주어야 좋다.

점을 쳐 이 효를 얻은 사람은 지금 '제사에 제품을 덜어내지 말고 더해주어야 하는' 상황이다. 조상에 관계되는 일은 정성을 다할 것이고, 남을 괴롭히면 해를 당할 것이니라. 점에 묻고자 하는 일은 이로울 것이니라.

셋째 음효. 세 사람이 가면 한 사람을 잃게 되고, 한 사람이 가면 그 벗을 얻게 되리라.
六三. 三人行則損一人, 一人行則得其友.

제사를 지내러 가는데, 세 사람이 같이 가게 되면 의견이 나뉘어 의

견이 맞지 않는 한 사람은 혼자 있게 되고, 한 사람이 가면 외로워 동행을 만나게 되니 그 벗을 얻게 된다.

점을 쳐 이 효를 얻은 사람은 지금 '세 사람이 가면 한 사람을 잃게 되고, 한 사람이 가면 벗을 얻게 되는' 상황이다. 여러 사람들이 함께 추구하면 내부의 분열이 있어 사람이 떨어져 나가나, 혼자 일을 추구한다면 오히려 뜻이 같은 사람들이 모여들어 동참하게 되리라.

넷째 음효. 병을 덜어내려고, 사람으로 하여금 빨리 제사를 지내게 하여 병이 나으니, 허물이 없으리라.

六四. 損其疾, 使遄有喜, 无咎.

'사使'는 사람으로 하여금 제사를 지내게 한다는 말이다. '천遄'은 빠르다는 뜻의 속速이다. '유희有喜'는 병이 낫는 것이다.

병을 낫게 하려고, 무당으로 하여금 빨리 제사를 지내게 하여 병이 나으니, 아무런 문제가 없다.

점을 쳐 이 효를 얻은 사람은 지금 '병을 낫게 하려고 빨리 제사를 지내 병이 나은' 상황이다. 당면한 문제는 곧 해결될 것이니, 점에 묻고자 하는 일은 허물이 없으리라.

다섯째 음효. 어떤 사람이 10붕朋의 가치 있는 거북을 더해주니, 어길 수 없어 크게 길하리라.

六五. 或益之十朋之龜, 弗克違, 元吉.

'혹或'은 어떤 사람이다. '익益'은 더하다라는 뜻의 가加이다. 주나라 때는 조개(貝)를 화폐로 사용하였는데, 10패貝를 붕朋이라 하였다. '십붕+朋'은 가치가 있다는 말이다. '극克'은 할 수 있다는 능能의 뜻이다. '위違'는 어기다라는 뜻이다.

제사를 지내는데, 어떤 사람이 가치 있는 거북을 제물로 더해주니, 이를 거절할 수 없어 크게 길하다.

점을 쳐 이 효를 얻은 사람은 지금 '제사를 지내는데, 어떤 사람이 가치 있는 거북을 제물로 더해주는' 상황이다. 조상을 잘 섬길 것이니, 장차 재물은 늘어나고 만사가 형통하리라. 점에 묻고자 하는 일은 크게 길하리라.

꼭대기 양효. 덜지도 더하지도 않으니, 허물이 없으리라. 점은 길하리라. 갈 곳이 있으면 이로울 것이니, 가족이 없는 신복을 얻으리라.
上九. 弗損益之, 无咎. 貞吉. 利有攸往, 得臣无家.

'불손익지弗損益之'는 덜지도 더하지도 않는다는 뜻이다. '신臣'은 노예이다. '무가无家'는 가족이 없는 단신 노예를 말한다.

제사를 지내면서 제품을 덜지도 더하지도 않으니, 허물이 없다. 갈 곳이 있으면 이로운 것은 가족이 없는 신복을 얻기 때문이다.

점을 쳐 이 효를 얻은 사람은 지금 '제사를 지내면서 제품을 덜지도 더하지도 않는' 상황이다. 조상에 대한 섬김은 신중해야 하리라. 추구하면 얻는 바가 아주 클 것이니, 점에 묻고자 하는 일은 길하리라.

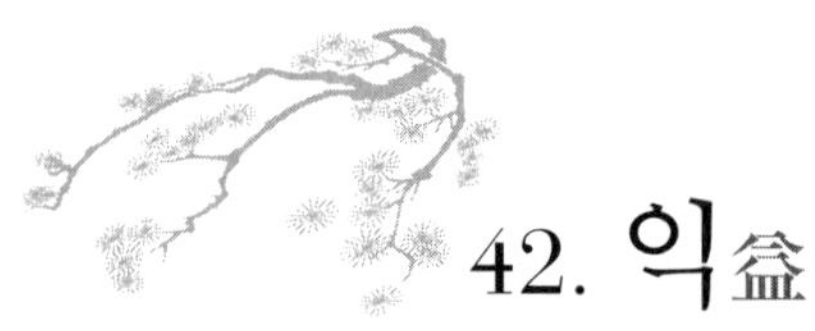

42. 익益

익. 갈 곳이 있으면 이로우니, 큰 내를 건너면 이로을 것이니라.

益. 利有攸往. 利涉大川.

익괘는 윗괘가 손이고 아랫괘가 진이다. 손은 바람이고 진은 우레이다. 익괘의 괘상은 바람은 위에 있고 우레는 아래에 있는 것이다. 바람은 본래 아래에서 부는 것이나 위에 있는 것은 그 힘이 증가한 것이고, 우레는 본래 위에서 울리나 아래에 있는 것은 그 힘이 더욱 커진 것이다. 익은 보태다라는 뜻이다.

괘사에서, 주공의 힘이 더욱 커진 때, 갈 곳이 있으면 이로우니, 앞을 가로막고 있는 큰 내를 건너면 이로울 것이다.

점을 쳐 이 괘를 얻은 사람은 이 괘상과 괘명을 보고 지금은 자신의 힘이 더욱 커질 때이니 어떤 일이든 적극적으로 추진한다면 모든 일이 잘 해결되리라. 바람은 위에서 우레는 아래에서 운행하고 있으니, 움직임이 매우 적극적인 상이다. 적극적으로 일을 추진하라. 옳은 일을 보면 지체 없이 행하라. 기쁨은 배가 될 것이고 수입은 증가할 것이며 농사는 풍년이 깃들 것이고 지위는 상승할 것이니, 적극적인 활동에 의해 그 결과는 올라가리라. 지금 활기가 넘치는 좋은 때를 얻어 경솔하게 움직이지 말고 치밀한 계획을 세워 앞으로 나아가기만 하면 뜻을 이룰 수 있을 것이니, 앞을 가로막고 있는 장애물은 정면 돌파하면 이로울 것이니라. 자신보다 남의 이익을 우선적으로 생각해주면 성공은 더욱 클 것이니라.

처음 양효. 큰 건물을 지으면 이롭고, 크게 길하여 허물이 없으리라.
初九. 利用爲大作, 元吉, 无咎.

'용用'은 우于와 같다. '대작大作'이란 큰 건물을 짓는 것, 큰일을 일으킨다는 뜻이며, 주공이 낙읍을 세워 경영한 것을 가리킨다.

주공은 낙읍을 세워 동도東都를 두고, 은나라 사람을 이곳으로 이주시켰다.

점을 쳐 이 효를 얻은 사람은 지금 '주공이 큰 건물을 지은' 상황이다. 큰 일을 할 때이니, 큰 일을 도모하라. 점에 묻고자 하는 일은 크게 길하여 허물이 없으리라.

들째 음효. 어떤 사람이 10붕朋의 값이 있는 거북을 내려주니, 어길 수 없다. 오랜 기간의 점은 길하리라. 왕이 상제에게 제사를 올리니 길하리라.

六二. 或益之十朋之龜, 弗克違, 永貞吉. 王用享于帝, 吉.

'익益'은 내려주다라는 뜻의 석錫과 통한다. 주나라 때는 조개(貝)를 화폐로 사용하였는데, 10패貝를 붕朋이라고 하였다. '극克'은 할 수 있다는 능能의 뜻이다. '향享'은 제사를 올리는 것이다. '제帝'는 상제上帝를 가리킨다.

문왕이 큰 보배로운 거북을 내려주시어 성왕으로 하여금 천명을 이어받들도록 하였는데, 난을 일으킨 주공의 동생 숙선과 숙탁은 문왕이 내려주신 거북의 천명을 어겼으니, 결코 반역은 성사될 수 없다. 주공이 두 동생의 난을 평정한 후 주나라는 안정되어 황금시대를 맞이하여 길하다. 성왕이 상제에게 감사의 제사를 올리니 길하다.

점을 쳐 이 효를 얻은 사람은 지금 '주공이 두 동생의 난을 평정하고 오랜 기간 길한' 상황이다. 바른 길로 걸어가야 하리니, 그릇된 길은 파멸로 이끌리라. 점에 묻고자 하는 일은 오랫동안 길하리라.

셋째 음효. 흉한 일을 도와주니 허물이 없으며 포로를 사로잡았다. 중행이 규를 가지고 공公에게 알린다.

六三. 益之用凶事, 无咎, 有孚. 中行告公用圭.

'익益'은 돕는다(助益)는 뜻이다. '용用'은 우于와 같다. '부孚'는 부俘의 옛 글자이며, 사로잡은 포로나 노획한 재물을 가리킨다. '중행中行'은 은의 미자계微子啓의 동생 중연仲衍을 가리킨다. '공公'은 주공周公이다. '규圭'는 규珪로 읽으며, 옥으로 만든 물건의 이름이다.

주공은 두 동생의 난을 평정한 후, 미자계를 은의 뒤를 잇게 하여 송군에 봉하였다. 당시 은에 흉사가 있었는데, 미자계의 동생 중연이 규를 가지고 주공에게 알리니, 주공이 도와주어 허물이 없게 되었고, 또 사로잡은 포로와 노획한 재물이 있었다.

점을 쳐 이 효를 얻은 사람은 지금 '주공이 흉한 일을 도와주고 포로를 사로잡은' 상황이다. 남을 배려하고 도와주라. 얻는 바가 많을 것이니, 점에 묻고자 하는 일은 허물이 없으리라.

넷째 음효. 중행이 공에게 알려 공이 따르니, 은을 도와 천도하는 것이 이로울 것이니라.
六四. 中行告公從, 利用爲依遷國.

'중행中行'은 은의 미자계의 동생 중연仲衍을 가리킨다. '공'은 주공이다. '의依'는 은殷으로 읽으며, 은나라를 가리킨다. '천국遷國'은 천도遷都를 말하며, 도읍지를 옮기는 것이다.

미자는 본래 은에 있었으나 송군에 봉해지자 은에서 송으로 도읍을 옮겼는데, 이때 흉사를 만나 동생 중연을 주공에게 보내어 도움을 요청하였고(六三), 주공은 은의 천도를 도와주었다(六四).

점을 쳐 이 효를 얻은 사람은 지금 '주공이 은의 천도를 도와주는'

상황이다. 곤경에 빠진 자, 도움을 청하면 아낌없이 도와주어야 하리니, 점에 묻고자 하는 일은 이로울 것이니라.

다섯째 양효. 포로를 잡아 내 마음을 따르니 추궁하지 않아도 크게 길하리라. 포로가 나의 덕에 순종하리라.
九五. 有孚, 惠心, 勿問, 元吉. 有孚, 惠我德.

'부孚'는 부俘의 옛 글자이며, 포로이다. '혜惠'는 따르다라는 순順의 뜻이다. '문問'은 추문追問이며, 추궁하다라는 뜻이다. '아我'는 주공을 가리킨다.

주공이 난을 평정하고, 또 은의 흉사를 도와주고 천도를 돕는 과정에서 많은 포로를 사로잡게 되었는데, 이 포로들이 주공의 덕에 감복하여 귀순하니 크게 길하다.

점을 쳐 이 효를 얻은 사람은 지금 '포로들이 주공의 덕에 순종하는' 상황이다. 덕으로 대하라. 온 천하가 순종하리라. 점에 묻고자 하는 일은 크게 길하리라.

꼭대기 양효. 도와주는 사람이 없는데 공격을 받으니, 마음을 세워 항구하지 말라. 흉하리라.
上九. 莫益之, 或擊之, 立心勿恒, 凶.

'항恒'은 항구하다는 뜻의 구久이다.

주공의 두 동생 숙선과 숙탁이 무경과 더불어 난을 일으켰지만 아무도 도와주지 않고 오히려 주공의 공격을 받았다. 난을 일으킨 그 마음을 끝까지 갖지 말고 마음을 바꿔 난을 포기하는 것이 좋은데, 결국 무경과 숙선은 죽임을 당하고 숙탁은 추방을 당하였으니 흉하게 되었다.

점을 쳐 이 효를 얻은 사람은 지금 '주공의 두 동생이 난을 일으켰다가 도와주는 사람이 없는데 공격을 받는' 상황이다. 어긋난 일은 하지 말라. 사면초가의 위태로운 상황에 빠질 것이니, 마음을 바꾸지 않으면 일은 그르치고 몸은 떨어지며 명성은 찢어지리라. 점에 묻고자 하는 일은 흉하리라.

43. 쾌夬

쾌. 왕정에 개선하였는데, 포로들이 울부짖는다. 위태롭다고 고을사람이 와서 알리니, 적에게 나아가면 이롭지 않으리라. 갈 곳이 있으면 이로울 것이니라.

夬. 揚于王庭, 孚號. 有厲告自邑, 不利卽戎. 利有攸往.

쾌괘는 윗괘가 태이고 아랫괘가 건이다. 태는 못이고 건은 하늘이다. 쾌괘의 괘상은 못이 하늘에 오르는 것이니, 못 둑이 무너져 큰물이 하늘까지 차 넘치는 것이다. 쾌는 무너지다, 결단하다라는 뜻이다.

괘사에서, '양揚'은 개선하다라는 뜻이다. '부孚'는 포로이다. '호號'는 울부짖는다는 뜻이다. '즉卽'은 나아가다라는 뜻의 취就와 같다. '융戎'은 군사라는 뜻의 병兵이다. '즉융卽戎'은 곧 적에게 나아가 싸우는 것이다. 싸움에 이기고 왕정에 개선하였는데, 잡아온 포로들이 울부짖는다. 적국이 침입하여 보복을 하니, 위태롭다고 고을사람이 와서 알린다. 이에 적에게 나아가 싸우면 불리하고 갈 곳이 있으면 이롭다.

점을 쳐 이 괘를 얻은 사람은 이 괘상과 괘명을 보고 지금은 매우 위험한 상황에 처해 있음을 알아야 하리라. 못 둑이 무너져 물이 하늘까지 차 넘치고 있으니, 매우 위험한 상황이 전개되고 있다. 괘 그림을 보면 아래의 다섯 양효가 꼭대기의 한 음효를 격렬하게 쳐 올라가고 있는 모습이다. 꼭대기 음효는 홀로 고독하게 위험한 상황에 직면해 있다. 지금은 자기만의 고립된 상황에서 주위의 핍박이 갈수록 심해져 매우 격렬한 위험을 안고 있는 때이다. 기세가 격렬하여 어떤 일을 도모하든 실패할 것이니, 사업은 지출이 많아 자금에 허덕이고, 능력 이상의 책임을 안고 체력을 소진하며, 복잡한 일이 생겨 머리가 아플 것이고, 혹은 싸움이 일어나 소송에 휘말리기도 할 것이다. 지금은 조금도 방심해서는 안 되리니, 살얼음을 밟듯 조심해야 하리라. 마음을 너그럽게 가지고 주위 사람들에게 순종하며 적대 관계에 있는 사람에게는 관용을 베푸는 것이 자신이나 주위 사람들을 위해 좋으리라. 쾌괘는 고독하고 위험한 괘이다. 고을사람들이 위험하다고 알리고 있으니, 나서지 말고 어디론가 몸을 피하여 이 위험한 시기를 무사히 넘기는 것이 좋으리라.

처음 양효. 발가락을 다쳤으니, 가면 이기지 못하여 허물이 되리라.

初九. 壯于前趾, 往不勝, 爲咎.

'장壯'은 장戕자를 빌려 쓴 것이며, 다치다라는 뜻의 상傷이다. '지趾'

는 발가락(足指)이다. 발가락은 발 앞에 있으므로 '전지前趾'라 하였다.

군자가 발가락을 다쳤으니, 적과 싸움을 잘할 수 없어 이기지 못한다.

점을 쳐 이 효를 얻은 사람은 지금 '군자가 발가락을 다쳐 싸움하면 이기지 못하는' 상황이다. 마음에 상처를 입고 뭔가를 추구한다면 괴로움만 더할 뿐이요, 중대한 결함을 안고 일을 도모한다면 실패할 것이 명백하리라. 점에 묻고자 하는 일은 허물이 되리라.

둘째 양효. 두려워하여 울부짖으니, 한밤에 적이 쳐들어왔으나 근심하지 말라.

九二. 惕號, 莫夜有戎, 勿恤.

'척惕'은 두려워하다는 뜻의 구懼이다. '호號'는 울부짖는다는 뜻이다. '막莫'은 모暮의 옛 글자이며, 날이 어두워지는 것이다. '융戎'은 적이다. '휼恤'은 근심하다라는 뜻의 우憂이다.

군자가 한밤에 적이 쳐들어와 두려워하여 울부짖는다. 우환이 되기에는 충분치 않으므로 근심할 필요는 없다.

점을 쳐 이 효를 얻은 사람은 지금 '군자가 한밤에 적이 쳐들어와 두려워하여 울부짖는' 상황이다. 장차 예상 밖의 일을 당하여 두려워할 것이나, 큰 일은 아닐 것이니, 점에 묻고자 하는 일은 근심할 필요는 없을 것이니라.

셋째 양효. 광대뼈를 다쳤으니 흉하리라. 군자가 급히 혼자 가다가 비를 만나 옷이 젖으니, 불쾌하나 허물은 없으리라.

九三. 壯于頄, 有凶. 君子夬夬獨行, 遇雨若濡, 有慍, 无咎.

'장壯'은 장戕자를 빌려 쓴 것이며, 다치다라는 뜻의 상傷이다. '규頄'는 광대뼈이다. '쾌夬'는 결趹자를 빌려 쓴 것이다. '쾌쾌夬夬'는 곧 결결趹趹이며, 급히 가는 모양이다. '약若'은 이而와 같다. '유濡'는 젖다라는 뜻의 습濕이다. '온慍'은 불쾌하다는 뜻이다.

군자가 한밤에 적의 침입을 받고 광대뼈를 다쳤으니 흉하다. 군자는 급하게 혼자 도망을 가다가 비를 만나 옷이 젖어 불쾌하나, 무사히 도망을 갔다.

점을 쳐 이 효를 얻은 사람은 지금 '군자가 광대뼈를 다치고 혼자 급히 도망가다가 비를 만나는' 상황이다. 일의 중요한 부분에 결정적인 손상을 입어 흉하리라. 혼자서 이를 서둘러 피하려고 하다가 또 다른 재난을 불러들일 것이나, 어려움은 피할 수 있으리라. 점에 묻고자 하는 일은 허물이 없으리라.

넷째 양효. 볼기에 곤장을 맞을 것 같아 가는 것을 망설이나, 양을 끌고 가면 뉘우침이 없어지리라. 들은 말은 참된 말이 아니다.

九四. 臀无膚, 其行次且, 牽羊悔亡. 聞言不信.

'둔臀'은 볼기이다. '부膚'는 가죽과 살을 말한다. '차차次且'는 자저趑

趑를 빌려 쓴 것이며, 망설이는 모습이다. '신信'은 참되다는 뜻의 성誠
이다.

도망간 군자가 왕에게 돌아가 청죄할 것을 생각하니, 볼기에 곤장을
맞을 것 같아 가는 것을 망설이나, 양을 끌고 가 왕에게 바치며 청죄하
면 뉘우침이 없어진다. 벌을 받는 것에 대해 들은 말은 참된 말이 아니
니 믿지 않는다.

점을 쳐 이 효를 얻은 사람은 지금 '군자가 볼기에 곤장을 맞을 것
같아 가는 것을 망설이는' 상황이다. 일은 그르치고, 마음은 불안하리
라. 진퇴양란의 운명에 처하나 해결할 방법은 있으니, 점에 묻고자 하
는 일은 뉘우침이 없어지리라.

다섯째 양효. 산양이 길 가운데에서 빨리 뛰어 달리니, 허물이 없으
리라.
九五. 莧陸夬夬中行, 无咎.

'현莧'은 가느다란 뿔을 갖고 있는 산양이다. '육陸'은 육踛자를 빌려
쓴 것이며, 뛰어 달리다라는 뜻이다. '쾌夬'는 결趹자를 빌려 쓴 것이다.
'쾌쾌夬夬'는 곧 결결趹趹이니, 빨리 달리는 모양이다. '중행中行'은 길
가운데이다.

군자가 빨리 왕에게 청죄하러 가니 허물이 없다.

점을 쳐 이 효를 얻은 사람은 지금 '군자가 빨리 왕에게 청죄하러 가
는' 상황이다. 마음은 무겁고 일은 더딜 것이나, 점에 묻고자 하는 일은
허물이 없으리라.

꼭대기 음효. 울부짖는 소리가 없으니, 마침내 흉하리라.

上六. 无號, 終有凶.

'호號'는 울부짖는다는 뜻이다.

왕에게 청죄하러 간 군자의 울부짖는 소리가 없으니, 이로써 끝이나 흉하다.

점을 쳐 이 효를 얻은 사람은 지금 '군자의 울부짖는 소리가 없는' 상황이다. 모든 것은 끝나리니, 하늘도 땅도 여전히 말이 없으리라. 점에 묻고자 하는 일은 흉하리라.

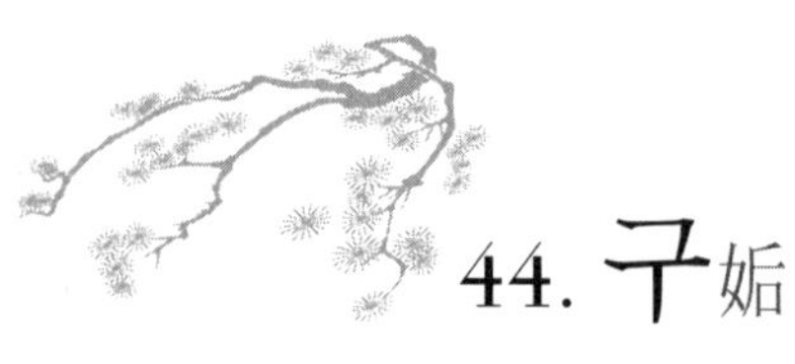# 44. 구姤

구. 여자가 다쳤으니, 장가들지 말라.

姤. 女壯, 勿用取女.

구괘는 윗괘가 건이고 아랫괘가 손이다. 건은 하늘이고 손은 바람이다. 구괘의 괘상은 하늘 아래 바람이 있는 것이다. 하늘 아래에 바람이 있으면 두루 만물에 불어 바람과 만물은 서로 만나게 된다. 구는 만나다라는 뜻이다.

괘사에서, '여女'는 달기를 가리킨다. '장壯'은 장戕자를 빌려 쓴 것이며, 다치다라는 뜻의 상傷이다. '취取'는 취娶자를 빌려 쓴 것이며, 장가들다라는 뜻이다. 여자가 나라를 망쳤으니, 그런 여자에게 장가들어서는 안 된다.

점을 쳐 이 괘를 얻은 사람은 이 괘상과 괘명을 보고 지금은 우연히 일어나는 일들을 만나기도 쉽고 또 돌발적으로 일어나는 사건들도 만나기 쉬울 때임을 알아야 하리라. 하늘 아래에 바람이 불고 있으니, 바람과 만물이 서로 만나듯 우연한 인연으로 여러 가지 사건들을 만나기가 쉬울 때이다. 우연한 재난, 사기, 손해 등을 입기도 쉽고 또 우연히 재화를 모으기도 쉬우리라. 괘 그림을 보면 아래의 한 음효에 양효가 다섯이다. 한 여자에게 다섯 남자가 덤비고 있으니, 이 여자는 숙명적인 불운을 지니고 있다. 이런 여자는 나라를 망칠 것이니, 장가들어서는 안 되리라.

처음 음효. 실을 황동 실패에 감았으니, 점은 길하리라. 갈 곳이 있으면 흉함을 보리니, 돼지를 묶어 당기나 멈추어 나아가지 않는다.
初六. 繫于金柅, 貞吉. 有攸往, 見凶. 羸豕孚蹢躅.

'금金'은 황동이다. '니柅'는 실을 감는 실패이다. '금니'는 황동으로 만든 실패이며, 높은 신분의 귀한 사람을 가리킨다. 여기에서는 은의 마지막 왕인 주왕에 비유한 것이다. '리羸'는 류纍자를 빌려 쓴 것이며, 끈으로 물건을 매는 것이다. '부孚'는 당기다라는 뜻의 부俘로 읽는다. '적촉蹢躅'은 발을 멈춘 채 나아가지 않는 모습이다.

달기가 주왕에 끈을 매어 함께 뒤엉켜 있으니 길하다. 장차 돼지가 도살장에 끌려가지 않으려고 발버둥치는 흉한 모습을 보게 되리라.

점을 쳐 이 효를 얻은 사람은 지금 '달기가 주왕과 뒤엉켜 함께 포격炮格의 형을 행하는' 상황이다. 귀한 사람과 끈을 닿았으니, 점에 묻고자 하는 일은 길하리라. 장차 망해가면서 망하지 않으려고 발버둥치는 흉함을 보게 되리라.

둘째 양효. 부엌에 물고기가 있으니, 허물이 없으리라. 손님이 된다면
이롭지 않으리라.
九二. 包有魚, 无咎. 不利賓.

'포包'는 부엌이라는 뜻의 포庖자를 빌려 쓴 것이다. '빈賓'은 손님이
되는 것이다.

부엌에 물고기가 있다는 것은 주왕이 폭정을 하여도 나라에는 아직
충신이 있다는 말이니, 허물이 없다. 나라에 아직 충신이 있으나, 출사
하여 혼탁한 조정에 나아가는 것은 이롭지 않다.

점을 쳐 이 효를 얻은 사람은 지금 '나라에 아직 충신이 있으나, 출
사하지 않는 것이 좋은' 상황이다. 이미 넉넉히 갖추고 있으니, 어지
러운 세상을 더 이상 탐하지 말라. 점에 묻고자 하는 일은 허물이 없으
리라.

셋째 양효. 볼기에 곤장을 맞을 것 같아 가는 것을 망설이니, 위태로
우나 큰 허물은 없으리라.
九三. 臀无膚, 其行次且, 厲, 无大咎.

'둔臀'은 볼기이다. '부膚'는 가죽과 살을 말한다. '차차次且'는 자저趑
趄를 빌려 쓴 것이며, 망설이는 모습이다.

주왕의 신하들이 형벌 받는 것이 두려워 바른말 하는 것을 망설인
다. 신하들이 위태로움에 처하였으나, 결국 큰 문제는 없다.

점을 쳐 이 효를 얻은 사람은 지금 '주왕의 신하들이 형벌이 두려워
바른말을 망설이는' 상황이다. 장차 두려운 상황에 처하여 입 조심하는
것이 좋으리라. 점에 묻고자 하는 일은 위태로우나 큰 허물은 없으리라.

넷째 양효. 부엌에 물고기가 없으니, 흉함을 일으키리라.
九四. 包无魚, 起凶.

'포包'는 부엌이라는 뜻의 포庖자를 빌려 쓴 것이다. '기起'는 야기하
다라는 뜻이다.

부엌에 물고기가 없다는 것은 주왕이 폭정을 하여 나라에 이제 충신
이 없다는 말이며, 은은 곧 멸망하니 흉하다.

점을 쳐 이 효를 얻은 사람은 지금 '나라에 이제 충신이 없어 곧 망
하는' 상황이다. 장차 걷잡을 수 없이 무너지리니, 가산을 탕진하고 체
력은 바닥이 나리라. 점에 묻고자 하는 일은 흉함을 일으키리라.

다섯째 양효. 기나무로 박을 쌌으니, 상을 친다. 상이 망한 것은 하늘
에서 나온 것이다.
九五. 以杞包瓜, 含章, 有隕自天.

'기杞'는 기己자를 빌려 쓴 것이며, 달기妲己를 가리킨다. '포包'는 싸

다라는 뜻의 과裹이다. '과瓜'는 박과 식물이며, 백성에 비유하였다. '함 장含章'은 곧 극상克商이며 주의 무왕이 상(은)을 치는 것이다. '유有'는 기其와 같다. '운隕'은 떨어지다는 뜻의 타墮, 멸망하다라는 뜻의 멸滅 이다.

은의 마지막 왕인 주왕은 달기를 총애하여 달기를 가지고 백성을 싸 매니, 이것은 사랑하는 바로 말미암아 백성을 해치는 모습이다. 그리 하여 하늘의 벌을 자초하여 무왕이 상을 쳤으니, 상이 멸망한 것은 곧 하늘의 뜻에서 나온 것이다.

점을 쳐 이 효를 얻은 사람은 지금 '주왕이 달기를 총애하여 나라를 망친' 상황이다. 장차 작은 것에 집착하다가 큰 것을 잃으리라. 하늘은 참된 것이니, 참된 하늘 밑에 사는 인간들은 참되게 살아야 하리라. 하 늘의 뜻을 따르면 흥할 것이고, 하늘의 뜻을 거역하면 망할 것이니라.

꼭대기 양효. 짐승의 뿔을 만났으니, 어려울 것이니라. 허물이 없으리라.
上九. 姤其角, 吝. 无咎.

'구姤'는 구遘자를 빌려 쓴 것이며, 만나다라는 뜻의 우遇이다. '각角' 은 짐승의 뿔이며, 날카로운 무왕의 군사에 비유하였다.

은의 주왕이 무왕의 날카로운 군사를 만나 나라를 보존하지 못하게 되었다. 무왕이 포학무도한 주를 쳤으니 허물이 없다.

점을 쳐 이 효를 얻은 사람은 지금 '은의 주왕이 무왕의 날카로운 군 사를 만난' 상황이다. 피할 수 없을 것이니, 스스로 무덤을 파게 되리 라. 점에 묻고자 하는 일이 어려울 것이니라.

45. 췌萃

췌. 제사를 거행하려고 왕이 종묘에 오리라. 대인을 만나보는 것이 이
로울 것이니라. 형통하리니, 이롭다는 점이다. 큰 희생을 사용하면 길
하리라. 갈 곳이 있으면 이로울 것이니라.

萃. 亨, 王假有廟. 利見大人. 亨. 利貞. 用大牲吉. 利有攸往.

췌괘는 윗괘가 태이고 아랫괘가 곤이다. 태는 못이고 곤은 땅이다.
췌괘의 괘상은 못이 땅 위에 있는 것이다. 못이 땅 위에 있으면 땅의
물이 못으로 흘러들어 모이게 된다. 췌는 모이다라는 뜻이다.

괘사에서, '형亨'은 제사를 지내다라는 뜻의 향享이다. '왕'은 무왕을
가리킨다. '가假'는 이르다라는 뜻의 지至이다. '유有'는 우于와 같다.
'묘廟'는 종묘이다. '대인'은 무왕을 가리킨다. 왕이 제사를 거행하려고
종묘에 오니, 백성들은 왕을 만나보는 것이 이롭다. 왕이 제사를 거행

하여 민심을 모을 수 있어 형통하니 점은 이롭다. 제사를 거행하는데 큰 희생을 바치면 길하리라. 갈 곳이 있으면 이롭다.

점을 쳐 이 괘를 얻은 사람은 이 괘상과 괘명을 보고 지금은 사람들이 많이 모인 곳에서 치열한 경쟁을 하고 있을 때임을 알아야 하리라. 못이 땅 위에 있어 물이 모이니, 초목이 무성하다. 운세가 무성하여 모인 사람들과 치열한 경쟁을 하여도 반드시 이기리라. 시험에는 합격할 것이고, 직장에서는 승진할 것이며, 사업은 크게 번창할 것이고, 결혼은 원만하게 성사될 것이니, 모든 것이 뜻대로 앞으로 나아가리라. 조상께 제사를 올리며 마음으로 행한다면 형통하리니, 점에 묻고자 하는 일은 이로울 것이니라.

처음 음효. 포로가 좋지 않게 되어, 분란을 일으키고 병이 들어 울부짖는다. 한집에 있는 사람들이 웃으니, 근심하지 말라. 가면 허물이 없으리라.
初六. 有孚不終, 乃亂乃萃, 若號, 一握爲笑, 勿恤, 往, 无咎.

'유부有孚'는 무왕이 은을 멸망시킨 후 사로잡은 포로들이다. '부종不終'은 좋지 않은 결과를 말한다. '난亂'은 분란이다. '췌萃'는 췌瘁자를 빌려 쓴 것이며, 병들다라는 병病의 뜻이다. '약若'은 이而와 같다. '호號'는 울부짖는다는 뜻이다. 『백서주역』에는 '악握'을 옥屋으로 하였다. '악握'은 집이라는 뜻의 옥屋자를 빌려 쓴 것이다. '휼恤'은 근심하다라는 뜻의 우憂이다.

포로를 사로잡았는데 좋지 않게 되어, 분란을 일으키고 병이 들어

338

울부짖는다. 포로를 지키는 한 옥사의 사람들이 웃으니, 근심할 필요 없이 시간이 조금 지나면 아무런 문제가 없다.

점을 쳐 이 효를 얻은 사람은 지금 '포로가 분란을 일으키고 병이 들어 울부짖는' 상황이다. 대수롭지 않은 일을 가지고 근심하지 말라. 시간이 지나면 모든 것이 해결될 것이니, 점에 묻고자 하는 일은 허물이 없으리라.

둘째 음효. 크게 길하니, 허물이 없으리라. 믿음으로 검소한 제사를 지내니 이로울 것이니라.
六二. 引吉, 无咎. 孚乃利用禴.

'인引'은 홍弘으로 써야 한다. 글자 모양이 서로 비슷하여 잘못되었다. '홍弘'은 크다는 뜻의 대大이다. '부孚'는 믿음이라는 뜻의 신信이다. '약禴'은 제사 이름이다. 밥과 채소 등만을 사용한 검소한 제사를 가리킨다.

무왕이 정성과 믿음을 가지고 검소한 승전의 제사를 지내니, 이롭다.

점을 쳐 이 효를 얻은 사람은 지금 '무왕이 믿음으로 검소한 승전의 제사를 지내는' 상황이다. 조상께 정성과 믿음을 다해 보은의 제사를 지낸다면 비록 제물이 변변치 못하더라도 그 은덕을 입으리라. 점에 묻고자 하는 일이 크게 길하여 허물이 없을 것이니라.

셋째 음효. 병들어 한숨을 쉬니 이로울 것 없으리라. 가면 허물이 없
으나 조금 어려울 것이니라.
六三. 萃如嗟如, 无攸利. 往, 无咎, 小吝.

'췌萃'는 췌瘁자를 빌려 쓴 것이며, 병들다라는 병病의 뜻이다. '차嗟'
는 한숨을 쉬는 것이다.

무왕이 병들어 한숨을 쉬니 이로울 것이 없다. 무왕의 병은 허물이
없으나 조금 어려울 것이다.

점을 쳐 이 효를 얻은 사람은 지금 '무왕이 병들어 한숨을 쉬는' 상
황이다. 장차 고통스러울 것이니, 어려움은 감수해야 하리라. 점에 묻
고자 하는 일은 이로울 것이 없으리라.

넷째 양효. 크게 길하여 허물이 없으리라.
九四. 大吉, 无咎.

무왕의 병이 잠시 호전되었다.

점을 쳐 이 효를 얻은 사람은 지금 '무왕의 병이 잠시 호전된' 상황
이다. 추구하는 일은 잠시 호전될 것이니, 점에 묻고자 하는 일은 크게
길하여 허물이 없으리라.

다섯째 양효. 직위로 병을 얻었으니 허물이 없으리라. 벌로 다스리지
않으니, 크게 길하리라. 오랜 기간의 점은 뉘우침이 없어지리라.
九五. 萃有位, 无咎. 匪孚, 元(吉), 永貞悔亡.

'췌유위萃有位'는 무왕이 직위로 병을 얻었다는 말이다. '비匪'는 비非
로 읽으며, 아니다는 뜻의 불不과 같다. '부孚'는 벌이다. '원元'자 뒤에
당연히 '길吉'자가 있어야 한다. '영정永貞'은 영점永占과 같으며, 점에
오랜 기간의 길흉을 묻는 것이다.

무왕이 직위로 인해 병을 얻었으니 자연히 허물이 없다. 백성을 다
스림에 형벌을 사용하지 않으니 크게 길하다. 무왕이 주나라의 기틀을
훌륭히 닦아놓았으니 주나라는 오랜 기간 평안히 다스려졌다.

점을 쳐 이 효를 얻은 사람은 지금 '무왕이 직위로 인하여 병을 얻
은' 상황이다. 무리하게 일을 추진하지 말라. 순리대로 행한다면 크게
길할 것이니, 점에 묻고자 하는 일은 오랜 기간 동안 뉘우침이 없어지
리라.

꼭대기 음효. 한숨을 쉬며 콧물 눈물을 흘리나, 허물이 없으리라.
上六. 齎咨涕洟, 无咎.

'재자齎咨'는 곧 자차咨嗟이며, 한숨을 쉰다는 뜻이다. '체涕'는 눈물,
'이洟'는 콧물을 흘리는 것이다.

무왕이 죽자 신하들이 슬픔에 젖었다. 태자 송誦이 뒤를 이어, 주공

의 섭정을 받아 나라를 잘 이끌어나가니, 큰 문제는 없다.

점을 쳐 이 효를 얻은 사람은 지금 '무왕이 죽어 신하들이 슬픔에 젖어 있는' 상황이다. 장차 가슴 아픈 상황을 만날 것이나 새롭게 시작할 때이니, 점에 묻고자 하는 일은 허물이 없으리라.

46. 승升

승. 크게 형통하리니, 대인을 만나보는 것이 이로울 것이니라. 근심하
지 말라. 남쪽을 정벌하면 길하리라.

升. 元亨. 用見大人. 勿恤, 南征吉.

승괘는 윗괘가 곤이고 아랫괘가 손이다. 곤은 땅이고 손은 바람이며
또 나무이다. 승괘의 괘상은 땅속에서 나무가 나오는 것이다. 땅속에
서 나무가 나오면, 높은 곳을 향해 점차 위로 자라난다. 승은 오르다라
는 뜻이다.

괘사에서, 『백서주역』에는 '용견用見'을 이견利見으로 하였다. '대인'
은 문왕을 가리킨다. '휼恤'은 근심하다라는 뜻의 우憂이다. 점차 위로
올라가니 크게 형통하다. 대인을 만나보는 것이 이로울 것이며, 근심
하지 말고 남쪽을 정벌하면 길하리라.

점을 쳐 이 괘를 얻은 사람은 이 괘상과 괘명을 보고 지금은 위로 올라가는 때이니 전도가 양양하여 무한한 가능성과 더불어 넘치는 희망을 가슴에 품어야 하리라. 땅속에서 나무의 움이 돋아나고 있으니, 나무는 장차 높은 하늘을 향해 무럭무럭 자라날 것이다. 자신의 노력의 결과가 현실에 나타나는 때이니, 실력과 재능을 올바르게 평가받는 방향으로 나아가는 운이다. 움이 돋아나는 나무는 기후와 토양의 영향을 많이 받는다. 지금은 상대방의 영향에 좌우될 때이니, 수동적인 입장에서 순종하고, 자신의 실력과 재능을 상대에게 인정받으려고 노력하며, 순서에 따라 나무처럼 천천히 위로 올라가는 것이 좋으리라. 이제 갓 움튼 어린 나무는 경거망동하다가 싹이 잘려나갈 위험이 있으니, 조용히 입을 다물고 실력 양성에 힘을 쏟으며 대인의 도움을 받는다면 거목으로 성장하리라. 점에 묻고자 하는 일은 크게 형통하리라.

처음 음효. 나아가 위로 오르니, 크게 길하리라.
初六. 允升, 大吉.

'윤允'은 나아가다라는 뜻의 진進이다. '승升'은 위로 오르다라는 뜻의 상上이다.

문왕의 정벌 사업이 나아가 위로 오르니, 크게 길하다.

점을 쳐 이 효를 얻은 사람은 지금 '문왕의 정벌 사업이 나아가 위로 오르는' 상황이다. 점차 이루어나갈 것이니, 모든 것이 좋아지리라. 급히 먹는 밥은 체하기 쉬운 법, 서서히 나아가는 것이 좋으리라. 점에 묻고자 하는 일은 크게 길하리라.

둘째 양효. 믿음으로 검소한 제사를 지내니, 이로워 허물이 없으리라.

九二. 孚乃利用禴, 无咎.

'부孚'는 믿음이라는 뜻의 신信이다. '약禴'은 제사 이름이다. 밥과 채소 등만을 사용한 검소한 제사를 가리킨다.

문왕이 남쪽을 정벌하여 믿음으로 검소한 승전의 제사를 올리니, 이로워 허물이 없다.

점을 쳐 이 효를 얻은 사람은 지금 '문왕이 믿음으로 검소한 승전의 제사를 올리는' 상황이다. 조상의 은덕을 입어 일은 성취될 것이니, 조상께 정성과 믿음을 다하여 감사의 제사를 올려야 하리라. 점에 묻고자 하는 일은 이로워 허물이 없으리라.

셋째 양효. 큰 언덕 위에 있는 고을에 오르리라.

九三. 升虛邑.

'허虛'는 큰 언덕(大丘)이다. '허읍虛邑'은 고을이 큰 언덕 위에 있다는 것이다.

큰 언덕 위에 있는 고을에 오르니, 자연히 길하고 이로운 상이다.

점을 쳐 이 효를 얻은 사람은 지금 '문왕이 큰 언덕 위에 있는 고을에 오르는' 상황이다. 큰 언덕 위에 올라 아래를 내려다보면 모든 것이 낮게 보일 것이니, 장차 신분은 상승할 것이다. 점에 묻고자 하는 일은 높이 오를 것이니라.

넷째 음효. 왕이 기산에 제사를 지내니, 길하여 허물이 없으리라.

六四. 王用亨于岐山, 吉, 无咎.

'왕王'은 문왕을 가리킨다. '형亨'은 향亨자이며, 제사를 지내다라는 뜻이다. '기산岐山'은 문왕의 할아버지 고공단보古公亶父가 정착하였던 곳이다. 지금 섬서성陝西省 기산현岐山縣 동북쪽에 있다.

문왕이 기산에 제사를 지내니, 길하여 허물이 없다.

점을 쳐 이 효를 얻은 사람은 지금 '문왕이 기산에 제사를 지내는' 상황이다. 장차 일은 성사될 것이니, 조상의 은덕을 가슴에 새겨야 하리라. 점에 묻고자 하는 일은 길하여 허물이 없으리라.

다섯째 음효. 점은 길하니, 점차 위로 오르리라.

六五. 貞吉, 升階.

'승계升階'는 점차 위로 올라가는 것이다.

문왕이 정벌 사업을 점차 확장하여 영토를 크게 넓히니, 길하다.

점을 쳐 이 효를 얻은 사람은 지금 '문왕이 점차 위로 오르는' 상황이다. 방해받는 것 없이 모든 것이 상승하리니, 점에 묻고자 하는 일은 길하리라.

꼭대기 음효. 밤에 위로 오르니, 멈추지 않으면 이롭다는 점이다.

上六. 冥升, 利于不息之貞.

'명冥'은 밤이라는 뜻이다. '명승冥升'은 어두운 밤에 쉬지 않고 위로 올라간다는 말이다. '식息'은 멈추다(休止)는 뜻이다.

문왕이 밤낮없이 쉬지 않고 정벌 사업에 매진하니, 이롭다.

점을 쳐 이 효를 얻은 사람은 지금 '문왕이 밤에 위로 오르는' 상황이다. 목표한 바를 잠시도 중단하지 말라. 줄기차게 밀고 나가면 반드시 성취할 것이니, 점에 묻고자 하는 일은 이로울 것이니라.

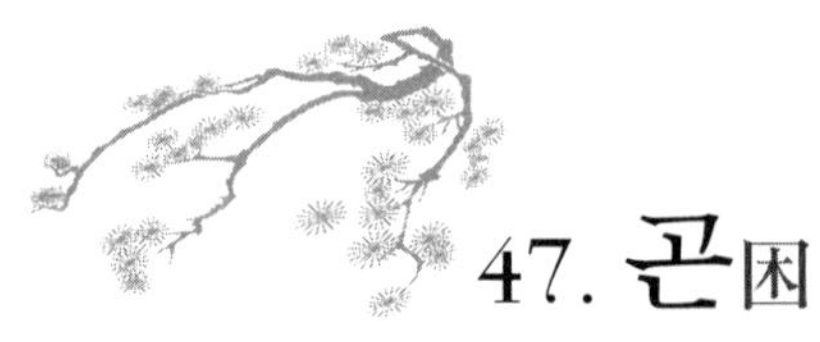

47. 곤困

곤괘는 윗괘가 태이고 아랫괘가 감이다. 태는 못이고 감은 물이다. 곤
괘의 괘상은 물이 못 아래에 있으니, 물이 못 아래의 땅속으로 스며들어
못에는 물이 없는 것이다. 못에 물이 없으면 수초와 어류는 말라죽을 것
이니, 이들은 곤경에 빠지게 된다. 곤은 곤경에 빠지다는 뜻이다.

괘사에서, '대인大人'은 높은 자리에 있는 사람을 가리킨다. '언言'은
건愆자를 빌려 쓴 것이며, 죄罪라는 뜻이다. '신信'은 펴다라는 뜻의 신
伸이며, 자신의 죄에 대해 분명히 말하는 것이다. 대인이 죄인을 감옥
에 가두니 형통하다. 대인의 점은 길하여 허물이 없으리라. 죄인들은

348

죄를 지어도 자신의 죄에 대해 분명하게 설명하지 않았다. 그래서 감옥에 가둔 것이다.

점을 쳐 이 괘를 얻은 사람은 이 괘상과 괘명을 보고 지금은 정신적으로나 물질적으로나 곤경에 빠져 어찌할 수 없는 절망적인 상태에 처해 괴로워하고 있을 때임을 알아야 하리라. 못의 물이 땅바닥으로 스며들어 못에는 물이 없으니, 수초와 어류는 말라죽어 풍경은 삭막하다. 현실 생활은 곤궁하여 이를 타개하려 해도 자신의 입장은 더욱 곤경에 빠지는 일이 많을 때이다. 경제적으로 궁핍하고, 가정에서 애정조차 의심이 가며, 능력은 부족하고, 사람들의 오해나 나쁜 평판을 감당하지 못해 자포자기하여 절망에 빠지리라. 이러한 좋지 않은 운을 만나 자신의 결점을 반성하고, 굳센 신념은 지니되 허황된 꿈은 버리고 은인자중한다면, 곤경에 빠진 상태에서 차츰 헤어날 수 있으리라.

처음 음효. 볼기에 곤장을 맞고 감옥에 들어가, 삼 년을 보지 못하니, 흉하리라.

初六. 臀困于株木, 入于幽谷, 三歲不覿, (凶).

'둔臀'은 볼기이다. '곤困'은 시달리다라는 뜻이다. '주목株木'은 곤장을 칠 때 사용하는 나무 몽둥이이다. '유곡幽谷'은 감옥이다. 감옥을 어두운 골짜기(幽谷)에 비유한 것이다. '적覿'은 보다라는 뜻의 견見이다. 『백서주역』에는 이 문장 끝에 '흉凶'자가 들어가 있다.

대인에게 죄인이 볼기에 곤장을 맞고 감옥에 들어가 삼 년을 지내니, 흉하다.

점을 쳐 이 효를 얻은 사람은 지금 '죄인이 볼기에 곤장을 맞고 감옥
에 들어가 삼 년을 보내는' 상황이다. 마음을 잘 다스리지 못한다면, 육
체는 고통을 당하고 정신은 삭막해질 것이니, 오랫동안 비참하리라.
점에 묻고자 하는 일은 흉하리라.

둘째 양효. 술과 음식을 배부르게 먹고 있는데, 주황색 앞가리개가 왔
다. 제사를 지내면 이로우나, 정벌하면 흉하리라. 허물이 없다.
九二. 困于酒食, 朱紱方來. 利用享祀, 征凶. 无咎.

'곤우주식困于酒食'은 술과 음식을 지나치게 마시고 많이 먹었다는
말이다. '주불朱紱'은 주황색 앞가리개이다. 긴 옷의 무릎 부분에 이어
서 장식한 것이다. 주나라 때 천자가 주불을 입었고, 천자의 명으로 제
후나 공경들 또한 이를 입었다. '이용利用'은 이어利於와 같다. '향사享
祀'는 제사를 지내는 것이다.

대인이 죄인을 감옥에 가두고 술과 음식을 너무 많이 먹어 시달리고
있는데, 천자가 하사한 주황색 앞가리개를 받았다. 천자가 이를 보낸
것은 죄인을 가둔 것에 대한 경하의 뜻이다. 주황색 앞가리개를 받고
조상 혹은 상제에게 감사의 제사를 지내면 이로우나, 군사를 일으켜
출병하면 흉하다. 대인은 허물이 없다.

점을 쳐 이 효를 얻은 사람은 지금 '대인이 술과 음식을 배불리 먹
고, 천자가 하사한 주황색 앞가리개를 받는' 상황이다. 좋은 때 호박이
넝쿨째 굴러들어 오리니, 거액의 복권에 당첨된다면 조상께 감사의 제
사를 올리는 것이 좋을 것이나, 남에게 과시하여 자랑으로 내세운다면

흉하리라. 점에 묻고자 하는 일은 허물이 없으리라.

셋째 음효. 돌에 묶여 있다가 감옥에 갇혔다. 풀려나 집으로 돌아가니
아내를 볼 수 없어, 흉하리라.
六三. 困于石, 據于蒺藜. 入于其宮, 不見其妻, 凶.

'곤우석困于石'은 돌에 묶여 있다는 말이다. 옛날에 조정의 문 왼쪽,
사람들이 많이 모이는 곳에 가석嘉石을 세워두고, 죄인을 잡아 여기에
묶어두고는 치욕을 준 뒤 감옥으로 보내었다. '질려蒺藜'는 가시가 있는
나무 이름이며, 죄인이 도망가지 못하게 감옥 주위에 심었으므로 감옥
을 뜻한다. '궁宮'은 집이라는 실室의 뜻이다.

대인이 죄인을 가석에 묶어두었다가 뒤에 감옥에 가두었는데, 이 죄
인이 풀려나 집으로 돌아가니 아내가 없어졌으므로 흉하다.

점을 쳐 이 효를 얻은 사람은 지금 '죄인이 감옥에 갇혔다가 풀려나
집으로 돌아가니 아내가 없어진' 상황이다. 장차 몹시 비참한 처지에
놓이게 되리니, 아내마저 잃고 의지할 곳이 없는 상이다. 인생이 서글
프기 한이 없다. 점에 묻고자 하는 일은 흉하리라.

넷째 양효. 오는 것이 더딘 것은, 금수레에게 시달리고 있기 때문이
니, 어려우나 마침이 있으리라.
九四. 來徐徐, 困于金車, 吝, 有終.

'서서徐徐'는 천천히 더딘 것을 말한다. '금거金車'는 황동으로 장식한 수레이며, 수레가 호화롭고 귀한 것이다. 금수레는 이를 타고 있는 대부, 즉 대인을 상징한다. '인吝'은 어렵다는 뜻의 난難이다. '종終'은 좋은 결과를 말한다.

감옥에 갇힌 죄인이 풀려나 더디게 오는 것은 대인에게 시달리고 있기 때문이니, 어려우나 마침내 도착한다.

점을 쳐 이 효를 얻은 사람은 지금 '죄인이 대인에게 시달려 오는 것이 더딘' 상황이다. 곤란한 상황에 처해 추진하는 일이 다소 더디나 반드시 성취할 것이니, 점에 묻고자 하는 일은 어려우나 마침이 있으리라.

다섯째 양효. 코가 잘리고 발이 잘리니, 대부에게 시달리고 있으나 서서히 벗어난다. 제사를 지내면 이로울 것이니라.

九五. 劓刖, 困于赤紱, 乃徐有說, 利用祭祀.

'의劓'는 죄인을 잡아 코를 베는 형벌이다. '월刖'은 죄인의 다리를 자르는 형벌이다. '적불赤紱'은 붉은색 앞가리개이며, 천자의 명으로 대부가 입었던 것이다. '적불'은 붉은색 앞가리개를 입은 대부大夫를 상징한다. '곤우적불困于赤紱'은 대부로부터 시달림을 받는다는 말이다. '열說'은 벗는다는 뜻의 탈脫이다.

대부에게 시달려 코가 잘리고 다리가 잘리나, 서서히 벗어나니 조상 혹은 상제에게 감사의 제사를 지내면 이롭다.

점을 쳐 이 효를 얻은 사람은 지금 '죄인이 코와 발이 잘리며 대부에게 시달림을 받으나 서서히 벗어나는' 상황이다. 장차 곤경에 빠져 육체적 고통을 받을 것이나, 조상의 보살핌 덕분에 서서히 벗어나리라.
점에 묻고자 하는 일은 이로울 것이니라.

꼭대기 음효. 칡덩굴과 나무말뚝이 둘러싸고 있는 감옥에 갇혔는데,
움직이면 뉘우치고 또 뉘우치리라. 정벌하면 길하리라.
上六. 困于葛藟,(據)于臲卼, 曰動悔有悔, 征吉.

'갈류葛藟'는 칡덩굴이다. 셋째 음효(六三)의 효사에 따라 '우于'자 앞
에 '거據'자가 있어야 한다. '얼올臲卼'은 나무말뚝이다. '갈류'나 '얼올'은
모두 감옥을 뜻한다. '왈曰'은 발어사이다. '유有'는 우又로 읽는다.

죄인이 칡덩굴과 나무말뚝이 둘러쳐 있는 감옥에 갇혔는데, 벗어나
려고 한다면 뉘우치고 또 뉘우치게 된다. 감옥에서 풀려나면 길하다.

점을 쳐 이 효를 얻은 사람은 지금 '죄인이 감옥에 갇혀 움직이면 뉘
우치는' 상황이다. 현실은 참으로 암담할 것이니, 벗어나려고 몸부림치
면 몸부림칠수록 뉘우치고 또 뉘우치게 되리라.

48. 정井

정. 고을을 개축하여도 우물을 개조하지 않으니, 잃는 것도 얻는 것도 없으리라. 고을사람들이 왕래하여 물을 길어가, 우물물이 다하여 막히게 되어도, 우물을 파지 않고 두레박을 부수니, 흉하리라.

井. 改邑不改井, 无喪无得. 往來井, 井汔至, 亦未繘井, 羸其瓶, 凶.

정괘는 윗괘가 감이고 아랫괘가 손이다. 감은 물이고 손은 바람이며 또 나무이다. 정괘의 괘상은 나무 위에 물이 있는 것이다. 나무 위에 물이 있다는 것은 나무로 만든 두레박으로 우물물을 길어 올린다는 것이다. 정은 우물이라는 뜻이다.

괘사에서, '흘汔'은 다하다라는 뜻의 진盡이며, 물이 다하였다는 것이다. '지至'는 실室자를 빌려 쓴 것이며, 막히다라는 뜻의 색塞이다. '율繘'

은 율矞자를 빌려 쓴 것이며, 파다라는 뜻의 천穿이다. '리贏'는 뢰儡자를 빌려 쓴 것이며, 부수다라는 뜻의 훼毀이다. '병甁'은 물을 긷는 두레박이다. 성왕 때, 나라는 많이 달라졌어도 조정의 인물은 달라진 것이 없다. 조정의 인물은 옛날 그대로이니 아무것도 변한 것이 없다. 조정의 새로운 인물이 없게 되어도 현인을 등용하려는 노력은 하지 않고 오히려 엉뚱한 일을 하고 있으니, 흉하다.

점을 쳐 이 괘를 얻은 사람은 이 괘상과 괘명을 보고 지금은 우물이 많은 사람을 위하는 것처럼 남을 위해 봉사하며 살아가야 하리라. 우물 속에 나무로 만든 두레박이 있으니, 물을 길어 올리는 수고가 있어야 물을 얻을 수 있다. 남을 위해 수고롭게 물은 길러내어 사람들의 갈증을 해소해주니 스스로 기쁨을 얻으리라. 물은 모든 사람을 이롭게 하며 사람이 생존하는 데 절대 없어서는 안 되는 것처럼, 자신의 행위가 사람들을 이롭게 하며 남에게 없어서는 안 될 존재가 되어야 하리라. 우물물이 다하여 막히게 되어도 우물을 파지 않고 물 긷는 두레박을 부순다면 더 이상 물을 마시지 못하게 될 것이니, 흉하리라.

처음 음효. 우물에 진흙이 차 마실 수가 없고, 함정이 오래되어 짐승을 잡을 수 없다.
初六, 井泥不食, 舊井无禽.

앞의 '정井'자는 우물이고, 뒤의 '정井'자는 짐승을 잡는 함정陷穽을 말한다. '금禽'은 짐승(獸)이다.

물을 긷는 우물에 진흙이 채여 물을 마실 수 없고, 짐승을 잡는 함정

이 오래되어 낡아 짐승을 잡을 수 없으니, 모두 사용할 수 없는 상이
다. 조정에는 옛 인물들뿐이어서 아무 소용이 없으니, 오래된 인물을
가지고 새로운 시대를 맞이할 수 없다.

점을 쳐 이 효를 얻은 사람은 지금 '우물도 함정도 사용할 수 없는'
상황이다. 낡은 사고방식을 가지고는 결코 성취할 수 없을 것이니, 현
실에 맞게 의식을 바꿔야 하리라. 점에 묻고자 하는 일은 이루기 어려
울 것이니라.

둘째 양효. 우물 속의 붕어를 활을 쏘아 잡으려다, 두레박을 깨뜨리니
물이 새어 나오리라.
九二. 井谷射鮒, 甕敝漏.

'정곡井谷'은 정구井口와 같다. 우물 구멍을 가리킨다. '부鮒'는 작은
물고기 이름이다. '옹甕'은 물을 긷는 두레박이다. '폐敝'는 깨다라는 뜻
의 파破이다.

우물 속의 붕어를 활로 쏘아 잡으려고 하다가 고기를 맞추지 못하고
오히려 두레박을 뚫었으니, 두레박이 깨어져 물이 새어 나온다. 조정
의 오래된 인물을 제거하려다가 도리어 엉뚱한 곳에 불똥이 튀어 해를
입는다. 새로운 시대에 기득권 세력을 제거하는 것은 참으로 어렵다.

점을 쳐 이 효를 얻은 사람은 지금 '우물 속의 붕어를 활을 쏘아 잡
으려다, 두레박을 깨뜨리는' 상황이다. 수단이 목적에 부합하지 못하
고, 사리에 부합하지 않는 짓을 저질러 오히려 해를 당하는 상이다. 점
에 묻고자 하는 일은 어려울 것이니라.

셋째 양효. 우물을 쳐도 먹지 않으니, 내 마음이 슬프다. 물을 길을 수 있으나, 왕이 현명해야 모두 그 복을 받으리라.

九三. 井渫不食, 爲我心惻. 可用汲, 王明並受其福.

'설渫'은 우물을 쳐 물을 깨끗하게 하는 것이다. '측惻'은 슬프다는 뜻의 비悲이다. '용用'은 이以와 같다. '급汲'은 물을 긷는다는 뜻이다. '왕'은 성왕이다. '병並은 함께라는 뜻의 구俱이다.

현인이 밝은 덕과 훌륭한 재능을 지니고 있어도 왕이 등용하지 않으니, 내 마음이 슬프다. 현인을 등용할 수 있으니, 왕이 현명하여 현인을 알고 등용한다면 천하가 모두 함께 그 복을 받을 것이다.

점을 쳐 이 효를 얻은 사람은 지금 '우물을 쳐도 먹지 않는' 상황이다. 해야 할 일을 가까이 두고도 하지 않고 있으니, 어리석은 것이다. 현명해야 하리니, 현명하면 모두가 복을 받고 어리석으면 모두가 화를 당하리라.

넷째 음효. 우물의 벽을 쌓으니, 허물이 없으리라.

六四. 井甃, 无咎.

'추甃'는 돌이나 벽돌로 우물 벽을 쌓는 것이다.

우물의 벽을 쌓으면 물은 오랫동안 맑을 것이니, 사람이 마시는 데 해가 없다. 조정에 현인을 등용하여 나라를 이끌어가면 오랜 세월 태평성세를 누릴 것이니 아무런 문제가 없다.

점을 쳐 이 효를 얻은 사람은 지금 '우물의 벽을 쌓는' 상황이다. 물은
맑고 세월은 태평할 것이니, 점에 묻고자 하는 일은 허물이 없으리라.

다섯째 양효. 우물이 맑고 샘물이 차가우니, 먹으리라.
九五. 井洌泉寒, 食.

'열洌'은 맑다는 뜻의 청淸이다.

우물이 맑고 샘물이 차가우니 마시기에 아주 좋다. 현인이 밝은 덕
과 훌륭한 재능을 지니고 있으면 조정에 등용한다.

점을 쳐 이 효를 얻은 사람은 지금 '우물이 맑고 샘물이 차가운' 상
황이다. 일이 성사될 때가 무르익었으니, 점에 묻고자 하는 일은 이룰
수 있으리라.

꼭대기 음효. 우물물을 다 길러 두레박과 줄을 거두고, 덮개를 덮지
않으면 벌을 주니, 크게 길하리라.
上六. 井收勿幕, 有孚, 元吉.

'수收'는 물을 다 긷고 두레박과 줄을 거두는 것이다. '물勿'은 불不과
같다. '막幕'은 덮개(蓋)이다. '부孚'는 벌罰이라는 뜻이다.

우물물을 다 길러 두레박과 줄을 거두고 덮개를 덮지 않으면, 빗물
이나 더러운 먼지가 들어가거나 어린아이들이 빠질 수 있으니, 이를
방지하기 위해 덮개를 덮지 않으면 벌을 준다. 조정에 현인을 등용하

여 그들이 타인의 방해를 받지 않고 소신껏 활동할 수 있도록 좋은 환경을 조성하여준다.

점을 쳐 이 효를 얻은 사람은 지금 '우물물을 다 길러 덮개를 덮지 않으면 벌을 주는' 상황이다. 유종의 미를 거둬야 할 것이니, 뒤처리를 깨끗하게 하면 화를 당하지 않을 것이니라. 점에 묻고자 하는 일은 크게 길하리라.

49. 혁革

혁. 제사를 지내는 날에 포로를 잡았다. 크게 형통하리니, 이롭다는
점이다. 뉘우침이 없어지리라.
革. 巳日乃孚. 元亨. 利貞. 悔亡.

혁괘는 윗괘가 태이고 아랫괘가 리이다. 태는 못이고 리는 불이다.
혁괘의 괘상은 못 가운데 불이 있는 것이다. 못 가운데 불이 있으면,
물과 불은 서로 충돌하여 변화가 일어난다. 물은 마르고 초목은 불타
버리니, 이것은 못의 큰 변혁이다. 혁은 개혁하다라는 뜻이다.

패사에서, '사巳'는 제사라는 뜻의 사祀자를 빌려 쓴 것이다. '부孚'는
부俘의 옛 글자이며, 사로잡은 포로와 노획한 재물을 가리킨다. 제사를
지내는 날에 포로를 잡아 희생으로 하니, 크게 형통하다. 점에 묻고자
하는 일은 이롭고 뉘우침이 없어진다.

점을 쳐 이 괘를 얻은 사람은 이 괘상과 괘명을 보고 지금은 급변하는 상황에 처해 자신이 하고 있는 일이나 환경을 바꿔 새로운 활기를 찾아야 하리라. 못 가운데 불이 있으니, 서로 상극인 물과 불이 충돌하여 여기에서 변혁이 생겨난다. 지금 낡은 것에서 새로운 것으로, 더러운 것에서 깨끗한 것으로 뒤바뀌는 때이니 운도 좋고 강하다. 모든 것이 다 바뀌는 지금의 시세時勢에 따라 주위에 많은 변화가 일어날 것이니, 시세를 타고 환경을 따라 더불어 변혁한다면 크게 형통하리라. 점에 묻고자 하는 일은 이롭고 뉘우침이 없어지리라. 개혁은 서서히 하는 것이 좋을 것이니, 급격한 변화는 오히려 좋지 않은 결과를 초래할 것이니라.

처음 양효. 황소의 가죽으로 만든 띠를 사용하여 묶는다.
初九. 鞏用黃牛之革.

'공鞏'은 묶는 것이다. '혁革'은 털을 제거한 짐승의 가죽이다.
황소의 가죽으로 만든 띠를 사용하여 출전하려는 말의 가슴 띠를 단단히 묶는 것이다.
점을 쳐 이 효를 얻은 사람은 지금 '황소의 가죽으로 만든 띠를 사용하여 단단히 묶는' 상황이다. 결전의 각오를 다져야 하리니, 황색은 길하며 그 가죽은 단단하고 질기니, 점에 묻고자 하는 일은 길하리라.

둘째 음효. 제사 지내는 날을 바꾸니, 정벌하면 길하여 허물이 없으리라.

六二. 巳日乃革之, 征吉, 无咎.

'사巳'는 제사라는 뜻의 사祀자를 빌려 쓴 것이다. '혁革'은 바꾸다라는 뜻의 개改이다. '혁지革之'는 제사 지내는 날을 바꾸는 것을 말한다.

제사 지내는 날을 바꾸어, 다른 길한 날을 택하여 제사를 지내고 출정하니, 정벌하면 승리할 수 있으므로 길하여 허물이 없다.

점을 쳐 이 효를 얻은 사람은 지금 '길일을 택하여 제사를 지내고 출정하는' 상황이다. 모든 여건이 좋아 장차 일은 성사될 것이니, 점에 묻고자 하는 일은 길하여 허물이 없으리라.

셋째 양효. 정벌하면 흉하리니, 점은 위태롭다. 가죽으로 만든 말 가슴 띠를 세 번 두르고 출정하여 포로를 잡았다.

九三. 征凶. 貞厲. 革言三就, 有孚.

'혁革'은 황소의 가죽으로 만든 띠이다. '언言'은 근靳으로 읽으며, 말의 가슴 띠를 가리킨다. '삼취三就'는 삼잡三匝, 삼중三重의 뜻이며, 세 번 두르다라는 말이다. '부孚'는 포로이다.

말의 가슴 띠를 단단하게 묶지 않아 말이 잘 달릴 수 없어 패하였으니 흉하다. 그러나 황소의 가죽으로 만든 말의 가슴 띠를 다시 세 번 두르며 단단히 묶고 출정하여 싸움에 이겨 포로를 사로잡았다.

점을 쳐 이 효를 얻은 사람은 지금 '말의 가슴 띠를 단단히 묶지 않

아 패하였으나, 다시 세 번 두르며 단단히 묶고 출정하여 포로를 잡은'
상황이다. 신중해야 하리라. 가볍게 여기면 흉할 것이니, 돌다리도 세
번 두들겨보고 난 후에 건너야 하리라. 점에 묻고자 하는 일은 성취할
수 있으리라.

넷째 양효. 뉘우침이 없어지리라. 포로를 잡아 명을 바꾸니, 길하리라.
九四. 悔亡. 有孚, 改命, 吉.

'개명改命'은 명령을 바꾸는 것이다.

사로잡은 포로로부터 적의 정보를 캐내어, 적의 상황을 알고 명령을
바꾸어 전쟁에 임하니, 길하다.

점을 쳐 이 효를 얻은 사람은 지금 '포로를 잡아 명을 바꾸는' 상황
이다. 얻는 것으로 말미암아 국면은 또 다시 새롭게 전개될 것이니, 점
에 묻고자 하는 일은 길하리라.

다섯째 양효. 대인이 호랑이처럼 변하니, 점을 치지 않아도 포로를 잡
으리라.
九五. 大人虎變, 未占, 有孚.

'대인大人'은 군대의 지휘관이다. '호변虎變'은 호랑이처럼 용감하게
변하였다는 뜻이다. '미점未占'은 알아볼 것도 없다는 말이다. '부孚'는
포로이다.

대인이 호랑이처럼 변하여 용맹하게 적을 공격하니, 볼 것도 없이 전쟁에 승리한다.

점을 쳐 이 효를 얻은 사람은 지금 '대인이 호랑이처럼 변하여 포로를 잡는' 상황이다. 전력투구하라. 쟁취할 것이니, 점에 묻고자 하는 일은 얻을 수 있으리라.

꼭대기 음효. 군자가 표범처럼 변하나, 소인은 얼굴을 바꾸니, 정벌하면 흉하리라. 거주하는 곳의 점은 길하리라.
上六. 君子豹變, 小人革面, 征凶. 居貞吉.

'군자君子'는 군대의 지휘관이다. '표변豹變'은 표범처럼 사납게 변하였다는 말이다. '소인小人'은 사졸들을 가리킨다. '혁면革面'은 얼굴을 바꾸는 것이며, 전쟁에 임하여 얼굴에 두려운 기색을 나타내는 것이다.

군자가 표범처럼 변하여 사납게 적을 공격하나, 사졸들은 얼굴에 두려움이 가득 찬 기색을 보이니, 정벌하면 패할 것이므로 흉하다. 출정하지 말고 머물러 있으면 길하다.

점을 쳐 이 효를 얻은 사람은 지금 '군자는 표범처럼 사납게 적을 공격하나, 사졸들은 두려워하고 있는' 상황이다. 나서지 말라. 나서면 다칠 것이다. 위아래가 어긋나고 앞뒤가 맞지 않은 어지러운 상황에 처할 것이니, 적극적으로 추진하면 흉하나 은인자중하면 길하리라.

50. 정鼎

정괘는 윗괘가 리이고 아랫괘가 손이다. 리는 불이고 손은 바람이며 또 나무다. 정괘의 괘상은 나무 위에 불이 있는 것이다. 나무 위에 불이 있다는 것은 곧 솥에 불을 때어 밥을 짓는다는 것이다. 정은 솥이라는 뜻이다.

괘사에서, '원元'은 크다는 뜻의 대大이다. '형亨'은 통하다라는 뜻의 통通이다. 나무와 불이 조화를 이루어 솥 속의 음식은 잘 익어가니, 점에 묻고자 하는 일은 크게 길하며 또 형통하리라.

점을 쳐 이 괘를 얻은 사람은 이 괘상과 괘명을 보고 지금은 혼자서 이루기 어려운 일도 더불어 추구하면 큰 성공을 거둘 것이니, 만사에 조화를 유지하며 원만한 생활을 하도록 노력해야 하리라. 나무 위에 불이 있으니, 음식이 잘 익어 모든 일이 순조롭다. 나무와 불이 조화를 이루어 음식이 완성되듯, 마음이 맞는 동료와 조화를 잘 이루어 서로 협력한다면 크게 길하리니, 하고자 하는 일은 원만하게 이루어지리라. 솥이 제자리에 안정되어 있듯 지위도 안정될 것이니, 모든 것이 생각대로 잘 갖추어지리라.

처음 음효. 솥의 발을 뒤집어 나쁜 것을 제거하니 이로울 것이니라.
첩과 그 자식을 얻으니, 허물이 없으리라.
初六. 鼎顚趾, 利出否. 得妾以其子, 无咎.

'전顚'은 뒤집다라는 뜻의 도倒이다. '지趾'는 발(足)이다. '출出'은 배척하여 내치는 것이다. '부否'는 나쁘다는 뜻의 악惡이다. '첩妾'은 시녀, 계집종이다. '이以'는 접속사 여與자와 같다.

솥의 거꾸로 들어 그 속의 더러운 것을 깨끗하게 제거하니 이롭다. 공公이 아내를 내치고 계집종과 그 자식을 동시에 얻으니, 허물이 없다.

점을 쳐 이 효를 얻은 사람은 지금 '공公이 솥의 발을 뒤집어 나쁜 것을 제거하고, 첩과 그 자식을 얻는' 상황이다. 발상을 전환하여 좋지 않은 것을 제거하니, 크게 얻는 것이 있으리라. 점에 묻고자 하는 일은 허물이 없으리라.

둘째 양효. 솥 속에 먹을 것이 있는데, 아내가 내쳐져 나에게 올 수 없으니, 길하리라.

九二. 鼎有實, 我仇有疾, 不我能卽, 吉.

'실實'은 음식물이다. '구仇'는 짝이라는 뜻의 필匹이며, 아내이다. '유질有疾'은 아내가 내쳐진 것을 가리킨다. '즉卽'은 나아가다라는 뜻의 취就이다. '불아능즉不我能卽'은 '불능즉아不能卽我'가 잘못 쓰인 것이며, 나에게 올 수 없다는 말이다.

솥 속에 먹을 것이 있는데, 내쳐진 아내가 나에게로 와서 함께 먹을 수 없으니, 나는 편안히 그 음식물을 먹을 수 있어 길하다.

점을 쳐 이 효를 얻은 사람은 지금 '공이 아내를 내치고 솥 속의 먹을 것을 혼자 먹는' 상황이다. 방해받지 않고 먹을 수 있고, 할 수 있고, 얻을 수 있을 것이니, 점에 묻고자 하는 일은 길하리라.

셋째 양효. 솥의 귀가 떨어져나가 옮기지 못하여 꿩고기를 먹지 않았는데, 마침 비가 내려 꿩고기 맛이 헐었으니, 뉘우치나 마침내 길하리라.

九三. 鼎耳革, 其行塞, 雉膏不食, 方雨, 虧, 悔, 終吉.

'정이혁鼎耳革'은 솥의 귀가 떨어져나갔다는 말이다. '색塞'은 멈추다라는 뜻의 지止이다. '고膏'는 고기(肉)이다. '휴虧'는 헐다라는 뜻의 훼毁이다.

시녀가 솥에 꿩고기를 삶아 옮기는데, 솥의 귀가 떨어져나가 옮기지 못하게 되었다. 공公이 꿩고기를 아직 먹지 않았는데 마침 비가 내려 빗물이 솥 속으로 들어가 꿩고기의 좋은 맛이 헐게 되었으니 뉘우치나, 꿩고기를 다시 삶아 먹을 수 있으므로 마침내 길하다.

점을 쳐 이 효를 얻은 사람은 지금 '솥의 귀가 떨어져나가고, 빗물이 솥 속으로 들어가 꿩고기 맛이 헐은' 상황이다. 갑작스런 사고와 예기치 않은 장애로 잠시 머뭇거릴 것이나. 마침내 이룰 수 있으리라. 점에 묻고자 하는 일은 뉘우치나 마침내 길하리라.

넷째 양효. 솥의 다리가 부러져 공公의 음식을 땅에 엎질러, 형벌을 받으니, 흉하리라.
九四. 鼎折足, 覆公餗, 其形渥, 凶.

'복覆'은 뒤집어엎다(傾覆)는 뜻이다. '속餗'은 탕이나 채소 반찬이나 죽 등의 음식을 모두 일컫는 말이다. '형악形渥'은 형옥形劇이며, 형벌을 가하다는 뜻이다.

솥의 다리가 부러져 솥 속의 음식을 땅에 엎질렀는데, 공公이 그 음식을 먹지 못하게 되어 시녀가 형벌을 받으니, 흉하다.

점을 쳐 이 효를 얻은 사람은 지금 '솥이 다리가 부러져, 공의 음식을 땅에 엎질러 형벌을 받는' 상황이다. '솥의 다리가 부러졌다'는 것은 능력은 부족한데 막중한 임무를 맡아 감당할 수 없어 넘어지는 상이다. '공의 음식을 엎질렀다'는 것은 대사를 망쳤다는 말이다. 중책을 맡았으나 능력이 부족하여 일을 망치리라. 덕은 부족하면서 자리는 높고, 지혜는 작으면서 도모하는 것은 크며, 역량은 보잘것없으면서 임무가 무거우면, 화가 미치지 않음이 드물다. 점에 묻고자 하는 일은 흉하리라.

다섯째 음효. 솥에 황색 귀와 구리 고리를 걸었으니, 이롭다는 점이다.
六五. 鼎黃耳金鉉, 利貞.

'황이黃耳'는 솥의 귀를 황동으로 꾸민 것이다. '현鉉'은 솥을 들어올리는 고리이다. '금현金鉉'은 곧 동현銅鉉이며, 구리로 만든 고리이다.

솥에 황색 귀와 구리 고리를 걸었으니 솥을 아름답게 꾸몄다. 이 솥을 가진 공公은 부귀한 사람이니 이롭다.

점을 쳐 이 효를 얻은 사람은 지금 '솥에 황색 귀와 구리 고리를 걸은' 상황이다. 큰 박이 터져 보물이 솟아져 나오는데 어찌 길하지 않겠는가! 온몸에 황금을 덮어썼으니, 부귀는 바로 내 몸에 있으리라. 점에 묻고자 하는 일은 이로울 것이니라.

꼭대기 양효. 솥에 옥고리를 걸었으니, 크게 길하여 이롭지 않음이 없으리라.
上九. 鼎玉鉉, 大吉, 无不利.

'옥현玉鉉'은 옥으로 고리를 한 것이다.

솥에 옥고리를 걸었으니 보물 솥이다. 이 솥을 가진 공公은 더욱 부귀한 사람이 되었을 것이니, 크게 길하여 이롭지 않음이 없다.

점을 쳐 이 효를 얻은 사람은 지금 '솥에 옥고리를 걸은' 상황이다.
진귀한 보물로 온몸을 치장하였으니, 크게 부하고 귀하게 되리라. 점
에 묻고자 하는 일은 크게 길하여 이롭지 않음이 없으리라.

51. 진震

진. 제사를 거행하는데, 큰 우레가 백 리를 놀라게 하여도, 숟가락과 창주 그릇을 떨어뜨리지 않는다.

震. 亨,(震來虩虩, 笑言啞啞.) 震驚百里, 不喪匕鬯.

진괘는 윗괘도 진이고 아랫괘도 진이다. 진은 우레이다. 진괘의 괘상은 우레가 중첩되어 있으니, 우레가 서로 이어서 일어나는 것이다. 진은 우레라는 뜻이다.

괘사에서, '형亨'은 제사를 올리다라는 '향享'의 뜻이다. '진래혁혁震來虩虩, 소언아아笑言啞啞' 두 구절은 처음 양효(初九)의 효사와 중복되며, 괘사에는 잘못 들어간 것이다. '상喪'은 잃다라는 실失의 뜻이며, 손에 들고 있는 것을 떨어뜨리는 것을 말한다. '비匕'는 숟가락이다. '창鬯'은 검은 기장(黑黍)과 향초香草를 사용하여 빚어낸 향기로운 술의 이름이며, 창주를 담는 그릇 또한 창ⓑ이라고 한다. '비ㄴ'와 '창ⓑ'은 모두 제사를 거행할 때 사용하는 도구이다. 제사를 거행하는데, 큰 우레가 백 리를 울려도 제사를 올리는 사람은 숟가락과 창주 그릇을 떨어뜨리지 않는다. 이것은 침착하고 위엄 있게 제사를 받드는 모습이다.

점을 쳐 이 괘를 얻은 사람은 이 괘상과 괘명을 보고 지금은 우레 소리가 하늘을 진동하여 두려움은 크지만 피해는 별로 없는 때임을 알아야 하리라. 우레가 겹쳐 있으니, 하늘에서 비가 쏟아지고 우레가 연이어 일어난다. 번개가 치고 천둥소리가 천지를 진동하여 두려워하나, 잠시 후면 아무 일 없었던 것처럼 하늘은 다시 맑게 갠다. 우레는 소리만 클 뿐 실제로 피해는 거의 없다. 지금은 크게 놀라 당황하는 일은 있지만 실제 피해는 별로 없을 때이다. 마찬가지로 큰 일을 하겠다고 덤벼들지만 얻는 것은 별로 없고, 기세는 대단하나 행동하는 것은 별로 없고, 큰소리를 치지만 결과는 별로 없고, 계획은 크지만 실행은 별로 없고, 야심은 크지만 이루는 것은 별로 없다. 겉만 컸지 실속은 별로 없을 때이다. 우레 소리가 천지를 진동하여도 두려워하지 말고 침착하고 위엄 있게 하던 일을 계속 추진해야 하리라.

처음 양효. 우레가 울려 두려워하다가, 뒤에 웃음소리를 내니, 길하리라.

初九. 震來虩虩, 後笑言啞啞, 吉.

'진震'은 우레이다. '혁혁虩虩'은 두려워하는 모양이다. '아아啞啞'는 웃음소리이다.

우레가 울려 두려워하다가 뒤에 웃음소리를 내니, 먼저 두려워하다가 뒤에는 즐거워하는 모습이다.

점을 쳐 이 효를 얻은 사람은 지금 '우레가 울려 두려워하다가 곧 웃음소리를 내는' 상황이다. 위험에 직면하여 두려워하나 곧 웃게 될 것이니, 점에 묻고자 하는 일은 길하리라.

둘째 음효. 우레가 울려 위태로워, 재화를 잃을 것을 고려하여 높은 언덕에 올랐는데, 찾지 않아도 칠 일이면 얻게 되리라.

六二. 震來厲, 億喪貝, 躋于九陵, 勿逐, 七日得.

'여厲'는 위태하다는 뜻의 위危이다. '억億'은 예측하다, 고려하다는 뜻이다. '패貝'는 화폐를 가리킨다. 옛날에는 조개(貝)를 화폐로 사용하였다. '제躋'는 오르다라는 뜻의 등登이다. '능陵'은 고개라는 뜻의 영嶺이다. '구릉九陵'은 아홉 번 겹친 고개, 즉 고개가 높음을 형용한 것이다. '축逐'은 찾다라는 뜻이다.

우레가 울려 매우 위태롭고 놀라 혹 재화를 잃을까 생각하여 높은 언덕으로 올라갔는데, 경황없이 허둥거리며 올라가다가 재화를 잃어버렸다. 잃어버린 재화는 찾지 않아도 칠 일이면 다시 얻게 된다.

점을 쳐 이 효를 얻은 사람은 지금 '우레가 울려 재화를 잃어버린' 상황이다. 위기에 직면하여 침착하라. 잃는 것이 있어도 곧 되찾을 수 있으니, 점에 묻고자 하는 일은 곧 얻게 되리라.

셋째 음효. 우레가 울려 불안하나, 우레 속을 걸어가도 재앙이 없
으리라.

六三. 震蘇蘇, 震行, 无眚.

'소소蘇蘇'는 무서워서 불안한 모양이다. '생眚'은 재앙(災)이라는 뜻
이다.

우레가 울려 매우 두렵고 불안하나, 우레 속을 걸어가도 벼락을 맞
지 않았다.

점을 쳐 이 효를 얻은 사람은 지금 '우레가 울려 불안하나, 우레 속
을 걸어가도 재앙이 없는' 상황이다. 숨가쁜 상황에 처하여 불안하나,
피해는 조금도 없을 것이니, 점에 묻고자 하는 일은 재앙이 없으리라.

넷째 양효. 우레가 일어나 진흙 위에 떨어지리라.

九四. 震遂泥.

'수遂'는 추墜자를 빌려 쓴 것이며, 떨어지다는 뜻이다. '니泥'는 진흙
(泥土)이라는 뜻이다.

우레가 진흙 위에 떨어졌으니, 아무런 피해가 없다.

점을 쳐 이 효를 얻은 사람은 지금 '우레가 진흙 위에 떨어진' 상황
이다. 위험에 직면하나 위험은 나를 비켜갈 것이니, 점에 묻고자 하는
일은 아무런 피해가 없으리라.

374

다섯째 음효. 우레가 왔다 갔다 하여 위태로워, 재화를 잃을 것을 고려하나, 잃은 것은 없고 사고는 있으리라.

六五. 震往來厲, 意, 无喪有事.

'의意'는 억億이며, '억상패億喪貝'와 쓰임이 같다. 즉 재화를 잃을 것을 고려한다는 말이다. '무상无喪'은 잃는 것이 없다는 것이고, '유사有事'는 사고는 있다는 말이다.

우레가 왔다 갔다 하여 위태로워, 재화를 잃을 것을 두려워하나, 잃는 것은 없고 사고는 있다.

점을 쳐 이 효를 얻은 사람은 지금 '우레가 울려 위태로워도 잃는 것은 없고 사고는 있는' 상황이다. 위험에 직면하여 해를 당할 듯 위태로움에 처하나, 아무런 피해를 입지 않으리라. 점에 묻고자 하는 일은 잃은 것은 없고 사고는 있으리라.

꼭대기 음효. 우레가 격렬하게 울려 두려워하여 둘러보니, 정벌하면 흉하리라. 우레는 그 몸에 미치지 않고 그 이웃에 미치니, 허물이 없으리라. 혼인을 하면 잘못이 있으리라.

上六. 震索索, 視矍矍, 征凶. 震不于其躬, 于其鄰, 无咎. 婚媾有言.

'삭삭索索'은 속속速速을 빌려 쓴 것이며, 빠르다는 뜻의 질疾이다. '진삭삭震索索'은 우레 소리가 격렬하게 울리는 것을 말한다. '확확矍

矍'은 두려워하며 사방을 둘러보는 모습이다. '궁躬'은 신身이며, 자신을 가리킨다. '혼구婚媾'는 혼인婚姻과 같다. '언䇂'은 건愆자를 빌려 쓴 것이며, 잘못, 과실이라는 뜻이다.

우레 소리를 두려워하여 공포심을 갖고 사방을 둘러보니, 길을 걸어가면 위험하다. 우레는 다행히 자신의 몸에 떨어지지 않고 이웃에 떨어지니 자신에게는 아무런 문제가 없다. 우레가 격렬하게 울리는 때에 혼인을 하면 잘못이다.

점을 쳐 이 효를 얻은 사람은 지금 '우레가 그 몸에 미치지 않고 그 이웃에 미치는' 상황이다. 어려운 상황을 만나 나서지 말라. 화는 내 몸을 비켜 다른 사람에게 미칠 것이나, 몸을 도사려야 하리라. 점에 묻고자 하는 일은 허물이 없으리라.

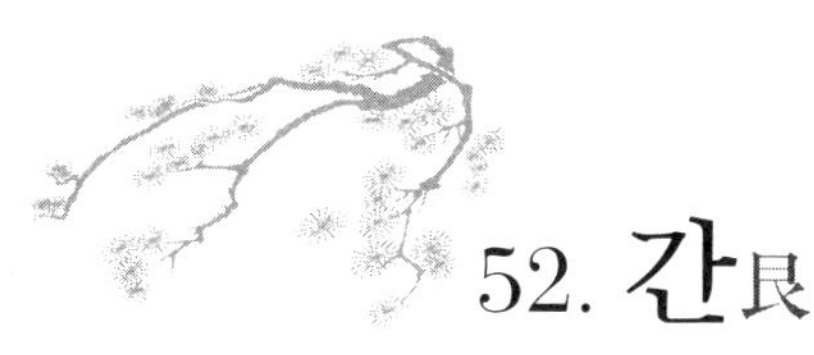

52. 간艮

간. 등을 살피다가 그 몸을 보호하지 못하고, 뜰을 거닐어도 그 사람을 보지 못하나, 허물이 없으리라.

艮其背, 不獲其身. 行其庭, 不見其人. 无咎.

간괘는 윗괘도 간이고 아랫괘도 간이다. 간은 산이다. 간괘의 괘상은 산이 겹쳐 있는 것이다. 간은 산이라는 뜻이다.

괘사에서, '간艮'은 살피다, 주의하다라는 뜻이다. '획獲'은 보호하다라는 뜻의 호護로 읽는다. '등을 살피다가 몸을 보호하지 못한다'는 것은 부분만을 살피다가 전체는 보호하지 못한다는 말이다. '뜰을 거닐어도 그 사람을 보지 못한다'는 것 역시 부분만을 보고 전체를 살피지 못한다는 말이다. 부분만을 보고 전체를 살피지 못하는 것은 큰 흠이 아니다.

점을 쳐 이 괘를 얻은 사람은 이 괘상과 괘명을 보고 지금은 적극적으로 나설 때가 아니라 산처럼 무겁게 지조를 지켜 시기를 기다려야 하리라. 산이 겹쳐 있으니, 두 개의 산은 요지부동하여 매우 중후하다. 욕망에 마음이 흔들리지 말고, 경솔하게 움직이지 말라. 지금은 산과 같이 부동의 굳은 신념을 가지고 조용히 자신을 지켜야 할 때이다. 산처럼 굳세게 멈추지 않고 노력한다면 반드시 크게 이룰 수 있으리라.

처음 음효. 발을 살피니, 허물이 없으리라. 오랜 기간의 점은 이로울 것이니라.

初六. 艮其趾, 无咎. 利永貞.

'지趾'는 발(足)이다. '영정永貞'은 영점永占과 같으며, 점에 오랜 기간의 일을 묻는 것이다.

발을 주의하여 보살피면 당연히 건강에 문제가 없으며, 오랫동안 이롭다.

점을 쳐 이 효를 얻은 사람은 지금 '발을 살피는' 상황이다. 추진하고자 하는 일의 기초부터 다시 잘 살펴야 하리라. 점에 묻고자 하는 일은 오랫동안 이로울 것이니라.

둘째 음효. 장딴지를 살피니, 살이 더 찌지 않아 마음이 불쾌하리라.

六二. 艮其腓, 不拯其隨, 其心不快.

'비腓'는 장딴지이다. '증拯'은 증增자를 빌려 쓴 것이며, 더하다는 뜻의 가加이다. '수隨'는 타隋자를 빌려 쓴 것이며, 살(肉)이다.

장딴지를 보살피는데, 장딴지에 살이 없어 병든 것 같아 마음이 편치 않다.

점을 쳐 이 효를 얻은 사람은 지금 '장딴지에 살이 찌지 않아 마음이 불쾌한' 상황이다. 생각대로 되지 않아 기분이 상하리라. 억지로 하려 하면 일은 더욱 잘 풀리지 않고 문제는 더욱 커질 것이니, 결국 감당할 수 없게 되리라.

셋째 양효. 허리를 살피니, 옆구리 살이 말라, 위태롭고 마음이 혼란하리라.

九三. 艮其限, 列其夤, 厲, 薰心.

'한限'은 허리(腰)이다. '열列'은 열裂로 읽으며, 분해하는 것이다. '인夤'은 인臏과 같으며, 옆구리 살이다. '열기인列其夤'은 옆구리 살이 말라 없다는 뜻이다. '훈薰'은 혼惛자를 빌려 쓴 것이며, '훈심薰心'은 마음이 어지럽다는 뜻이다.

허리를 보살피는데, 옆구리 살이 없어 병든 것 같아 마음이 어지럽다.

점을 쳐 이 효를 얻은 사람은 지금 '옆구리 살이 말라 마음이 혼란한' 상황이다. 원하지 않는 바를 얻게 되어 장차 상심하게 될 것이니, 점에 묻고자 하는 일은 위태롭고 혼란하리라.

넷째 음효. 가슴과 배를 살피니, 허물이 없으리라.
六四. 艮其身, 无咎.

'신身'은 가슴과 배 부분을 가리킨다.

가슴과 배 부분을 보살피니 건강에 아무런 문제가 없다.

점을 쳐 이 효를 얻은 사람은 지금 '가슴과 배를 살피는' 상황이다. 주의 깊게 살피고 신중히 추진할 것이니, 점에 묻고자 하는 일은 허물이 없으리라.

다섯째 음효. 얼굴을 살피니, 말에 조리가 있어 뉘우침이 없어지리라.
六五. 艮其輔, 言有序, 悔亡.

'보輔'는 뺨이라는 뜻의 보䩉자를 빌려 쓴 것이며, 얼굴 부분을 가리킨다. '언유서言有序'는 말을 조리 있게 한다는 것이다. 얼굴을 보살피는데, 입을 주의하여 조리 있게 말을 하니, 아무런 문제가 없다.

점을 쳐 이 효를 얻은 사람은 지금 '얼굴을 살피니, 말에 조리가 있는' 상황이다. 앞뒤 경황을 잘 살펴 말을 조리 있게 하라. 허물이 없을 것이다. 점에 묻고자 하는 일은 뉘우침이 없어지리라.

꼭대기 양효. 머리를 살피니, 길하리라.
上九. 敦艮, 吉.

'돈敦'은 단耑자를 빌려 쓴 것이며, 이마라는 뜻의 액額, 머리라는 뜻
의 두頭이다. '돈간敦艮'은 '간기두艮其頭'이다.

머리를 보살피니, 길하다.

점을 쳐 이 효를 얻은 사람은 지금 '머리를 살피는' 상황이다. 생각이
미치지 않는 바가 없도록 세심히 살펴야 할 것이니, 점에 묻고자 하는
일은 길하리라.

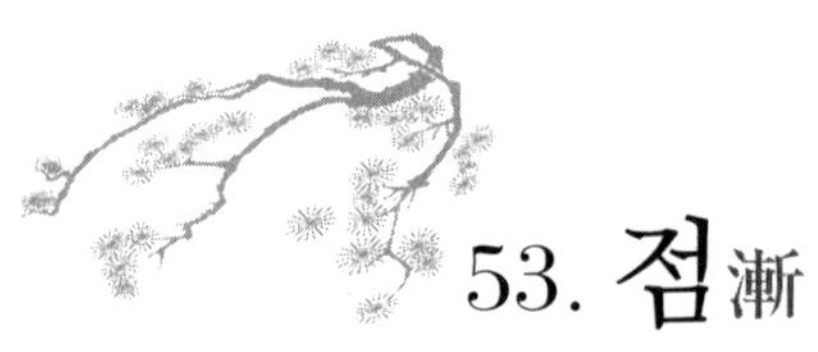

53. 점漸

점. 여자가 시집을 가면 길하리니, 이롭다는 점이다.

漸. 女歸吉, 利貞.

점괘는 윗괘가 손이고 아랫괘가 간이다. 손은 바람이며 또 나무이고 간은 산이다. 점괘의 괘상은 산 위에 나무가 있는 것이다. 산 위의 나무는 점점 자라 위로 올라간다. 점은 나아가다라는 뜻이다.

괘사에서, '귀歸'는 여자가 시집을 가는 것이다. 여자가 시집을 가면 길하리니, 점에 묻고자 하는 일은 이롭다.

점을 쳐 이 괘를 얻은 사람은 이 괘상과 괘명을 보고 지금은 현실에 안주하지 말고 순서를 밟아 앞으로 나아갈 때임을 알아야 하리라. 산 위에 나무가 점차 자라나고 있으니, 순서대로 진행하면 뜻대로 성취할 수 있을 때이다. 설령 바로 눈앞에 큰 이익이 있다 해도 무작정 덤비지 말고 순서에 따라 일을 추진하는 것이 좋으리라. 여자가 자라서 인생의 나아가는 순서대로 시집을 가면 길하리니, 점에 묻고자 하는 일은 이로울 것이니라.

처음 음효. 기러기가 물가로 날아간다. 어린아이가 물가로 가면 위험하니, 꾸짖어 가지 못하게 하면 허물이 없으리라.
初六. 鴻漸于干. 小子厲, 有言, 无咎.

'홍鴻'은 기러기(雁)이다. '점漸'은 나아가다라는 뜻의 진進이다. '간干'은 안岸자를 빌려 쓴 것이며, 물가, 기슭이라는 뜻이다. '소자小子'는 어린아이이다. '언言'은 꾸지람(譴責)이다. 효사에서 '기러기가 어디어디로 날아간다(鴻漸于**)'는 것은 모두 흥을 돋우기 위한 것이고, 주 내용은 그 다음에 이어지는 문장이다.

어린아이가 물가로 가면 위험하므로 이를 꾸짖어 가지 못하게 하면 아무 일 없다. 점을 쳐 이 효를 얻은 사람은 지금 '어린아이가 물가로 가는 위험한' 상황이다. 한 발짝 잘못 내디디면 자신도 가정도 결단날 것이니, 자신을 질책하며 신중해야 하리라. 점에 묻고자 하는 일은 위태로우나 허물이 없으리라.

둘째 음효. 기러기가 물가 흙더미로 날아간다. 마시고 먹으며 즐거워하니, 길하리라.
六二. 鴻漸于磐. 飮食衎衎, 吉.

'반磐'은 '반般'이며, 물가의 흙더미를 말한다. '간간衎衎'은 즐거워하는 모양이다.

시집간 여자가 가족들과 함께 마시고 먹으며 행복한 가정생활을 하고 있으니, 길하다.

점을 쳐 이 효를 얻은 사람은 지금 '마시며 먹으며 즐거워하는' 상황이다. 의식이 풍족하여 행복할 것이니, 현실에 만족하리라. 점에 묻고자 하는 일은 길하리라.

셋째 양효. 기러기가 높은 평지로 날아간다. 남편이 출정하여 돌아오지 않고, 부인은 임신하였으나 유산하였으니, 흉하리라. 도적을 막으면 이로울 것이니라.

九三. 鴻漸于陸. 夫征不復, 婦孕不育, 凶. 利禦寇.

'육陸'은 높은 평지이다. '복復'은 돌아오다라는 뜻의 반返이다. '잉孕'은 아이를 배다라는 뜻이다. '육育'은 아이를 낳는 것이고, '불육不育'은 유산을 말한다.

시집간 여자가 행복한 생활을 하고 있는데 적이 침략하였다. 남편은 출정하였으나 돌아오지 않고, 여자는 아이를 가졌으나 유산하였는데, 이것은 모두 침략한 도적 때문이니, 도적을 막으면 이롭다.

점을 쳐 이 효를 얻은 사람은 지금 '남편은 출정하여 돌아오지 않고, 부인은 유산한' 상황이다. 일이 모두 어긋나 잘 풀리지 않을 것이니, 점에 묻고자 하는 일이 흉하리라.

넷째 음효. 기러기가 나무로 날아간다. 어떤 사람이 서까래를 얻었으
니, 허물이 없으리라.

六四. 鴻漸于木. 或得其桷, 无咎.

'혹或'은 시집간 여자를 가리킨다. '각桷'은 서까래라는 뜻의 연椽이다.

시집간 여자가 새집을 짓기 위해 서까래를 준비하였으니, 새집을 짓
는 데 아무런 문제가 없다.

점을 쳐 이 효를 얻은 사람은 지금 '서까래를 얻은' 상황이다. 귀한
것을 얻어 새로운 일을 시작하리니, 점에 묻고자 하는 일은 허물이 없
으리라.

다섯째 양효. 기러기가 산릉으로 날아간다. 부인이 삼 년 동안 아이를
갖지 못하다가, 마침내 아이를 가졌으니, 길하리라.

九五. 鴻漸于陵. 婦三歲不孕, 終莫之勝, 吉.

'릉陵'은 언덕, 고개의 영嶺의 뜻이다. '육陸'보다 높다. '막지승莫之勝'
의 '지之'는 '불잉不孕'을 가리킨다. 아이를 가졌다는 뜻이다.

부인이 삼 년 동안 아이를 갖지 못하였는데, 지금 다시 아이를 가진
것은 출정한 남편이 돌아왔기 때문이니, 당연히 길하다.

점을 쳐 이 효를 얻은 사람은 지금 '부인이 다시 아이를 가진' 상황
이다. 장차 경사는 겹치고 행복할 것이니, 점에 묻고자 하는 일은 길하
리라.

꼭대기 양효. 기러기가 큰 산으로 날아간다. 그 깃털을 춤추는 도구로
할 수 있으니, 길하리라.

上九. 鴻漸于陸. 其羽可用爲儀, 吉.

'육陸'은 아阿이며, 큰 산이다. '의儀'는 새의 깃으로 엮어 만든 춤출
때 사용하는 도구이다.

기러기의 깃털을 춤추는 도구로 사용하니, 시집간 여자가 다시 행복
한 가정생활을 영위할 수 있게 되었다.

점을 쳐 이 효를 얻은 사람은 지금 '기러기의 깃털을 춤추는 도구로
사용하는' 상황이다. 행복한 생활을 영위할 것이니, 점에 묻고자 하는
일은 길하리라.

54. 귀매歸妹

귀매괘는 윗괘가 진이고 아랫괘가 태이다. 진은 우레이고 태는 못이다. 귀매괘의 괘상은 못 위에 우레가 있는 것이다. 천기가 따뜻할 때 우레는 못 위로 나온다. 우레가 못 위로 나오니, 봄에 남녀가 결혼할 때이다. 귀매는 여자가 시집을 간다는 뜻이다.

괘사에서, '유攸'는 곳이라는 뜻의 소所이다. 은나라의 왕 제을이 딸을 문왕에게 시집을 보냈는데, 결과는 좋지 않았다.

점을 쳐 이 괘를 얻은 사람은 이 괘상과 괘명을 보고 지금은 한순간의 감정이 돌이킬 수 없는 후회를 낳는다는 사실을 깨닫고, 순간적인 감정에 사로잡혀 앞길을 망치는 어리석음을 범하지 않도록 노력해야 하리라. 못 위에 우레가 있으니, 따뜻한 봄이라 남녀가 결혼하기에 좋은 때이다. 결혼은 일시적인 감정에 치우쳐 이루어져서는 안 되는 것이니, 일시적인 감정으로 성사된 결혼은 원만한 생활을 지탱해 나가기가 어렵다. 순간적인 감정에 사로잡혀 급히 일을 성사시키면 흉하리니, 한 걸음 늦게 따라가는 것이 대사를 그르치지 않고 좋은 결과를 얻게 하리라.

처음 양효. 여자가 시집을 가면서 여동생과 함께 간다. 절름발이가 걸을 수 있으니, 정벌하면 길하리라.

初九. 歸妹以娣, 跛能履, 征吉.

'귀歸'는 시집가다라는 뜻의 가嫁이다. '매妹'는 소녀를 칭하는 것이다. '이以'는 급及과 같다. '제娣'는 여동생이다. '파跛'는 절름발이이다. '이履'는 밟다라는 뜻의 천踐이다. '귀매이제歸妹以娣'는 여자가 시집을 가면서 여동생과 함께 간다는 것, 즉 제을이 딸을 시집보내면서 그 여동생을 함께 보낸다는 말이다.

당시 귀족들은 딸을 시집보내면서 흔히 그 여동생을 함께 보냈는데, 함께 딸려간 사람을 '잉媵'이라 하였다. 절름발이가 걸을 수 있다는 것은 시집 안 간 사람이 시집간다는 것, 즉 여자가 시집가는 것에 비유한 말이다. 정벌하면 길하다는 것은 시집가면 길하다는 말이다.

점을 쳐 이 효를 얻은 사람은 지금 '여자가 시집을 가면서 그 여동생과 함께 가는' 상황이다. 장차 길한 일들이 연이어 일어날 것이니, 추구하면 이룰 수 있으리라. 점에 묻고자 하는 일은 길하리라.

둘째 양효. 눈먼 사람이 볼 수 있으니, 갇힌 사람의 점은 이로울 것이
니라.

九二. 眇能視, 利幽人之貞.

'묘眇'는 눈이 멀다는 뜻의 맹盲이다. '유幽'는 갇히다라는 뜻의 수囚
이다. '유인幽人'은 곧 집안에 갇혀 지내는 여자를 말한다.

눈먼 사람은 여자가 시집가는 것에 비유한 말이다. 갇힌 사람 역시
시집가는 여자를 가리킨다. 제을의 딸이 문왕에게 시집가면 이롭다는
말이다.

점을 쳐 이 효를 얻은 사람은 지금 '눈먼 사람이 볼 수 있고, 갇힌 사
람이 자유를 얻은' 상황이다. 절망에 한숨 쉬지 말라. 희망의 새날이 밝
아왔다. 절망에서 희망을 얻어 앞날이 양양하리니, 점에 묻고자 하는
일은 이로울 것이니라.

셋째 음효. 여자가 시집을 가면서 여동생과 함께 갔다가, 여동생과 함
께 친정으로 쫓겨 오리라.

六三. 歸妹以須, 反歸以娣.

'수須'는 수嬃자를 빌려 쓴 것이며, 여동생을 가리킨다. '반귀反歸'는
시집에서 쫓겨나 친정으로 되돌아오는 것을 말한다.

제을이 딸을 시집보내면서 여동생을 함께 보냈는데, 무슨 연고가 있
어 그 여동생과 함께 친정으로 쫓겨났다.

점을 쳐 이 효를 얻은 사람은 지금 '시집간 여자가 여동생과 함께 친
정으로 쫓겨오는' 상황이다. 장차 좋지 않은 모습을 보게 될 것이니, 점
에 묻고자 하는 일은 어려울 것이니라.

넷째 양효. 여자가 시집으로 돌아가는 것을 늦추는데, 늦게 시집으로
돌아가는 것은 기다리는 것이 있기 때문이다.
九四. 歸妹愆期, 遲歸有時.

'건愆'은 지나치다라는 뜻의 과過이다. '건기愆期'는 연기延期와 같다.
'시時'는 기다리다라는 뜻의 대待자를 빌려 쓴 것이다.
제을이 시집보낸 딸이 그 여동생과 함께 친정으로 쫓겨 와 다시 시
집으로 돌아가는 날을 연기하는데, 기다리는 바가 있기 때문이다.
점을 쳐 이 효를 얻은 사람은 지금 '여자가 시집으로 돌아가는 것을
늦추는' 상황이다. 기다리는 바가 있으나 이루어지지 않을 것이니, 천
시天時를 기다려도 오지 않는 것은 인력으로 어찌할 수 없으리라.

다섯째 음효. 제을이 딸을 시집보내는데, 부인의 용모가 그 여동생보
다 아름답지 못하다. 보름이 지나 시집으로 가면 길하리라.
六五. 帝乙歸妹, 其君之袂不如其娣之袂良. 月幾望, 吉.

'군君'은 왕의 부인 혹은 제후의 부인을 칭하는 말이다. '메袂'는 용모
라는 뜻의 모貌와 같다. '양良'은 아름답다는 뜻의 미美이다. '기幾'는 기

既로 읽는다. 매달 16일에서 22, 23일까지를 기망既望이라 한다.

제을이 딸을 문왕에게 시집을 보내면서 그 여동생을 함께 보냈는데, 부인의 용모가 여동생의 용모보다 아름답지 못하였다. 시집으로 보내는 일은 보름이 지난 후면 길하다.

점을 쳐 이 효를 얻은 사람은 지금 '시집가는 부인의 용모가 그 여동생보다 아름답지 못한' 상황이다. 눈의 초점을 잘 맞춰보아야 할 것이니, 주체보다 객체가 더 좋은 것은 어찌할 수 없으리라. 일은 때에 맞게 추진하는 것이 좋을 것이니, 점에 묻고자 하는 일은 길하리라.

꼭대기 음효. 여자가 대바구니를 들었으나 과일이 없고, 남자가 양을 칼로 찔렀으나 피가 없으니, 이로울 것 없으리라.
上六. 女承筐无實, 士刲羊无血, 无攸利.

'승承'은 받들다라는 뜻의 봉捧이다. '사士'는 아직 장가들지 않은 남자를 가리킨다. '규刲'는 찌르다라는 뜻의 자刺이다.

옛날 귀족들은 혼인할 때 종묘에 제물을 바치는 예를 행하였는데, 여자는 과일이 든 대바구니를 받들고 과일을 바쳤고, 남자는 칼로 양을 찔러 그 피를 바쳤다. 지금 여자가 대바구니를 들었으나 그 속에는 과일이 없고, 남자는 양을 찔렀으나 피가 나지 않으니, 이것은 모두 상서롭지 않은 징조이므로 이로울 것 없다. 제을이 문왕에게 딸을 시집보냈지만 결과는 좋지 않았다는 말이다.

점을 쳐 이 효를 얻은 사람은 지금 '여자가 대바구니를 들었으나 과일이 없고, 남자가 양을 칼로 찔렀으나 피가 없는' 상황이다. 추구해도

응하는 것이 없으니, 일은 무참하게 깨어지리라. 점에 묻고자 하는 일은 이로울 것이 없으리라.

55. 풍豐

풍. 제사를 거행하려고 왕이 왔으니 근심하지 말라. 마땅히 해가 중천에 있을 때 제사를 거행하리라.
豐. 亨, 王假之, 勿憂, 宜日中.

풍괘는 윗괘가 진이고 아랫괘가 리이다. 진은 우레이고 리는 불이며 번개이다. 풍괘의 괘상은 우레와 번개가 함께 일어나는 것이다. 우레와 번개는 하늘 위에서 크게 행하는 것이다. 풍은 크다는 뜻이다.

괘사에서, '형亨'은 제사를 지내다라는 뜻의 향享이다. '가假'는 이르다는 뜻의 지至이다. '물우勿憂'는 근심할 필요가 없다는 말이다. '일중日中'은 해가 하늘 한가운데 있다는 것, 즉 정오 때이다. 나라에 변고가 발생하여 왕이 친히 와서 제사를 거행하니 근심하지 말라. 왕은 마땅히 해가 중천에 있을 때 제사를 거행한다.

점을 쳐 이 괘를 얻은 사람은 이 괘상과 괘명을 보고 지금은 모든 것이 무르익어 풍족한 상태이나 계속되지 않을 것이니, 다음에 일어날 사태를 내다보고 미리 준비해야 하리라. 우레와 번개가 함께 일어나고 있으니, 지금은 운이 매우 왕성할 때이다. 그러나 언젠가는 우레와 번개가 멈추고 내리막길을 걸어야 할 때가 올 것이니, 한낮의 태양은 마침내 기울고 달도 차면 반드시 기우는 것이 천지 자연의 이치이다. 지금 왕성한 운세는 극에 이르러 이미 쇠퇴하기 시작하고 있다. 오곡이 무르익는 가을이 왔을 때 겨울이 곧 올 것을 내다보고 준비하는 것이 좋을 것이니라.

처음 양효. 여주인을 만나니, 다만 십 일 안에는 허물이 없으며, 가면 상을 얻으리라.
初九. 遇其配主, 雖旬无咎, 往有尙.

'배配'는 비妃로 읽으며, 처妻와 같다. '배주配主'는 여주인을 말한다. 『백서주역』에는 '수雖'를 유唯로 하였다. '순旬'은 십 일 동안을 가리킨다. '상尙'은 상賞자를 빌려 쓴 것이다.

주나라 사신이 은나라로 사행使行하는 도중에 기숙할 곳의 여주인을 만났으니, 십 일 동안 숙식은 걱정할 필요가 없게 되었으며, 은나라에 가면 상이 있다.

점을 쳐 이 효를 얻은 사람은 지금 '사신이 사행 도중 기숙할 곳의 여주인을 만난' 상황이다. 집밖을 나서면 좋은 일을 만나게 되리라. 십 일 동안 운이 열려 있으니, 무엇이든 실행한다면 결과가 좋을 것이니

라. 오늘은 재수 좋은 날이다. 점에 묻고자 하는 일은 상을 얻으리라.

둘째 음효. 큰 막을 쳐놓고, 한낮에 북두성을 본다. 가다가 괴병을 얻
으니, 얻은 것은 떼어내면 길하리라.
六二. 豐其蔀, 日中見斗. 往得疑疾, 有孚發若, 吉.

'풍豐'은 크다는 뜻의 대大이다. '부蔀'는 막, 차양이라는 뜻의 붕棚이
다. 나무를 받치고 그 위를 막으로 덮어 해를 가리는 것이다. '두斗'는
북두성이다. '의질疑疾'은 의심스러운 병, 즉 괴병怪病이며, 사신이 얻
은 실성한 병, 정신이 어지러운 병이다. '부孚'는 사신이 얻은 것, 즉
'의질'을 가리키며, '발發'은 떼어내다라는 뜻의 발撥, 폐기하다라는 뜻
의 폐廢로 읽는다.

사신이 사행 도중에 나무를 받치고 그 위를 큰 막으로 덮어 해를 가
린 후 한낮에 북두성을 보는 정신이 어지러운 병을 얻었다. 사신이 얻
은 이러한 실성한 병을 떼어내 없애버리면 길하다.

점을 쳐 이 효를 얻은 사람은 지금 '사신이 큰 막을 쳐놓고 한낮에
북두성을 보는' 상황이다. 마음의 막을 쳐두고, 도리에 맞지 않는 일을
자행하고 있으니, 이 병을 어찌할 것인가! 장차 다치게 되리라.

셋째 양효. 큰 막을 쳐놓고, 한낮에 작은 별을 본다. 오른팔을 부러뜨
리나, 허물이 없으리라.
九三. 豐其沛, 日中見沫. 折其右肱, 无咎.

'패沛'는 기旗라는 뜻의 패旆로 읽어야 하며, 장막을 가리킨다. '매沫'는 매昧로 읽으며, 작은 별이다. '굉肱'은 팔(臂)이다.

사신이 사행 도중에 실성한 병을 얻어, 큰 막을 쳐놓고 한낮에 작은 별을 보다가 오른팔을 부러뜨렸으나 사행을 하는 데 큰 문제는 없다.

점을 쳐 이 효를 얻은 사람은 지금 '사신이 큰 막을 쳐놓고 한낮에 작은 별을 보다가 오른팔을 부러뜨리는' 상황이다. 마음에 막을 쳐 외부와 단절하고, 도리에 맞지 않는 일을 자행하고 있으니 어찌 몸을 상하지 않겠는가! 그러나 크게 근심할 것은 아니니, 점에 묻고자 하는 일은 허물이 없으리라.

넷째 양효. 큰 막을 쳐놓고, 한낮에 북두성을 본다. 항상 기숙했던 주인을 만나니, 길하리라.
九四. 豐其蔀, 日中見斗. 遇其夷主, 吉.

'두斗'는 북두성이다. '이夷'는 항상이라는 뜻의 상常이다.

사신이 사행 도중에 나무를 받치고 그 위를 큰 막으로 덮어 해를 가린 후 한낮에 북두성을 보는 실성한 병을 얻었는데, 은나라에 사신으로 갈 때마다 항상 기숙했던 곳의 주인을 만나니, 실성한 병을 고칠 수 있어 길하다.

점을 쳐 이 효를 얻은 사람은 지금 '사신이 항상 기숙했던 주인을 만나 실성한 병을 고치는' 상황이다. 허황한 꿈을 꾸며 도리에 맞지 않은 일을 자행하다가, 도움을 주는 사람을 만나 마침내 자신의 자리로 돌아가게 될 것이니, 점에 묻고자 하는 일은 길하리라.

다섯째 음효. 상商나라에 오니, 상도 있고 명예도 있어, 길하리라.

六五. 來章, 有慶譽, 吉.

'장章'은 은상殷商의 상商으로 읽어야 한다. '경慶'은 상賞이다. '예譽'
는 명예이다.

사신은 드디어 은나라에 도착하여 자신의 임무를 완수하니, 상도 얻
고 명예도 얻어 좋게 되었다.

점을 쳐 이 효를 얻은 사람은 지금 '상도 있고 명예도 있는' 상황이
다. 정신적 결함을 안고 목표한 일은 성취할 것이니, 주위의 칭찬이 자
자하리라. 점에 묻고자 하는 일은 길하리라.

꼭대기 음효. 집이 크고 막을 쳐 집안을 가렸으니, 집안을 들여다보아
도 사람이 없어 텅 비어 고요하다. 삼 년이 지나도 사람을 볼 수 없으
니, 흉하리라.

上六. 豐其屋, 蔀其家, 闚其戶, 闃其无人, 三歲不覿, 凶.

'부蔀'는 동사로 사용되었으며, 막을 치는 것이다. '규闚'는 규窺와 같
으며, 보다는 뜻의 간看이다. '격闃'은 텅 비어 고요한 것(空靜)이다. '적
覿'은 보다는 견見의 뜻이다.

주나라 사신은 은나라에서 자신의 임무를 완수한 후 주나라로 돌아
오는 도중에 실성한 병이 재발하여 자신의 집으로 돌아오지 못하였다.
사신의 가족들은 모두 집을 떠나 뿔뿔이 흩어져 사신을 찾아 나섰는

데, 사신의 집은 오랫동안 무주공산이 되었다가 결국 폐가가 되었다.

점을 쳐 이 효를 얻은 사람은 지금 '사신의 집을 막으로 가리고, 텅 비어 오랫동안 사람을 볼 수 없는' 상황이다. 많은 재물은 흔적 없이 사라지고, 집안 사람들은 뿔뿔이 흩어지며, 집은 폐가가 되어 수년을 방치되리니, 점에 묻고자 하는 일은 흉하리라. 움직이면 패가망신하니 몸을 도사리며 때를 기다리는 것이 좋으리라.

56. 여旅

여. 조금 형통하리니, 나그네의 점은 길하리라.

旅. 小亨. 旅貞吉.

여괘는 윗괘가 리이고 아랫괘가 간이다. 리는 불이고 간은 산이다. 여괘의 괘상은 산 위에 불이 있는 것이다. 산 위의 불은 항상 오래 머물러 있지 않는다. 이것은 나그네가 한 곳에 머물러 있지 않는 것과 같다. 여는 나그네라는 뜻이다.

괘사에서, '여旅'는 나그네라는 뜻이다. '나그네(旅)'는 곧 은의 선왕 왕해를 가리킨다. 조금 형통하고 나그네의 점이 길한 것은 곧 나그네가 된 왕해의 앞길이 그렇다는 말이다.

점을 쳐 이 괘를 얻은 사람은 이 괘상과 괘명을 보고 지금은 집을 떠나 떠도는 나그네처럼, 무엇인지 모르게 쓸쓸하고 불안하고 고생스런 일이 있을 때임을 알아야 하리라. 산 위에 불이 타오르고 있으니, 불이 바람을 타고 이곳저곳으로 옮겨 붙으며 그치지 않고 타오르듯, 나그네가 이곳저곳으로 떠돌아다니며 고달픈 긴 여로가 끝이 없는 모습이다. 나그네가 낯선 곳에서 불안해하며 마음을 안정시키지 못하고 있으니, 지금은 적극적으로 나서지 말고 수동적인 자세로 때와 장소에 따라 알맞게 처신해야 하리라.

처음 음효. 나그네가 의심이 많아 있던 곳을 떠나니, 재앙을 불러들일 것이니라.

初六. 旅瑣瑣, 斯其所, 取災.

'나그네'는 곧 왕해이다. '쇄瑣'는 의심하다라는 뜻의 쇄鎖자를 빌려 쓴 것이다. '쇄쇄鎖鎖'는 의심이 많다는 것이다. '사斯'는 떠나다라는 뜻의 리離이다. '소所'는 있던 곳을 가리킨다.

왕해가 의심이 많아 있던 곳을 떠나니, 결과는 재앙을 불러들인다.

점을 쳐 이 효를 얻은 사람은 지금 '나그네가 의심이 많아 있던 곳을 떠나는' 상황이다. 의심하지 말라. 떠나지 말라. 장차 재앙을 불러들일 것이니라.

둘째 음효. 나그네가 객사에 들어, 품속에 재화를 간직하고, 사내종을 얻었으니, 점은 길하리라.

六二. 旅卽次, 懷其資(斧), 得童僕, 貞(吉).

400

'즉卽'은 나아가다라는 뜻의 취就이다. '차次'는 객사이다. '회懷'는 품속에 간직하는 것이다. '자資'자 뒤에 '부斧'자가 있어야 한다. '자資'는 재화이고 '부斧'는 도끼 모양(斧形)의 동으로 만든 화폐이다. '자부資斧'는 화폐를 말한다. '동복童僕'은 사내종이다. '정貞'자 뒤에 당연히 길吉자가 있어야 한다.

왕해가 있던 곳을 떠나 유역有易의 나그네가 되어 객사에 들었는데, 품속에 재화를 간직하고 또 사내종을 얻었으니, 길하다.

점을 쳐 이 효를 얻은 사람은 지금 '나그네가 객사에 들어, 품속에 재화를 간직하고, 사내종을 얻은' 상황이다. 장차 좋은 일들을 연이어 만날 것이니, 점에 묻고자 하는 일은 길하리라.

셋째 양효. 나그네가 객사를 불태우고, 사내종을 잃었으니, 점은 위태로울 것이니라.
九三. 旅焚其次, 喪其童僕, 貞厲.

'차次'는 객사이다. '상喪'은 잃다라는 뜻의 실失이다. '동복童僕'은 사내종이다.

왕해가 머물고 있는 객사가 불에 타고 또 그 사내종을 잃었으니 일이 매우 위태롭게 되었다. 누군가가 암암리에 왕해를 노리고 있는 것이다.

점을 쳐 이 효를 얻은 사람은 지금 '나그네가 객사를 불태우고 사내종을 잃는' 상황이다. 장차 좋지 않은 일들을 연이어 만날 것이니, 점에 묻고자 하는 일은 위태로울 것이니라.

넷째 양효. 나그네가 머무를 곳을 얻고, 재화도 얻었으나, 내 마음이
불쾌하리라.
九四. 旅于處, 得其資斧, 我心不快.

'처處'는 거주하는 곳을 말한다. '자부資斧'는 화폐이다.

왕해가 다시 객사를 얻어 거주할 곳이 있게 되었고, 재화도 다시 되
찾게 되었지만, 누군가가 암암리에 자신을 해치려 하고 있음을 알기
때문에 그 마음은 불쾌하다.

점을 쳐 이 효를 얻은 사람은 지금 '나그네가 다시 머무를 곳과 재화
를 얻은' 상황이다. 당면한 문제는 해결될 것이나, 장차 걷잡을 수 없는
불행이 닥쳐오리니, 마음은 불쾌하리라.

다섯째 음효. 꿩을 쏘아 화살 하나로 잡으니, 마침내 명예와 이름을
얻으리라.
六五. 射雉, 一矢亡, 終以譽命.

'치雉'는 꿩이다. '망亡'은 죽다는 뜻의 사死이다. '예譽'는 명예이다.
'명命'은 명名으로 읽으며, 이름이 났다는 뜻이다.

왕해가 활로 꿩을 쏘았는데, 한 개의 화살로 단번에 명중시켜 꿩을
잡으니, 마침내 활을 잘 쏜다는 명예를 얻고 이름도 얻게 되었다.

점을 쳐 이 효를 얻은 사람은 지금 '나그네가 화살 하나로 꿩을 잡아
명예와 이름을 얻는' 상황이다. 자신의 능력을 인정받아 칭찬을 듣고

이름을 얻을 것이니, 장차 명예와 재물을 동시에 얻으리라.

꼭대기 양효. 새가 그 둥지를 불태우고, 나그네가 먼저 웃다가 뒤에 울부짖는다. 역나라에서 소를 잃으니, 흉하리라.
上九. 鳥焚其巢, 旅人先笑後號咷, 喪牛于易, 凶.

'소巢'는 새의 둥지이다. '호도號咷'는 크게 울부짖는 것이다. '역易'은 유역有易이라는 나라 이름이다.

은의 선왕 왕해는 유역이라는 나라에 나그네가 되어 소와 양을 기르는 일에 종사하였는데, 방종하고 향락을 즐겨 유역의 임금인 면신綿臣이 그를 죽이고 소와 양을 강제로 빼앗았다. '새가 그 둥지를 불태운다'는 것은 면신이 왕해를 죽였을 때 그 집을 불태운 것을 말한다. '나그네가 먼저 웃다가 뒤에 울부짖는다'는 것은 왕해가 먼저 방종하여 즐거워하며 기뻐 웃다가 뒤에 죽임을 당해 울부짖는다는 말이다. '역나라에서 소를 잃었다'는 것은 유역에서 면신이 왕해가 기르던 소를 빼앗았다 말이다. 이것은 참으로 흉한 일이다.

점을 쳐 이 효를 얻은 사람은 지금 '나그네가 먼저 웃다가 뒤에 울부짖는' 상황이다. 불행은 혼자 오지 않으리라. 즐거워하며 웃다가 결국 울부짖게 될 것이니, 모든 것을 잃게 되리라. 점에 묻고자 하는 일은 흉하리라.

57. 손巽

손. 조금 형통하리니, 갈 곳이 있으면 이롭고, 대인을 만나보는 것이 이로울 것이니라.

巽. 小亨. 利有攸往. 利見大人.

손괘는 윗괘도 손이고 아랫괘도 손이다. 손은 바람이다. 손괘의 괘상은 바람과 바람이 서로 따라 부는 것이다. 손은 바람이라는 뜻이다.

괘사에서, '대인大人'은 벼슬자리에 있는 사람을 가리킨다. 점에 묻고자 하는 일은 조금 형통하리니, 갈 곳이 있으면 이롭고, 대인을 만나보는 것이 이로울 것이다.

점을 쳐 이 괘를 얻은 사람은 이 괘상과 괘명을 보고 지금은 바람이 가볍게 불어 식물의 씨가 멀리 날려가 번식하는 것처럼, 운세도 멀리 뻗어나갈 때임을 알아야 하리라. 바람과 바람이 서로 따라 불고 있으

니, 바람처럼 마음이 흔들려 결단을 망설이며 우유부단할 수 있는 때
이다. 이런 때에는 힘 있는 사람에게 바람처럼 순종하며 자신의 위치
를 확립하는 것이 좋으리라. 바람이 식물의 씨를 멀리 운반하듯, 물건
을 가지고 이곳저곳 드나들며 먼 곳까지 옮겨가는 무역 등과 같은 일
을 하면 큰 풍파 없이 이로울 것이니라. 결단을 내리지 못하고 망설일
때 대인의 도움을 받는다면 이로울 것이니라.

처음 음효. 군대를 진격하거나 퇴각하거나, 무인에게 이롭다는 점이다.
初六. 進退, 利武人之貞.

'진퇴進退'는 행군을 가리켜 말한 것이다.

무인의 성격이 우유부단하여 진격도 퇴각도 하지 못하고 망설이고
있는데, 점을 치니 두 가지 모두 이롭다는 징조를 얻었다. 그러나 무인
은 여전히 두 가지 중 하나를 선택하지 않았다.

점을 쳐 이 효를 얻은 사람은 지금 '무인이 군대를 진격하거나 퇴각
하거나 모두 이로운' 상황이다. 점에 묻고자 하는 일은 추진시키거나
물러서거나, 남보다 앞서 나아가거나 뒤떨어지거나, 성사시키거나 포
기하거나 모두 이로울 것이니라.

둘째 양효. 상 아래에 엎드려 있으니, 사무로 하여금 귀신을 쫓는다고
어수선하나, 길하여 허물이 없으리라.
九二. 巽在牀下, 用史巫紛若, 吉, 无咎.

'손巽'은 엎드리다라는 뜻의 복伏이다. '상牀'은 사람이 눕는 곳이다. '사무史巫'는 조정 안에서 귀신과 교역하는 일을 맡고 있는 정식 직관이며, 미신 활동에 종사하는 사람, 즉 무당이다. '분약紛若'은 어수선한 모양이다.

겁 많은 무인이 귀신을 보고 놀라 상 아래에 엎드려 있으니, 사무가 귀신을 쫓는 의식을 거행하고 있어 사방이 어수선하나, 결국 귀신을 쫓아 무인이 좋게 되었다.

점을 쳐 이 효를 얻은 사람은 지금 '무인이 귀신을 보고 놀라 상 아래에 엎드려 있는' 상황이다. 죄 짓지 말라. 자주 헛것을 보고 놀라 두려움에 떨게 될 것이니라. 점에 묻고자 하는 일은 길하여 허물이 없으리라.

셋째 양효. 미간을 찡그리며 엎드리니, 어려울 것이니라.
九三. 頻巽, 吝.

'빈頻'은 미간을 찡그리는 것이다. '손巽'은 엎드리다라는 뜻의 복伏이다.

무인이 여전히 귀신의 공포로부터 벗어나지 못하고 마음속으로 두려워하고 있으니, 어렵다.

점을 쳐 이 효를 얻은 사람은 지금 '무인이 미간을 찡그리며 엎드리는' 상황이다. 마음속으로 두려워하는 바가 있으니, 찡그린 미간을 바로 펴지 못하리라. 점에 묻고자 하는 일은 어려울 것이니라.

넷째 음효. 뉘우침이 없어지리니, 사냥을 하여 세 종류의 짐승을 잡으
리라.

六四. 悔亡. 田獲三品.

'전田'은 사냥하다라는 뜻의 엽獵이다. '품品'은 종류라는 뜻의 종種
이다. '삼품三品'은 세 종류의 짐승이라는 말이다.

겁 많은 무인이 사냥을 하여 세 종류의 짐승을 잡고 귀신의 공포로
부터 벗어날 수 있게 되었으니, 뉘우침이 없어지는 것이다.

점을 쳐 이 효를 얻은 사람은 지금 '무인이 사냥을 하여 세 종류의
짐승을 잡은' 상황이다. 추구하면 얻는 것이 여러 가지일 것이니, 점에
묻고자 하는 일은 뉘우침이 없어지리라.

다섯째 양효. 점은 길하여 뉘우침이 없어지리니, 이롭지 않음이 없으
리라. 처음은 없으나 마침은 있으리라. 경일의 삼 일 전과 경일의 삼
일 후가 길하리라.

九五. 貞吉, 悔亡, 无不利. 无初有終. 先庚三日, 後庚三日, 吉.

'정길貞吉'은 점길占吉과 같다. 좋은 결과를 '종終'이라고 한다. 경일
庚日의 삼 일 전은 정일丁日이고, 삼 일 후는 계일癸日이다.

무인의 출정이 길하여 뉘우침이 없어지니 이롭지 않음이 없다. 무인
의 출정은 시작할 때는 좋지 않으나 마침에는 좋은 결과가 있다. 정일
과 계일이 출정의 길일이다.

점을 쳐 이 효를 얻은 사람은 지금 '무인의 출정이 처음은 없으나 마침은 있는' 상황이다. 시작할 때는 어려우나 마침에는 좋은 결과가 있을 것이니, 길일에 추진하면 길하리라. 점에 묻고자 하는 일은 길하여 뉘우침이 없어지리니, 이롭지 않음이 없으리라.

꼭대기 양효. 상 아래에 엎드려 있다가 재화를 잃으니, 점은 흉하리라.
上九. 巽在牀下, 喪其資斧, 貞凶.

'자資'는 재화이다. '부斧'는 도끼 모양의 동으로 만든 화폐이다. '자부資斧'는 화폐를 말한다.

겁 많은 무인이 출정의 길일까지 받아놓고 귀신을 보고 놀라 상 아래에 엎드려 있다가, 몸에 무기 대신 지니고 있었던 재화를 잃어버렸다. 결국 출정하지 못해 흉하다.

점을 쳐 이 효를 얻은 사람은 지금 '무인이 상 아래에 엎드려 있다가 재화를 잃는' 상황이다. 자신의 신분에 걸맞지 않는 재물을 지니고, 그 능력으로 감당할 수 없는 일을 하고자 하니, 장차 물거품이 되리라. 점에 묻고자 하는 일은 흉하리라.

58. 태兌

태. 형통하리니, 이롭다는 점이다.

兌. 亨. 利貞.

태괘는 윗괘도 태이고 아랫괘도 태이다. 태는 못이다. 태괘의 괘상은 두 개의 못이 서로 이어 있는 것이다. 두 개의 못이 서로 이어 있으면 그 물은 교류하니 기뻐할 수 있는 일이다. 태는 기뻐하다라는 뜻이다.

괘사에서, '형亨'은 통하다라는 뜻의 통通이다. '이정利貞'은 이점利占과 같다. 주나라와 박剝나라와의 국교 관계가 원만하게 교류하여 기뻐하니 형통하리라. 점에 묻고자 하는 일은 이로울 것이다.

점을 쳐 이 괘를 얻은 사람은 이 괘상과 괘명을 보고 지금은 온화하고 성실하게 처신하여 자신도 기쁘고 남도 기쁘게 하는 일에 종사하면 좋으리라. 두 개의 못이 서로 이어 있으니, 못의 물이 서로 교류하듯 다른 사람들과 교류하되 항상 말조심해야 할 것이다. 태는 말하다라는 뜻도 있으므로 말과 관계되는 직업을 가지면 이로울 것이니라. 그러나 진실하지 않는 말, 행동이 따르지 않는 말, 경솔한 말, 함부로 내뱉는 말은 삼가야 할 것이니, 말 때문에 화를 당할 수 있기 때문이다.

처음 양효. 화목하게 지내는 것을 기뻐하니, 길하리라.
初九. 和兑, 吉.

'화和'는 화목하게 지내는 것을 말한다. '태兑'는 기뻐하다라는 뜻의 열悅이다.

주나라가 박나라와 전쟁을 하지 않고 화목하게 지내는 것을 기뻐하니, 길하다.

점을 쳐 이 효를 얻은 사람은 지금 '화목하게 지내는 것을 기뻐하는' 상황이다. 항상 부드러운 안색을 지니고 화목하게 지낼 것이니, 사람들은 따르게 되어 일은 성사되리라. 점에 묻고자 하는 일은 길하리라.

둘째 양효. 믿음직하게 말하는 것을 기뻐하니, 길하여 뉘우침이 없어지리라.
九二. 孚兑, 吉, 悔亡.

『백서주역』에는 '부孚'는 부誆로 하였다. '부誆'자는 언言과 孚의 성음으로 되어 있으니, 그 뜻은 당연히 말하는 것이 믿음직하다는 것이다.

박나라 사신이 주나라에 와서 믿음직하게 말을 하여 기뻐하니, 길하여 뉘우침이 없어진다.

점을 쳐 이 효를 얻은 사람은 지금 '믿음직하게 말하는 것을 기뻐하는' 상황이다. 항상 부드러운 안색을 지니고 진실하게 말할 것이니, 사람들이 믿고 따르게 되어 일은 성사되리라. 점에 묻고자 하는 일은 길하여 뉘우침이 없어지리라.

셋째 음효. 온 것을 기뻐하나, 흉하리라.

六三. 來兌, 凶.

'래來'는 박나라의 사신이 주나라에 온 것을 말한다.

박나라 사신이 주나라에 온 것을 기뻐하나, 생각하지 못한 일이 일어나 흉하게 되었다.

점을 쳐 이 효를 얻은 사람은 지금 '온 것을 기뻐하는' 상황이다. 추진하고 있는 일을 기뻐하나, 생각지도 못한 일이 일어나리라. 점에 묻고자 하는 일은 흉하리라.

넷째 양효. 상의하는 것을 기뻐하나 결정하지 못하였다. 옴 병은 나으리라.

九四. 商兌未寧, 介疾有喜.

'상商'은 의논하다(商量)는 뜻이다. '녕寧'은 편안하다는 뜻의 안安이고, 안安은 결정하다라는 뜻의 정定이다. '개介'는 옴이라는 뜻의 개疥자를 빌려 쓴 것이다. '유희有喜'는 병이 낫는 것이다.

박나라 사신이 주나라에 와서 어떤 문제를 상의하였으나 서로의 의견이 맞지 않아 아직 결정하지 못하였다. 그러나 옴 병이 낫듯 곧 아무런 문제가 없게 되었다.

점을 쳐 이 효를 얻은 사람은 지금 '상의하는 것을 기뻐하나 결정하지 못한' 상황이다. 어떤 문제에 봉착하여 서로 의논하나 결정하지 못할 것이다. 점에 묻고자 하는 일은 곧 해결하게 되리라.

다섯째 양효. 박나라 사람을 포로로 잡으니, 위태로울 것이니라.
九五. 孚于剝, 有厲.

'부孚'는 부俘의 옛 글자이며, 포로나 노획한 재물을 가리킨다. '박剝'은 나라 이름이다.

박나라 사신이 주나라에 와 어떤 문제를 상의하였으나 서로 결정을 보지 못하자, 마침내 주나라가 박나라 사신을 포로로 잡으니, 일이 위태롭게 되었다.

점을 쳐 이 효를 얻은 사람은 지금 '주나라가 박나라 사신을 포로로 잡은' 상황이다. 힘으로 문제를 해결하려 하지 말라. 점에 묻고자 하는 일은 위태로울 것이니라.

꼭대기 음효. 이끄는 것을 기뻐하리라.

上六. 引兌.

'인引'은 이끌다라는 뜻이다.

주나라가 박나라 사신을 포로로 잡았지만, 결국 문제를 잘 해결하여 화평으로 이끌어 서로 평화롭게 되었으니 기뻐한다.

점을 쳐 이 효를 얻은 사람은 지금 '화평으로 이끄는 것을 기뻐하는' 상황이다. 화평으로 이끌어야 성사될 것이니, 점에 묻고자 하는 일은 기뻐하게 될 것이니라.

59. 환渙

환. 제사를 거행하려고 왕이 종묘에 오리라. 큰 내를 건너면 이로울
것이니라. 이롭다는 점이다.

渙. 亨, 王假有廟. 利涉大川. 利貞.

환괘는 윗괘가 손이고 아랫괘가 감이다. 손은 바람이고 감은 물이
다. 환괘의 괘상은 바람이 물위에 부는 것이다. 바람이 물위에 불면 물
결은 크게 일어나 물이 흘러가는 것이 더욱 세차고 빠르다. 환은 물이
거침없이 흘러간다는 뜻이다.

괘사에서, '환渙'은 큰물(洪水)이다. '형亨'은 제사를 지내다라는 뜻의
향享이다. '가假'는 이르다는 뜻의 지至이다. 『백서주역』에는 '유有'를 우
于로 하였다. 큰물이 나서 왕이 종묘에 와 제사를 거행한다. 큰물이 났
으나 큰 피해 없이 이를 잘 극복할 수 있어 이롭다.

점을 쳐 이 괘를 얻은 사람은 이 괘상과 괘명을 보고 지금은 물이 거침없이 흘러가듯 운세가 거리낌 없이 강하게 나아갈 때임을 알아야 하리라. 물위에 바람이 불고 있으니, 배는 희망의 돛을 높이 달고 새로운 희망을 찾아 미끄러지듯 앞으로 나아가고 있다. 지금은 새로운 전환기를 맞이하여 전도가 양양할 때이다. 그러나 항해에는 항상 위험이 따르기 마련, 폭풍우를 만나고 거센 파도와 싸워야 할 때도 있으니 조금도 방심해서는 안 되리라. 제사를 거행하려고 왕이 친히 종묘에 오니 만사가 길한 상이다. 사업은 일어나고 관직은 오를 수 있는 절호의 기회가 온 것이다. 어려움을 만나면 정면 돌파하라. 점에 묻고자 하는 일은 길하리라.

처음 음효. 타고 가는 말이 튼튼하니, 길하리라.
初六. 用拯馬壯, 吉.

'증증拯'은 구하다라는 뜻의 구救, 구제하다라는 뜻의 제濟이다. '증마拯馬'는 곧 구제하는 말, 왕이 타고 피신하는 말을 가리킨다. '장壯'은 튼튼하다는 뜻이다.

큰물이 나서 왕이 피신하는데, 타고 가는 말이 튼튼하여 무사히 피신하였으므로 길하다.

점을 쳐 이 효를 얻은 사람은 지금 '큰물이 나 왕이 튼튼한 말을 타고 피신하는' 상황이다. 당황하지 말라. 타고 가는 말이 튼튼하니, 어려운 고비는 무사히 넘길 것이니라. 점에 묻고자 하는 일은 길하리라.

둘째 양효. 큰물이 섬돌을 급히 흘러가나, 뉘우침이 없어지리라.
九二. 渙奔其机, 悔亡.

'환渙'은 큰물이다. '분奔'은 급히 흘러가는 것이다. 『백서주역』에는 '궤机'를 계階로 하였다. '궤机'는 당연히 계階로 읽어야 하며, 섬돌 혹은 계단이라는 뜻이다.

큰물이 나서 섬돌을 휩쓸고 세차게 흘러가나 이것은 큰 문제가 될 수 없다.

점을 쳐 이 효를 얻은 사람은 지금 '큰물이 섬돌을 급히 흘러가는' 상황이다. 내 몸을 망치기에 사태는 아직 충분치 않으니라. 점에 묻고자 하는 일은 뉘우침이 없어지리라.

셋째 음효. 큰물이 몸을 휩쓸고 흘러가나, 뉘우침이 없으리라.
六三. 渙其躬, 无悔.

'궁躬'은 신身이며, 왕을 가리킨다. '환기궁渙其躬'은 큰물이 몸을 휩쓸고 흘러간다는 말이다.

큰물이 왕의 몸을 휩쓸고 세차게 흘러가나, 아무런 문제가 일어나지 않았다.

점을 쳐 이 효를 얻은 사람은 지금 '큰물이 몸을 휩쓸고 흘러가는' 상황이다. 내 몸을 휩쓸어 가기에 사태는 아직 부족하리니, 점에 묻고자 하는 일은 뉘우침이 없으리라.

넷째 음효. 큰물이 무리를 휩쓸고 흘러가나, 크게 길하리라. 큰물이 언덕을 휩쓸고 흘러간다면, 평소의 생각이 아니니라.

六四. 渙其羣, 元吉. 渙有丘, 匪夷所思.

'군羣'은 무리라는 뜻의 중衆이다. '유有'는 우于와 같다. '비匪'는 아니다는 뜻의 비非로 읽는다. '이夷'는 평상平常이라는 뜻이다. '비이소사匪夷所思'는 평소에 생각하는 바가 아니라는 것이다.

큰물이 많은 사람들을 휩쓸고 흘러가니, 사람들은 언덕으로 무사히 피신하여 크게 길하다. 만약 큰물이 사람들이 피신한 높은 언덕까지 휩쓸고 세차게 흘러간다면 이것은 평소에 생각하지 못했던 것이라, 이런 일은 일어날 수 없다.

점을 쳐 이 효를 얻은 사람은 지금 '큰물이 무리를 휩쓸고 흘러가 사람들이 언덕으로 피신하는' 상황이다. 장차 생각지도 못한 큰 재난을 당할 것이니, 초토화되리라. 그러나 무사히 피하여 피해는 없을 것이니, 점에 묻고자 하는 일은 크게 길하리라.

다섯째 양효. 땀을 흘리며 크게 울부짖으리라. 물이 흘러 왕의 거소를 휩쓸고 흘러가나, 허물이 없으리라.

九五. 渙汗其大號. 渙王居, 无咎.

『백서주역』에는 '환한기渙汗其'를 '환기간渙其肝'으로 하였다. '간肝'과 '한汗'은 같은 발음 계열이며, 옛날에는 통용되었다. 옮겨 쓰면서

'기其'와 '한汗'의 두 글자가 바뀌었을 것이다. 앞의 '환渙'자는 땀을 흘리는 것이다. '환기한渙其汗'은 땀을 흘린다는 뜻이다. '호號'는 울부짖는 것이다. '왕거王居'는 왕의 거소를 말한다.

큰물이 높은 언덕까지 휩쓸어 높은 언덕에 있는 사람들이 긴장하며 두려워한다. 큰물이 왕의 거소를 휩쓸고 지나가나 왕은 이미 피신하여 아무런 피해가 없다.

점을 쳐 이 효를 얻은 사람은 지금 '큰물이 언덕을 휩쓸어, 사람들이 땀을 흘리며 크게 울부짖는' 상황이다. 장차 재앙을 당하여 곤혹스런 처지에 놓이게 되리니, 아비규환의 상황을 보게 되리라.

꼭대기 양효. 큰물이 흘러가 근심은 없어졌으나 경계하면 허물이 없으리라.

上九. 渙其血去逖出, 无咎.

'혈血'은 휼恤자를 빌려 쓴 것이며, 근심이라는 뜻의 우憂이다. '적逖'은 척惕과 같으며, 경계하다라는 뜻이다. '출出'은 거去와 짝으로 사용하였다.

큰물이 흘러갔으니 근심은 없어졌으나, 이러한 재난을 경계하여 방비한다면 아무런 문제가 없다.

점을 쳐 이 효를 얻은 사람은 지금 '큰물이 흘러가 근심이 없어진' 상황이다. 재앙은 지나가 안도의 한숨을 쉬게 되었으나, 경계를 늦추지 말라. 점에 묻고자 하는 일은 허물이 없으리라.

60. 절節

절. 형통하리니, 검소한 것을 고통으로 여기면, 불가하다는 점이다.

節. 亨. 苦節, 不可貞.

절괘는 윗괘가 감이고 아랫괘가 태이다. 감은 물이고 태는 못이다. 절괘의 괘상은 못 위에 물이 있는 것이다. 못 위에 물이 있으면 물이 못 밖으로 넘치지 않도록 반드시 둑을 쌓아 물을 아껴야 한다. 절은 절약하다, 검소하다라는 뜻이다.

괘사에서, '절節'은 검소하다는 뜻의 검儉이다. '고절苦節'은 검소한 것을 고통으로 여긴다는 뜻이다. '불가정不可貞'은 불가점不可占과 같으며, 점에 묻고자 하는 일은 행해서는 안 된다는 말이다. 검소한 것을 고통으로 여기면 반드시 사치하게 된다. 군자가 사치하면 나라가 병들고, 소인이 사치하면 집안이 망한다.

점을 쳐 이 괘를 얻은 사람은 이 괘상과 괘명을 보고 지금은 앞으로 나아가는 것을 억제하고 매사에 절제하며 검소한 생활로 안정을 꾀해야 하리라. 못 위에 물이 있으니, 물은 넘치지도 마르지도 않는다. 정도에 맞고 절도 있는 생활을 하지 않으면 파멸의 길로 나아가게 되리라. 검소한 것을 고통으로 여겨 유혹에 빠지기 쉬울 때이니, 행동을 절제하고 욕망을 억제하는 것이 심신의 건강에 좋으리라. 검소하면 모든 일이 형통하리니, 만약 검소한 것을 고통으로 여긴다면 점에 묻고자 하는 일은 행해서는 안 되리라.

처음 양효. 집 뜰을 나가지 않으니, 허물이 없으리라.
初九. 不出戶庭, 无咎.

'호정戶庭'은 집 마당, 안마당이란 뜻이다.

집 뜰을 나가지 않으니 허물이 없는 것은 집안에서 검소하게 살아가기 때문이다.

점을 쳐 이 효를 얻은 사람은 지금 '집 뜰을 나가지 않는' 상황이다. 집밖을 나가지 말라. 문을 나서면 막힐 것이니라. 점에 묻고자 하는 일은 허물이 없으리라.

둘째 양효. 문밖 뜰을 나가지 않으니, 흉하리라.
九二. 不出門庭, 凶.

'문정門庭'은 집 앞의 뜰이란 뜻이다.

문밖 뜰을 나서지 않으니 흉한 것은 집밖에서도 검소한 생활을 할 수 있기 때문이다.

점을 쳐 이 효를 얻은 사람은 지금 '문밖 뜰을 나가지 않는' 상황이다. 집안에 있지 말라. 기회를 잃게 되리라. 점에 묻고자 하는 일은 흉하리라.

셋째 음효. 검소하지 않으니, 한탄하게 될 것이나, 허물이 없으리라.
六三. 不節若, 則嗟若, 无咎.

'약若'은 언焉과 같은 어기사이다. '차嗟'는 한탄하다라는 탄嘆의 뜻이다.

검소하지 않으면 곤궁하게 되어 당연히 한탄하게 될 것이다. 한탄하여 지난날의 검소하지 않은 것을 뉘우쳐 고칠 것이므로 허물이 없다.

점을 쳐 이 효를 얻은 사람은 지금 '검소하지 않아 한탄하는' 상황이다. 재물로 자신을 과시하지 말라. 한탄하게 될 것이니, 재력은 십 년을 가지 않으리라. 점에 묻고자 하는 일은 허물이 없을 것이니라.

넷째 음효. 검소함에 안주하니, 형통하리라.
六四. 安節, 亨.

'안절安節'은 절약하고 검소하는 데 안주한다는 것이다.

검소하게 살아가니, 당연히 형통하다.

점을 쳐 이 효를 얻은 사람은 지금 '검소함에 안주하는' 상황이다. 검소한 것을 생활화하고 있으니, 점에 묻고자 하는 일은 만사가 형통하리라.

다섯째 양효. 검소한 것을 달게 여기니, 길하리라. 가면 상이 있으리라.

九五. 甘節, 吉. 往有尙.

'감절甘節'은 검소한 것을 달게 여기는 것이다. '상尙'은 상賞자를 빌려 쓴 것이다.

검소한 것을 달가워하니 당연히 길하며, 이렇게 살아간다면 복을 받을 것이다.

점을 쳐 이 효를 얻은 사람은 지금 '검소한 것을 달게 여기는' 상황이다. 검소한 생활을 당연시 여기고 습관화되어 있으니, 반드시 복을 받게 되리라. 점에 묻고자 하는 일은 길하리라.

꼭대기 음효. 검소한 것을 고통으로 여기니, 점은 흉하나, 뉘우침은 없어지리라.

上六. 苦節, 貞凶, 悔亡.

'고절苦節'은 검소한 것을 고통으로 여긴다는 뜻이다.

검소한 것을 고통으로 여겨 사치한다면 곤궁에 빠질 것이니 당연히 흉하나, 이를 뼈저리게 뉘우치고 반성한다면 뉘우침이 없어진다.

점을 쳐 이 효를 얻은 사람은 지금 '검소한 것을 고통으로 여기는' 상황이다. 사치를 부러워하며 허영에 들떠 있으니, 점에 묻고자 하는 일은 흉하리라. 이를 뉘우치고 반성한다면 뉘우침이 없어지리라.

61. 중부中孚

중부. 활을 쏘아 물에 떠 있는 돈어를 맞추니 길하리라. 큰 내를 건너면 이로울 것이니, 이롭다는 점이다.

中孚豚魚, 吉. 利涉大川. 利貞.

중부괘는 윗괘가 손이고 아랫괘가 태이다. 손은 바람이고 태는 못이다. 중부괘의 괘상은 못 위에 바람이 있는 것이다. 못 위에 바람이 있어, 바람이 움직이면 물결도 움직인다. 바람이 크면 물결도 높고, 바람이 작으면 물결도 낮으니 속임이 없다. 중부는 정성과 믿음(忠信)을 다한다는 뜻이다.

괘사에서, '중中'은 활을 쏘아 맞추다라는 뜻이다. '부孚'는 '부浮'자를 빌려 쓴 것이며, 물위에 떠 있는 것을 말한다. '돈어豚魚'는 복어 등과 같이 돼지머리 형태인 물고기이며, 은의 주왕을 상징한다. 큰 내를 건너면서 활을 쏘아 물위에 떠 있는 돈어를 적중시키니 길하다. 주의 무왕이 큰 내를 건너 은의 주왕을 궤멸시키니 이롭다. 점에 묻고자 하는 일은 이로울 것이다.

점을 쳐 이 괘를 얻은 사람은 이 괘상과 괘명을 보고 지금은 정성과 믿음을 다해 일을 추구하면 모든 것이 이루어지리라. 바람이 못 위에 불고 있으니, 물결이 바람에 따라 높고 낮게 일어나는 것은 속임이 없듯, 정성과 믿음이 지극하면 이루지 못할 일이 없으리라. 일을 추진하는 과정에서 돈어를 잡는 것과 같은 횡재가 있을 것이니 길하리라. 어려움을 만나면 정면 돌파하라. 점에 묻고자 하는 일은 이로울 것이니라.

처음 양효. 편안하여 길하나, 뜻밖의 환난이 있으면 편안하지 못하리라.

初九. 虞吉, 有他不燕.

'우虞'는 편안하다는 뜻의 안安이다. '유타有他'는 뜻밖의 환난이 있는 것이다. '연燕' 역시 편안하다는 뜻의 안安이다.

은의 주왕이 자신의 뜻을 거스르는 충신들을 제거하고 마음대로 행사하므로 편안하고 길하나, 무왕이 군사를 일으켜 전쟁이 일어났으므로 편안하지 못하게 되었다.

점을 쳐 이 효를 얻은 사람은 지금 '편안하여 길하나, 뜻밖의 환난이 있어 편안하지 못한' 상황이다. 날씨는 항상 쾌청하지 않을 것이니, 폭풍우가 몰아 칠 때를 대비해야 하리라. 장차 뜻밖의 환난이 일어나 편안하지 못하리라.

둘째 양효. 학이 나무 그늘에서 울고 있으니, 그 짝이 화답하네. 나에
게 좋은 술이 있으니, 너와 함께 마시네.

九二. 鳴鶴在陰, 其子和之. 我有好爵, 吾與爾靡之.

'음陰'은 그늘이라는 뜻의 음蔭이며, 나무 그늘을 말한다. '자子'는 학
의 새끼가 아니라 그 짝을 말한다. '화和'는 응應하다는 뜻이다. '작爵'은
작은 참새 모양의 술잔이며, 여기에서는 술을 가리킨다. '오吾'자는 잘
못 들어간 글자이다. '미靡'는 함께라는 뜻의 공共이다.

학이 서로 화답하는 것이 마치 사람이 술잔을 주고받는 것과 같다.
이것은 무왕의 군사와 주왕의 군사가 서로 호응하는 것을 시적으로 표
현한 것이다.

점을 쳐 이 효를 얻은 사람은 지금 '학이 서로 화답하고, 사람이 술
잔을 나누는' 상황이다. 호응하는 것이 있어 만사가 물 흐르듯 잘 이루
어질 것이니라.

셋째 음효. 적을 사로잡으니, 어떤 사람은 북을 두드리기도 하고, 어
떤 사람은 지쳐 있기도 하며, 어떤 사람은 울기도 하고, 어떤 사람은
노래를 부르기도 하리라.

六三. 得敵, 或鼓或罷或泣或歌.

'득적得敵'은 적을 사로잡는 것이다. '고鼓'는 북을 두드리는 것이다.
'파罷'는 피로하다는 피疲자를 빌려 쓴 것이다. '읍泣'은 기뻐서 눈물을

홀리는 것이다.

전쟁에서 이겨 적을 사로잡으니, 어떤 사졸은 아직 힘이 남아 북을 두드리기도 하고, 어떤 사졸은 힘이 다하여 지쳐 있기도 하며, 어떤 사졸은 기뻐서 울기도 하고, 어떤 사졸은 노래를 부르기도 한다.

점을 쳐 이 효를 얻은 사람은 지금 '전쟁에서 이겨 적을 사로잡은' 상황이다. 상처뿐인 영광일 것이니, 얻는 것도 많고 잃는 것도 많으리라. 점에 묻고자 하는 일은 추진하면 성사되리라.

넷째 음효. 보름이 지난 후에 말을 잃었으나, 허물이 없으리라.
六四. 月幾望, 馬匹亡, 无咎.

『백서주역』에는 '기幾'를 기旣로 하였다. '기幾'는 기旣로 읽으며, 매달 16일에서 22, 23일까지를 기망旣望이라 한다.

달이 기망일 때 말을 잃었으나, 이미 전쟁에서 승리하였으므로 아무런 문제가 없다.

점을 쳐 이 효를 얻은 사람은 지금 '보름이 지난 후에 말을 잃어버린' 상황이다. 장차 귀한 것을 잃을 것이나, 이미 이루어졌으니 아무런 문제가 되지 않으리라. 점에 묻고자 하는 일은 허물이 없으리라.

다섯째 양효. 포로를 잡아 묶으니, 허물이 없으리라.
九五. 有孚攣如, 无咎.

'부孚'는 부俘의 옛 글자이며, 전쟁에서 사로잡은 포로나 노획한 재물을 말한다. '연攣'은 매다는 뜻의 계系이다. '연여攣如'는 연연攣然과 같으며, 붙잡아 서로 이어 묶은 모양이다.

전쟁에서 사로잡은 포로를 단단히 묶어두니, 도망갈 염려가 없다.

점을 쳐 이 효를 얻은 사람은 지금 '포로를 잡아 묶는' 상황이다. 장차 얻는 바가 있을 것이니, 잘 지켜나가야 하리라. 점에 묻고자 하는 일을 허물이 없으리라.

꼭대기 양효. 닭이 하늘로 올라가니, 점은 흉하리라.
上九. 翰音登于天, 貞凶.

'한음翰音'은 닭의 다른 이름이다. '등登'은 오르다라는 뜻의 승升이다.

닭은 본래 높이 날아 올라갈 날개가 없는데, 지금 하늘 높이 날아 올라갔으니, 장차 반드시 땅에 떨어져 죽을 것이다. 천하를 호령하던 은의 주왕은 이와 같이 불에 몸을 던져 타죽었다.

점을 쳐 이 효를 얻은 사람은 지금 '닭이 하늘로 올라간' 상황이다. 능력도 없으면서 높이 오르기만을 바라고 있으니, 과대망상에 사로잡히지 말라. 패가망신하리라. 점에 묻고자 하는 일은 흉하리라.

62. 소과小過

소과. 형통하리니, 이롭다는 점이다. 작은 일은 할 수 있으나, 큰일은 할 수 없다. 날아가는 새가 소리를 내는데, 위로 올라가면 마땅하지 못하고, 아래로 내려오면 마땅하니, 크게 길하리라.

小過. 亨. 利貞. 可小事, 不可大事. 飛鳥遺之音, 不宜上, 宜下, 大吉.

소과괘는 윗괘가 진이고 아랫괘가 간이다. 진은 우레이고 간은 산이다. 소과괘의 괘상은 산 위에 우레가 있는 것이다. 산 위의 우레 소리는 보통 때보다 조금 지나치게 울린다. 소과는 조금 지나치다라는 뜻이다.

괘사에서, '대사大事'는 전쟁이나 제사 등 큰일을 말하고, 그 외의 일상의 작은 일을 '소사小事'라 한다. '비조飛鳥'는 은의 주왕에 비유한 것이다. '유遺'는 주다라는 뜻의 여予이다. 형통하리니, 점에 묻고자 하는 일은 이로울 것이다. 그러나 작은 일은 할 수 있되 큰일은 불가하리라. 날아가는 새가 소리를 내는데, 새가 위로 올라가며 소리를 내면 사람이 듣지 못하고, 아래로 내려오며 소리를 내면 사람이 들을 수 있어 마땅하다. 은의 주왕이 명령을 내리는데, 신하에게만 하달되면 마땅하지 못하고 백성들에게까지 하달되면 마땅하다. 주왕의 명령이 백성에게까지 하달되어 백성들이 심복하면 그 마땅함을 얻으니 크게 길하다.

점을 쳐 이 괘를 얻은 사람은 이 괘상과 괘명을 보고 지금은 소인들이 활개를 치고 군자는 지극히 곤란을 당하고 있는 때이니 행동을 조금 지나치게 삼가야 하리라. 산 위에 우레가 조금 지나치게 울고 있으니, 평소보다 조금 지나치게 겸손하고 조심하고 양보하며 자신을 낮출 때이다. 분에 넘치는 행동은 화를 자초할 것이니, 거만한 태도로 자기 능력 이상을 추구하거나, 힘이 미치지 않는 상대와 대립하는 것을 피해야 하리라. 지금은 알맞은 시기를 잃고 조금 과실이 있기도 하여 매사가 매끄럽지 못하고, 가까운 사람들과도 융합되지 못하여 등져 있기 쉬운 때이니, 겸손, 양보, 인내를 가지고 이 힘든 시기를 무사히 넘기는 것이 현명하리라. 이렇게 한다면 형통하리니, 점에 묻고자 하는 일은 이로울 것이니라. 그러나 작은 일을 할 수 있되 나의 능력이 미치지 않는 큰일은 할 수 없으리라.

처음 음효. 새가 화살에 맞은 채로 날아가니, 흉하리라.
初六. 飛鳥以(矢), 凶.

'이以'자 아래에 당연히 화살 시놧자가 있어야 한다. 옮겨 쓰면서 빠뜨렸을 것이다. '비조飛鳥'는 은의 주왕에 비유한 것이다.

새가 화살을 맞고 날아가도 화살이 떨어지지 않는 것은 그 화살이 깊이 꽂혔기 때문이다. 새는 상처 입은 것이 심하여 장차 죽지 않을 수 없을 것이니, 흉하다. 은의 주왕이 어떤 치명적인 상처를 입었으니 장차 망할 것이므로 흉하다.

점을 쳐 이 효를 얻은 사람은 지금 '새가 화살에 맞은 채로 날아가는' 상황이다. 정신을 바짝 차려 조심해야 할 것이니, 장차 치명적인 상처를 입고 무너질 것이니라. 점에 묻고자 하는 일은 흉하리라.

둘째 음효. 할아버지의 그릇됨을 말하나 할머니를 찬양하고, 임금의 부족한 점을 들추나 신하를 찬양하면, 허물이 없으리라.
六二. 過其祖, 遇其妣. 不及其君, 遇其臣. 无咎.

'과過'는 그릇됨을 말하다라는 뜻이다. '조祖'는 할아버지이다. '우遇'는 앞의 '과過'와 짝으로 쓰였으며 찬양하다라는 뜻이다. '비妣'는 할머니이다. '불급不及'은 앞의 '과過'와 같으며, 결점이 있다는 뜻이다. '군君'은 왕이다.

할아버지는 한 집안에서 가장 높은 사람이나 그릇됨을 말할 수 있고, 할머니는 그보다 낮으나 오히려 찬양하며, 임금은 한 나라에서 가장 높으나 그의 부족한 점을 들추어 말할 수 있고, 신하는 낮으나 찬양을 한다면, 이렇게 하는 것이 정상이다. 그러나 은나라 주왕의 치세에는 바른말 하는 신하는 모두 죽임을 당하거나 주왕의 곁을 떠났기 때문에 결국 나라는 망하였다.

점을 쳐 이 효를 얻은 사람은 지금 '임금의 부족한 점을 들추나 신하를 찬양해야 하는' 상황이다. 일의 핵심을 정확하게 헤아릴 것이니, 혹은 지나치고 혹은 미치지 못하여 사리에 어긋나게 되면 그 추구하는 바는 얻지 못하리라. 점에 묻고자 하는 일은 허물이 없으리라.

셋째 양효. 그릇되지 않았을 때 방지해야 하나, 방임하여 혹 그 몸을 망치니, 흉하리라.
九三. 弗過防之, 從或戕之, 凶.

'불弗'은 아니다라는 뜻의 불不과 같다. '과過'는 과실이다. '종從'은 종縱으로 읽으며, 방임하는 것이다. '장戕'은 죽이다라는 뜻의 살殺, 다치다라는 뜻의 상傷이다.

은의 주왕이 그릇되지 않았을 때 신하들이 잘 방지해야 하나, 신하들이 방임하여 주왕의 그릇됨이 지나치게 되어 그 몸을 망쳤으니, 흉하다.

점을 쳐 이 효를 얻은 사람은 지금 '그릇됨을 방임하여 그 몸을 망치는' 상황이다. 썩고자 하는 부위는 썩기 전에 도려내야 할 것이니, 장차 전체가 썩어 걷잡을 수 없는 불행을 초래하리라. 점에 묻고자 하는 일은 흉하리라.

넷째 양효. 허물이 없으니, 그릇되지 않았을 때 저지하며, 가면 위태
로우니 반드시 경고한다. 오랜 기간의 점에는 사용하지 말라.
九四. 无咎, 弗過遇之, 往厲, 必戒. 勿用永貞.

'우遇'는 저지하다라는 뜻의 알遏과 같다. '계戒'는 경고하는 것이다.
'영정永貞'은 영점永占과 같으며, 점에 오랜 기간의 길흉을 묻는 것이다.
주왕의 신하들이 주왕이 그릇되지 않았을 때 저지하며, 가면 위태로
우니 반드시 경고해야 허물이 없다. 그러나 충신들이 주왕에게 그렇게
간하여도 주왕은 이를 듣지 않고 오히려 충신들을 내쳤으니, 은나라는
오래 가지 못하고 결국 망하였다.
점을 쳐 이 효를 얻은 사람은 지금 '그릇되지 않았을 때 저지하며,
가면 위태로우니 반드시 경고해야 하는' 상황이다. 조그마한 과실이 커
다란 해를 가져올 것이니, 행하면 위험하니 반드시 경고해야 하리라.
점에 묻고자 하는 일은 허물이 없으리라.

다섯째 음효. 짙은 구름이 일어도 비가 오지 않으니, 우리 서쪽들에서
부터이다. 공公이 주살을 새에게 쏘아 그 새를 굴에서 취하리라.
六五. 密雲不雨, 自我西郊. 公弋取彼在穴.

'밀운密雲'은 짙은 구름이다. '서교西郊'는 서쪽 교외이며, 바로 주나
라를 가리킨다. '익弋'은 가느다란 끈을 화살에 매어 새를 쏘는 것이다.
'피彼'는 새를 가리킨다.

무왕이 은을 정벌할 조건은 성숙되었으나 일은 아직 일어나지 않았다. 그러나 마침내 무왕이 은을 정벌하였다.

점을 쳐 이 효를 얻은 사람은 지금 '짙은 구름이 일어도 비가 오지 않으나, 마침내 공이 새를 취하는' 상황이다. 일이 잘 조성되어 가고 있으니 머지않아 반드시 성취하리라. 아직 때가 아니니 비오기를 참고 기다려야 하리라. 점에 묻고자 하는 일은 반드시 이룰 수 있으리라.

꼭대기 음효. 저지하지 않아 그릇되게 하여, 날아가는 새를 그물로 잡으니, 흉하리라. 이것을 재앙이라고 한다.

上六. 弗遇過之, 飛鳥離之, 凶. 是謂災眚.

'우遇'는 저지하다라는 뜻의 알遏과 같다. '과지過之'는 그릇되게 하는 것이다. '비조飛鳥'는 은의 주왕에게 비유하였다. '리離'는 그물이라는 뜻의 라羅자를 빌려 쓴 것이며, 동사로 사용되었다. 그물을 쳐서 날아가는 새를 잡는 것을 말한다. '생眚'은 재앙이라는 뜻의 재災와 같다.

주왕의 신하들이 주왕을 저지하지 않아 그릇되게 하여, 결국 무왕에 의해 무참히 죽임을 당하고 은은 멸망하였으니, 이것을 재앙이라고 한다.

점을 쳐 이 효를 얻은 사람은 지금 '저지하지 않아 그릇되게 하여 재앙을 부르는' 상황이다. 조그마한 불씨는 큰불이 되기 전에 꺼야 하고, 작은 냇물은 큰물이 되기 전에 막아야 하리라. 조그마한 실수는 걷잡을 수 없는 재앙을 불러들일 것이니, 점에 묻고자 하는 일은 흉하리라.

63. 기제旣濟

기제. 형통하리니, 조금 이롭다는 점이다. 처음은 길하나 끝은 어지러울 것이니라.

旣濟. 亨. 小利貞. 初吉終亂.

기제괘는 윗괘가 감이고 아랫괘가 리이다. 감은 물이고 리는 불이다. 기제괘의 괘상은 물이 불 위에 있는 것이다. 물이 불 위에 있다는 것은 곧 물로 불을 끄는 것을 말한다. 불이 나면 물로 끄니, 물의 힘이 불의 힘을 압도한다. 물이 불을 없애니 불을 끄는 공은 이미 이루어졌다. 기제는 이미 완성되었다는 뜻이다.

괘사에서, '이정利貞'은 이점利占과 같다. 은의 고종高宗이 귀방鬼方을 정벌하니 형통하다. 정벌하는 것이 처음은 길하나 끝은 어지러울 것이니, 조금 이롭다.

점을 쳐 이 괘를 얻은 사람은 이 괘상과 괘명을 보고 지금은 이미 만사가 이루어졌으니 지나친 욕심을 갖지 말고 현실을 잘 유지하도록 노력해야 하리라. 물이 불 위에 있으니, 불을 소멸시키는 공은 이미 이루어졌다. 그러나 이루어진 것은 영원히 유지될 수 없고 좋은 일은 언제까지나 계속되지 않으니, 장차 어두운 운이 닥칠 염려가 있으므로 야심을 가지고 더 큰 일을 도모해서는 안 되리라. 이미 완성되었는데 또 무엇을 도모해야 할 필요가 있겠는가? 현실을 잘 유지해 확고한 기반을 닦아두는 것이 좋으리라. 처음에는 길한 일이라도 끝에 가서는 어지러울 것이니, 길한 것은 계속되기가 어려우므로 몸을 도사리고 주의를 기울여야 하리라.

처음 양효. 수레바퀴를 끌며 그 뒤를 적시니, 허물이 없으리라.
初九. 曳其輪, 濡其尾, 无咎.

'예曳'는 끌다라는 뜻의 랍拉이다. '윤輪'은 수레바퀴이다. '유濡'는 물에 젖다라는 뜻이다. 고종의 군사가 출병하여 수레바퀴를 끌며 물을 건너는데, 수레의 뒤가 물에 젖었으나, 이것은 아무런 문제가 되지 않는다.

점을 쳐 이 효를 얻은 사람은 지금 '출정하여 수레바퀴를 끌며 그 뒤를 적시는' 상황이다. 장차 약간의 문제는 발생하여도 별 어려움이 아닐 것이니, 점에 묻고자 하는 일은 허물이 없으리라.

둘째 음효. 부인이 큰 수건을 잃었으나, 찾지 않아도 칠 일이면 얻으
리라.

六二. 婦喪其第, 勿逐, 七日得.

'상喪'은 잃다라는 뜻의 실失이다. 『백서주역』에는 '불第'을 '발發'로
하였다. '불第'과 '발發'은 모두 불祓자를 빌려 쓴 것이며, 큰 수건(大巾)
이라는 뜻이다. '축逐'은 찾는다는 뜻이다.

부인의 큰 수건은 귀한 물건이다. 이것을 잃어버렸으나 찾지 않아도
칠 일 후면 되찾을 수 있으니, 자연히 길한 모습이다. 고종이 귀방을
정벌하는 데 조금 시간이 소요되나 결국 정벌할 것이라는 말이다.

점을 쳐 이 효를 얻은 사람은 지금 '부인이 큰 수건을 잃었으나, 찾
지 않아도 곧 되찾을 수 있는' 상황이다. 귀한 것을 잃고 머잖아 곧 되
찾을 수 있으니 길한 운이다. 점에 묻고자 하는 일은 어렵잖게 이룰 수
있으리라.

셋째 양효. 고종이 귀방을 정벌하는데, 삼 년 만에 이겼다. 소인은 소
용이 없다.

九三. 高宗伐鬼方, 三年克之, 小人勿用.

'고종高宗'은 은나라 왕인 무정武丁이다. '귀방鬼方'은 나라 이름이며,
당시 중국 서북 지역에 있었다. '극克'은 이기다라는 뜻의 승勝이다. '소
인물용小人勿用'의 '소인'은 당연히 정벌에 참전했던 사졸들을 가리키

며, 삼 년 전쟁에 많은 사졸들이 다치고 죽은 것을 나타낸 말이다.

고종이 귀방을 정벌하는데 삼 년이 걸렸고, 출병한 사졸들은 많은 고생을 하였으니, 그들에게는 무슨 이로움이 없었다.

점을 쳐 이 효를 얻은 사람은 지금 '고종이 귀방을 정벌하는데 삼 년만에 이긴' 상황이다. 일이 힘들고 시간이 오래 걸릴 것이나, 점에 묻고자 하는 일은 이룰 수 있으리라. 소인의 위치에 있는 사람은 무슨 이로움이 없을 것이니라.

넷째 음효. 겨울 저고리가 물에 젖으니, 종일 조심해야 하리라.
六四. 繻有衣袽, 終日戒.

'유繻'는 당연히 젖다라는 뜻의 유濡이다. '유有'는 우于와 같다. '의衣'는 윗옷이다. 아래옷은 상裳이라 한다. '녀袽'는 서絮자이다. 『주역』 당시에는 면화棉花가 없었으니, 부유한 사람은 겨울옷의 속을 엉긴 실로 채웠고, 가난한 사람은 엉긴 삼으로 채웠는데, 이 이름을 통틀어 '서絮'라 하였다.

'겨울 저고리'는 사졸들을 가리키며, 출병한 사졸들이 혹은 다치고 혹은 죽었으니, 사졸들에게는 이로울 것이 없다.

점을 쳐 이 효를 얻은 사람은 지금 '겨울 저고리가 물에 젖어, 종일 조심해야 하는' 상황이다. 조그마한 실수는 엄청난 결과를 초래할 것이니, 점에 묻고자 하는 일은 종일 조심해야 하리라.

다섯째 양효. 동쪽 이웃에서 소를 잡아 성대하게 제사를 지내는 것이,
서쪽 이웃의 간소한 제사만 못하니, 실제 그 복을 받으리라.

九五. 東鄰殺牛(以祭), 不如西鄰之禴祭, 實受其福.

『백서주역』에는 '살우殺牛' 아래에 '이제以祭' 두 글자가 있는데 당연
히 이를 따랐다. '동린東鄰'은 은나라를, '서린西鄰'은 주나라를 가리킨
다. '약제禴祭'는 밥과 채소만을 사용하고 큰 희생은 사용하지 않은 간
소한 제사의 이름이다.

귀방을 이긴 후 승리의 제사를 올리는데, 동쪽 이웃인 은에서는 소
를 잡아 성대한 제사를 지내고, 은의 제후국인 서쪽 이웃의 주는 밥과
채소 등으로 간소한 제사를 올리나, 성대한 제사가 간소한 제사만 못
하니, 주의 덕이 은보다 나아 실제로 주나라가 복을 받는다.

점을 쳐 이 효를 얻은 사람은 지금 '은의 성대한 제사가 주의 간소한
제사만 못하니, 주가 복을 받는' 상황이다. 문왕과 같이 향기로운 덕을
쌓아야 할 것이니, 점에 묻고자 하는 일은 복을 받을 것이니라.

꼭대기 음효. 그 머리를 적시니, 위태로울 것이니라.

上六. 濡其首, 厲.

'유기수濡其首'의 '유濡'는 술로 적시는 것을, '수首'는 술을 마시는 사
람의 머리를 말한다.

전쟁에 승리하여 술을 마시며 경축하는데, 술을 너무 마셔 술로 그

머리를 적시니, 비록 전쟁에서 승리하였지만 위태롭다.

　점을 쳐 이 효를 얻은 사람은 지금 '승리에 도취하여 술로 머리를 적시는' 상황이다. 지나치면 다칠 것이니, 점에 묻고자 하는 일은 위태로울 것이니라.

64. 미제未濟

미제. 형통하리니, 작은 여우가 물을 거의 건너다가 꼬리를 적시니,
이로울 것 없으리라.
未濟. 亨. 小狐汔濟, 濡其尾, 无攸利.

미제괘는 윗괘가 리이고 아랫괘가 감이다. 리는 불이고 감은 물이
다. 미제괘의 괘상은 불이 물위에 있는 것이다. 불이 물위에 있다는 것
은 곧 물로 불을 끄는 것을 말한다. 불이 나면 물로 끄는데, 불의 힘이
물의 힘을 압도하여 불은 위에서 타오르고 물은 아래에 가라앉아, 물
이 불을 끄지 못하므로 불을 끄는 공은 이루지 못한다. 미제는 아직 완
성되지 않았다는 뜻이다.

괘사에서, '흘汔'은 거의, 대체로라는 뜻이다. '제濟'는 물을 건너다라
는 뜻의 도渡이다. '유濡'는 물에 젖다라는 뜻이다. 은의 제후국인 주의

진震이 은을 도와 귀방을 정벌하는데, 진의 군사가 출병하여 수레바퀴를 끌며 물을 거의 다 건너다가 수레의 뒤를 적시니, 이로울 것이 없다.

점을 쳐 이 괘를 얻은 사람은 이 괘상과 괘명을 보고 지금은 아직 만사가 이루어지지 않았으니 더욱 분발하여 앞으로 나아가도록 노력해야 하리라. 불이 물위에 있으니, 해가 바다 위에 솟아오르고 있는 모습이다. 아침 햇살은 약하나 희망의 새 날이 밝은 것이다. 그러나 날이 완전히 밝을 때까지 무리하지 말고 기다려야 하리라. 아직 이루어지지 않았다는 것은 앞으로 이루어질 수 있다는 말이니, 꿈과 희망을 가지고 성심을 다해 꾸준히 노력하는 것이 좋으리라. 해는 솟아올라 더욱 밝아지듯 운세는 갈수록 좋아지리니, 앞으로의 진보는 기대할 수 있으리라. 지금은 아직 이루지 못하고 있으나 장차 형통하리라. 자신의 능력을 알지 못하고 무턱대고 행하다가 작은 여우가 물에 빠져 꼬리를 적시는 것처럼 화를 자초할 것이니, 이로울 바 없으리라.

처음 음효. 뒤를 적시니, 어려울 것이니라.
初六. 濡其尾, 吝.

'유濡'는 물에 젖다라는 뜻이다. '인吝'은 어렵다는 뜻의 난難이다.

진이 행군하여 물을 건너다가 수레의 뒤를 적시니, 행군하는 것이 어렵다.

점을 쳐 이 효를 얻은 사람은 지금 '물을 건너다가 수레의 뒤를 적시는' 상황이다. 쉽게 생각하지 말라. 얕잡아보고 무리하게 추진하면 어려움을 당하리라. 점에 묻고자 하는 일은 어려울 것이니라.

둘째 양효. 수레바퀴를 끌며 물을 건너니, 점은 길하리라.

九二. 曳其輪, 貞吉.

'예曳'는 끌다라는 뜻의 랍拉이다. '윤輪'은 수레바퀴이다.

진이 출병하여 수레바퀴를 끌며 물을 건너는데, 수레의 뒤가 물에 젖었지만 물을 건넜으니 길하다.

점을 쳐 이 효를 얻은 사람은 지금 '수레바퀴를 끌며 물을 건너는' 상황이다. 추진하는 일은 무사히 이룰 수 있을 것이니, 점에 묻고자 하는 일은 길하리라.

셋째 음효. 건널 수 없으니, 정벌하면 흉하리라. 큰 내를 건너면 이로 울 것이니라.

六三. 未濟, 征凶. 利涉大川.

'제濟'는 건너다라는 뜻의 도渡이다. '미제未濟'는 물을 건너려는데 건 널 수 없는 것이다.

진이 행군을 하다가 큰 내를 만나 건널 수 없게 되었으니, 정벌하면 흉하게 되었다. 큰 내를 건너면 이로운 것은 큰 내를 건너야 정벌할 수 있기 때문이다.

점을 쳐 이 효를 얻은 사람은 지금 '큰 내를 만나 건널 수 없는' 상황 이다. 장차 큰 난관에 봉착할 것이니, 무리하게 추진하면 흉하리라. 슬 기롭게 난관을 극복하면 이로울 것이니라.

넷째 양효. 점은 길하여 뉘우침이 없어지리니, 진震이 귀방을 정벌하는데 삼 년이 걸렸다. 대국으로부터 상을 받으리라.

九四. 貞吉, 悔亡. 震用伐鬼方, 三年, 有賞于大國.

'진震'은 주나라의 사람 이름이다. '대국大國'은 은을 가리킨다.

진이 마침내 큰 내를 건넜으므로 길하여 뉘우침이 없어진다. 삼 년이라는 세월이 걸려 드디어 귀방을 정벌하였으니, 은의 고종으로부터 상을 받는다.

점을 쳐 이 효를 얻은 사람은 지금 '진이 삼 년이 걸려 귀방을 정벌하고, 대국으로부터 상을 받는' 상황이다. 하고자 하는 일이 힘드나 반드시 이룰 수 있을 것이니, 장차 공을 인정받고 상을 받으리라. 점에 묻고자 하는 일은 길하여 뉘우침이 없어지리라.

다섯째 음효. 점은 길하여 뉘우침이 없다. 군자의 영광은 포로를 사로잡은 것이니, 길하리라.

六五. 貞吉, 无悔. 君子之光, 有孚, 吉.

'군자君子'는 귀방을 정벌한 진을 가리킨다. '광光'은 영광이다. '부孚'는 부俘의 옛 글자이며, 사로잡은 포로를 말한다.

전쟁에 승리하고 대국으로부터 상을 받았으니 길하여 뉘우침이 없다. 진震이 귀방을 정벌하면서 많은 포로를 사로잡았으니, 이것은 영광스런 일이다.

점을 쳐 이 효를 얻은 사람은 지금 '군자가 포로를 사로잡아 영광스러운' 상황이다. 장차 얻는 것이 많아 영광스러울 것이니, 점에 묻고자 하는 일은 길하고 또 길하리라.

꼭대기 양효. 포로를 잡아 술을 마시니, 허물이 없으리라. 그 머리를 적시니, 포로를 잡았지만 바름을 잃었다.
上九. 有孚于飲酒, 无咎. 濡其首, 有孚失是.

'우于'는 이而와 같다. 문장을 잇는 것이다. '유기수濡其首'의 '유濡'는 술로 적시는 것을, '수首'는 술을 마시는 사람의 머리를 말한다. '실시失是'의 시是는 바르다는 뜻의 정正이다.

전쟁에 승리하고 포로를 사로잡아 술을 마시며 경축하니 아무런 문제가 없다. 그러나 술을 너무 마셔 술로 그 머리를 적시니, 비록 포로를 잡았지만 올바름을 잃었다.

점을 쳐 이 효를 얻은 사람은 지금 '포로를 잡아 승리에 도취하여, 술로 머리를 적시어 바름을 잃은' 상황이다. 정도가 지나치면 판단이 흐려지고 문제는 커질 것이니, 장차 화를 자초하리라.

바르게 풀어쓴 주역 점법

ⓒ 2007 김상섭

초판 1쇄 인쇄일 ∣ 2007년 5월 11일
초판 1쇄 발행일 ∣ 2007년 5월 18일

발행처 ∣ 지호출판사
발행인 ∣ 장인용
출판등록 ∣ 1995년 1월 4일
등록번호 ∣ 제10-1087호
주소 ∣ 경기도 고양시 일산동구 장항동 751번지 삼성라끄빌 1319호
전화 ∣ 031-903-9350
팩시밀리 ∣ 031-903-9969
이메일 ∣ chihopub@yahoo.co.kr

표지 디자인 ∣ 오필민
본문 디자인 ∣ 이미연
편집 ∣ 김희중
마케팅 ∣ 윤규성

종이 ∣ 대림지업
인쇄 ∣ 대원인쇄
라미네이팅 ∣ 영민사
제본 ∣ 경문제책

ISBN 978-89-5909-027-3